现代体育丛书

青少年体育核心价值观与体育行为研究

Research on the Relationship of Adolescent Core
Sports Values and Sports Behavior

鲁长芬 著

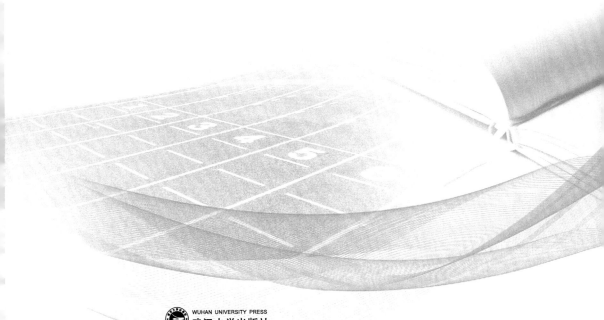

WUHAN UNIVERSITY PRESS
武汉大学出版社

图书在版编目(CIP)数据

青少年体育核心价值观与体育行为研究/鲁长芬著.—武汉：武汉大学出版社,2024.12
现代体育丛书
ISBN 978-7-307-24298-2

Ⅰ.青⋯　Ⅱ.鲁⋯　Ⅲ.青少年—体育锻炼—研究　Ⅳ.G806

中国国家版本馆 CIP 数据核字(2024)第 045534 号

责任编辑:詹　蜜　　　责任校对:李孟潇　　　整体设计:韩闻锦

出版发行:**武汉大学出版社**　(430072　武昌　珞珈山)
　　　　　(电子邮箱:cbs22@ whu.edu.cn　网址:www.wdp.com.cn)
印刷:武汉邮科印务有限公司
开本:720×1000　1/16　印张:17.5　字数:299 千字　插页:2
版次:2024 年 12 月第 1 版　　2024 年 12 月第 1 次印刷
ISBN 978-7-307-24298-2　　　定价:88.00 元

作者简介

　　鲁长芬，华中师范大学体育学院教授，教育学博士，博士研究生导师，湖北省高校"双带头人"工作室负责人，国家社科基金项目、国家留学基金委项目、教育部相关人才计划、教育部高等学校科学研究发展中心等通信鉴定评审专家，国家一流专业（体育教育和运动训练）和省级优秀教学团队的骨干教师，国家精品课程、国家一流课程"学校体育学"和省级一流课程"体育概论"的主讲教师，湖北省体育理论学会常务理事。近年来，在SSCI、《体育科学》《北京体育大学学报》等权威和核心期刊上发表学术论文70余篇，31篇论文被人大复印资料全文转载或目录索引35篇次；出版专著《体育学科体系研究》《体育学研究生教育质量测评体系研究》等，是中小学国家课程教材《体育与健康》（学生用书）的分册主编和核心作者，参编国家级专业教材多部；曾主持国家社科基金一般项目2项、国家社科基金青年项目1项、国家社科基金重大招标项目子课题和教育部人文社科项目等省部级以上课题16项，获得省级教学成果奖5项。

目　　录

第一章 导 论

第一节 研究背景与意义

一、研究背景

（一）青少年体质健康促进是健康中国战略布局的关键环节

2015 年 3 月，李克强总理在政府工作报告中首次提出"打造健康中国"①，10 月党的十八届五中全会进一步提出"推进健康中国建设"的新目标，将健康中国上升为党和国家的战略②。2016 年 8 月，中共中央政治局会议审议通过《"健康中国 2030"规划纲要》，提出了全民健康的战略目标，突出以疾病治疗为中心转向以促进健康为中心的大健康观、大卫生观，再一次强调了健康中国的国家战略地位③。2017 年 10 月 18 日，习近平总书记在党的十九大报告中提出："人民健康是民族昌盛和国家富强的重要标志，要完善国民健康政策，为人民群众提供全方位全周期健康服务。"④ 2019 年 7 月，国务院印发《国务院关于实施健康中国行动的意见》，并成立健康中国行动推进委员会，负责统筹推进《健康中国行动（2019—2030 年）》。其中，《国务院关于实施健康中国行动的意见》

---

① 新华社.政府工作报告（全文）［EB/OL］.［2015-03-16］.http：//www.gov.cn/guowuyuan/2015-03/16/content_2835101.htm.

② 共产党员网.中共中央关于制定国民经济和社会发展第十三个五年规划的建议［EB/OL］.［2015-10-29］.https：//news.12371.cn/2015/11/03/ARTI1446542549525771.shtml.

③ 中共中央国务院印发《"健康中国 2030"规划纲要》［EB/OL］.［2016-11-20］.http：//www.gov.cn/gongbao/2016-11/20/content_5133024.htm.

④ 新华社.习近平：决胜全面建成小康社会 夺取新时代中国特色社会主义伟大胜利——在中国共产党第十九次全国代表大会上的报告［EB/OL］.［2017-10-27］.http：//www.gov.cn/zhuanti/2017-10/27/content_5234876.htm.

指出，在维护全生命周期健康过程中，将中小学健康促进行为作为一个关键环节；强调动员家庭、学校和社会共同维护中小学生身心健康，引导学生从小养成健康生活习惯，锻炼健康体魄，预防近视、肥胖等疾病，并以多种方式对学生健康知识进行考试考察，将体育纳入高中学业水平测试①。"健康中国战略"为我国健康事业和体育事业的发展带来了契机，也为我国青少年体育改革绘制了蓝图、提供了行动指南和思想基础。同时，可以看出"健康中国战略"的具体布局肯定了学校体育、青少年体育在促进儿童青少年身心健康过程中的关键作用，因此本研究从青少年体育核心价值观角度出发，并剖析其与青少年体育行为的特点以及二者的逻辑关系，为引导青少年参与体育锻炼、增进身心健康提供相关思路，为"健康中国战略"实施提供关键动力。

（二）体育核心价值观是培育与践行社会主义核心价值观的重要途径

党的十八大提出培育和践行"富强、民主、文明、和谐、自由、平等、公正、法治、爱国、敬业、诚信、友善"的社会主义核心价值观。2013 年 12 月，中共中央办公厅印发《关于培育和践行社会主义核心价值观的意见》，强调要把培育与践行社会主义核心价值观融入国民教育全过程，加强社会主义核心价值观的宣传教育与实践活动②。习近平同志在党的十九大报告中进一步强调，要培育和践行社会主义核心价值观，把社会主义核心价值观融入社会发展各方面，转化为人们的情感认同和行为习惯。坚持全民行动、干部带头，从家庭做起，从娃娃抓起③。社会主义核心价值观的提出与深化，为青少年体育核心价值观的理论研究与实践发展提供了指导和思路。体育作为一个实践形式突出、理论内涵广泛的教育学科，在宣传教育、培育践行社会主义核心价值观方面具有独特作用。因此，基于体育的学科特点，挖掘青少年体育学习过程中所蕴含的与社会主义核心价值观相一致的实践形式与理论意义，形成与社会主义核心价值观精神、内涵、逻辑相一致的体育核心价值观，不仅有利于把社会主义核心价值观融入青少年体育领域，更有助于青少年通过体育学习锻炼来从理论与实践层面深刻学习、认同

---

① 国务院关于实施健康中国行动的意见 ［EB/OL］. ［2019-07-15］. http：//www. gov. cn/zhengce/content/2019-07/15/content_5409492. htm.

② 新华社. 中共中央办公厅印发《关于培育和践行社会主义核心价值观的意见》［EB/OL］. ［2013-12-24］. http：//www. moe. gov. cn/jyb_xwfb/s5147/201312/t20131224_161114. html.

③ 新华社. 习近平提出，坚定文化自信，推动社会主义文化繁荣兴盛 ［EB/OL］. ［2017-10-18］. http：//www. gov. cn/zhuanti/2017/10-18/content_5232653. htm.

和践行社会主义核心价值观。同时，也可以为青少年体育教育者和管理者提供培育体育核心价值观的方法和促进青少年体育行为的策略，帮助青少年从体育角度将社会主义核心价值观转化为情感认同与行为习惯，同时带动青少年群体形成自主自律的健康行为和积极参与体育活动的健康生活方式，推动我国青少年体育事业和社会主义文化繁荣事业的可持续发展，为全面提升中华民族整体健康素质、坚定文化自信，加快健康中国、体育强国、文化强国建设提供强大助力。

（三）青少年体质健康面临严峻考验

2019 年，我国有中小学学龄青少年约 1.94 亿，约占总人口的 13.9%。广大青少年身心健康、体魄强健、意志坚强、充满活力，是国家繁荣、民族昌盛、社会文明进步、家庭和睦幸福的重要标志，是实现中华民族伟大复兴的中国梦的重要基础。目前，我国青少年健康发展水平虽然整体向好，但仍存在诸多问题。据 2016 年中国儿童青少年体育健身大数据研究报告，我国现有约 68.25% 的儿童青少年未达到国家体质健康良好或优秀标准[1]。儿童青少年超重检出率达到 14.4%，肥胖检出率为 11.9%[2]，如果不采取有效措施，至 2030 年，7 岁以上青少年超重肥胖率将达到 28%，届时超重肥胖青少年将超过 4948 万[3]。另外，2014 年我国 7~18 岁儿童青少年的近视检出率为 57.2%，比 2005 年升高了 9.8%[4]，且有低龄化倾向。我国儿童青少年体育活动水平较低，约 70.1% 的儿童青少年未达到最少 60 分钟/天的中到大强度身体活动推荐量[5]，63.2% 的儿童青少年屏幕时间大于 2 小时/天，久坐行为比例仍旧偏高。与此同时，2019 年，第八次全国学生体质与健康调研结果显示，学生体质健康达标优良率、力量素质、肺活量等持续向好，但是存在学生视力不良率和近视率偏高、学生超重肥胖

① ZHU Z, YANG Y, KONG Z, et al. Prevalence of physical fitness in Chinese school-aged children: Findings from the 2016 physical activity and fitness in China—the youth study [J]. Journal of Sport and Health Science, 2017, 6 (4): 395-403.

② CAI Y, ZHU X, WU X. Overweight, obesity, and screen-time viewing among Chinese school-aged children: National prevalence estimates from the 2016 physical activity and fitness in China—the youth study [J]. Journal of Sport and Health Science, 2017, 6 (4): 404-409.

③ 马冠生. 中国儿童肥胖报告 [M]. 北京: 人民卫生出版社, 2017.

④ 董彦会, 刘慧彬, 王政和, 等. 2005—2014 年中国 7~18 岁儿童青少年近视流行状况与变化趋势 [J]. 中华预防医学杂志, 2017, 51 (4): 285-289.

⑤ FAN X, CAO Z B. Physical activity among Chinese school-aged children: National prevalence estimates from the 2016 physical activity and fitness in China—the youth study [J]. Journal of Sport and Health Science, 2017, 6 (4): 388-394.

率上升、学生握力水平有所下降、大学生身体素质下滑等一些学生体质与健康状况亟待解决的问题①。这都说明我国儿童青少年的健康面临严峻挑战，强化青少年体育素养、增强青少年体质健康需要进一步深化落实。

（四）党和国家历来重视青少年体育与健康事业的发展

青少年是祖国的未来、民族的希望，是社会主义现代化事业的建设者和接班人。党和政府历来重视青少年健康工作，据不完全统计②，1979—2017 年我国50 余个部门制定发布有关青少年健康的政策文件超过 286 件，其中有全国人大、中共中央办公厅、国务院等国家机关，也有教育部、国家卫健委、国家体育总局等直接职能部门，彰显了国家对青少年健康治理的决心和力度。其中，2007 年中共中央、国务院颁布的《关于加强青少年体育增强青少年体质的意见》（简称《意见》）影响较大，其不但对加强体育增强青少年体质提出了明确要求，而且对青少年近视、营养、卫生保健、心理健康、禁毒禁烟、安全管理等诸多方面给出了指导意见。为保障《意见》落实，国家制定了一系列的配套政策，如《国家学生体质健康标准》《国家学校体育卫生条件试行基本标准》及《中小学健康教育指导纲要》等，这一系列的文件及配套措施的颁布与落实，虽然有效遏制了学生身体素质的下滑趋势，但实际情况仍不为乐观。近些年，随着"健康中国战略"制定与深入实施，健康被摆在了优先发展的战略地位，工作理念与服务方式从以治病为中心转变为以人民健康为中心，促进青少年体育活动，基本实现青少年熟练掌握 1 项以上体育运动技能，确保学生每天体育活动不少于 1 小时等保障青少年健康的措施被明确写入战略章程。为切实加强青少年体育活动，体育总局、教育部等联合发布《青少年体育活动促进计划》，对加强青少年体育活动、增进青少年健康水平给出了更加明确与详尽的规划和要求③。

（五）青少年体育受多重因素影响

虽然各项政策不断强调通过体育活动增进青少年健康水平，但当前青少年并

---

① 教育部体育卫生与艺术教育司．第八次全国学生体质与健康调研结果发布 [J]．中国学校卫生，2021，42（9）：1281-1282．

② 陈长洲，王红英，项贤林，等．改革开放 40 年我国青少年体质健康政策的回顾、反思与展望 [J]．体育科学，2019，39（3）：38-47，97．

③ 国家体育总局，教育部，中央文明办，发展改革委，等．青少年体育活动促进计划 [EB/OL]．[2018-01-17]．[2020-07-25]．http：//www.sport.gov.cn/n321/n372/c844024/content.html．

没有养成良好的健康生活方式和积极的体育行为。究其原因，这可能与学生学业负担重和人才选拔标准不健全有直接关系，与青少年对体育行为的认识不全面、不充分有关，也与青少年的体育价值观、体育态度、体育环境等诸多因素有关。Albert Bandura 的社会学习理论认为个体的行为表现与环境和个人因素（思维、认知、态度、自我效能等）有直接关系，而且三者交互决定、互为因果①。Icek Ajzen 的计划行为理论指出，态度、主观规范、感知行为控制及意向是行为影响因素，且除感知行为控制对行为有少许直接影响外，几乎所有的行为均是由意向直接导致②。此外，基于社会生态学模型研制的青少年身体活动促进模型指出，影响青少年身体活动的因素主要有 3 部分：个体层面（认知与情感）、人际层面（他人陪伴与社会支持）和促成因素（环境与生物因素）③。基于理论分析可知，个体行为的产生或改变总体上受两方面因素影响，即个体内在的心理因素与外在的环境因素。

在这些内外的影响因素中，个体的价值观是较深层的心理范畴。社会心理学认为价值观是决定个体期望、意向、动机、态度和行为的心理基础，是个体内在因素的精神内核，对行为有约束和指导作用。而在价值观与行为之间的关系研究中，目前普遍有 3 种观点：（1）价值观直接预测行为。Rokeach 对价值观的研究可谓是开创性的，他认为价值观是一般性的信念，具有动机功能，它不仅是评价性的，还是规范性和禁止性的，是行为和态度的指导④。在体育领域，有学者认为体育价值观是体育行为的杠杆⑤，是指导体育行为的决定因素⑥⑦。（2）态度作为价值观与行为之间的中介变量。一般认为态度较具体，而价值观更抽象、更

①　班杜拉．社会学习心理学［M］．长春：吉林教育出版社，1988．

②　AJZEN I. Attitudes, Personality, and Behavior（2nd edition）［M］. Milton-Keynes, England：Open University Press, McGraw-Hill, 2005.

③　BRONFENBRENNER U. The Ecology of Human Development：Experiments by Nature and Design［M］. Harvard University Press, 1979.

④　ROKEACH M. The Nature of Human Values［M］. New York：The Free Press, 1973.

⑤　唐照华．体育价值观是体育行为的杠杆［J］．成都体育学院学报，1994（4）：67-71.

⑥　任海．南京青奥会与我国青少年体育价值观的重塑［J］．体育与科学，2011，32（4）：1-3，16.

⑦　LEE M J, WHITEHEAD J, NTOUMANIS N, et al. Relationships among values, achievement orientations, and attitudes in youth sport［J］. Journal of Sport and Exercise Psychology, 2008, 30（5）：588-610.

稳定，更具理想主义色彩①。Kristiansen 和 Hotte 认为态度是价值观影响行为的中介变量，并提出了"价值观—态度—行为"模型②③。国内学者也普遍认同，价值观以态度的形式表现出来④⑤；体育价值观是态度的认知基础，决定了体育态度，体育态度又决定行为⑥。（3）价值观通过多个变量影响行为。从个体内部和外部因素来看，人格因素、情境性因素是价值观与行为关系的主要调节变量。外在的环境如家庭、学校和社区体育人文和物理环境等，都在体育价值观与行为之间起调节作用。

综上，无论从青少年体育和健康的现实困境出发，还是立足响应国家对青少年体育及青少年健康促进的要求，对青少年体育的核心价值观与行为进行研究都显得十分必要。当前众多研究和理论对认识体育核心价值观与体育行为提供了一定的理论基础，为进一步深化青少年体育核心价值观和体育行为的内涵与作用机制，本研究以青少年体育核心价值观、体育行为为研究对象，深入挖掘青少年体育核心价值观与体育行为的关系，引入体育态度、家庭体育支持、学校体育环境、社区体育环境等变量，进一步阐述青少年体育核心价值观与体育行为之间的作用机制，提出青少年体育核心价值观的培育践行方案，并最终研制改善和促进青少年体育行为的行动策略，为促进青少年体育及其研究发展提供参考。

二、研究意义

（一）理论意义

有利于梳理、深化青少年体育核心价值观与体育行为的基础理论。本研究采

---

①　HITLIN S, PILIAVIN J A. Values：Reviving a dormant concept［J］. Annual Review of Sociology, 2004, 30（1）：359-393.

②　陈莹, 郑涌. 价值观与行为的一致性争议［J］. 心理科学进展, 2010, 18（10）：1612-1619.

③　KRISTIANSEN C M, HOTTE A M. Morality and the Self：Implications for the When and How of Value-attitude-behavior Relations［C］. The psychology of values：The Ontario symposium. Lawrence Erlbaum Associates Mahwah, New Jersey, 1996.

④　杨秀兰, 方新普, 朱西龙, 等. 大学生体育生活初探［J］. 西安体育学院学报, 1995（1）：54-56.

⑤　黄荣洲. 大学生参加体育活动研究［J］. 天津体育学院学报, 1995（4）：78-79.

⑥　王健. 对培养大学生体育意识的研究［J］. 哈尔滨体育学院学报, 2002（3）：15-16, 18.

用质性研究与量化研究相结合的研究方法，对体育核心价值观与体育行为文献进行大量的资料梳理，对相关专家学者和青少年教师、学生进行了大量访谈，对青少年体育核心价值观和体育行为重新进行了界定和解读，有益于相关基础理论研究的进一步深化。

有利于探索、完善青少年体育核心价值观与体育行为作用机制。以往研究曾指出体育价值观影响、指导、决定体育行为的发生，但对相关机制缺乏进一步探索。本书通过验证体育态度的中介作用、家庭体育支持、青少年学校体育环境与社区体育环境的调节作用，进一步完善了体育核心价值观的体育行为的作用机制。

为培育青少年体育核心价值观和强化青少年体育行为提供了政策上的思路与建议。本书通过大量问卷调查，在充分了解青少年体育核心价值观和体育行为的现状、特征和困境的基础上，提出了青少年体育核心价值观对体育行为的作用机制模型，指明了体育态度、家庭、学校、社区在其中的作用，并在此基础上提出了培育青少年体育核心价值观和强化青少年体育行为的策略，为政府决策和制定相关政策法规提供了有益参考。

（二）实践意义

本书编制并检验了青少年体育核心价值观问卷、青少年体育行为问卷、青少年体育态度问卷、青少年家庭体育支持问卷、青少年学校体育环境问卷与社区体育环境问卷，为相关问题测量与评价提供了实践工具。

为培育青少年体育核心价值观，强化青少年体育行为提供了实践指导。在践行社会主义核心价值观过程中，不仅要加强我国青少年体育核心价值观的培育与践行，更应强化青少年的体育行为。本研究从体育核心价值观、体育态度、家庭体育支持、学校体育环境、社区体育环境等多个角度探索青少年体育行为策略，使它们协同发力，进一步强化青少年体育行为，保障青少年健康发展。

第二节 核心概念界定

一、青少年的年龄界定

目前对于青少年的年龄范围还没有统一的界定。英国《身体活动指南（2011）》中将儿童青少年划分为 5～18 岁；澳大利亚的《身体活动和久坐行为指南（2012）》和《加拿大儿童青少年 24 小时运动指南（2016）》将儿童青少年划分为 5～17 岁。《中国儿童青少年身体活动指南》将儿童青少年划分为 6～17 岁；《中国青少年体育发展报告（2016）》中将儿童青少年界定为 6～19 岁。在司法领域，《最高人民法院关于审理拐卖妇女儿童犯罪案件具体应用法律若干问题的解释》指出儿童是不满 14 周岁的人。在心理学领域，将青少年划分为 13～25 岁；在社会学领域，青少年为 13～30 岁①。一般情况下，儿童青少年时期将经历小学至高中阶段的学习，青少年是每个人由儿童向成人的过渡阶段，因此本书根据研究需要将初高中阶段学生界定为青少年群体，即将 11～19 岁的青少年学生作为调查对象。

二、青少年体育核心价值观的概念界定

价值观被社会心理学关注可以追溯到 20 世纪 20 年代，而直到 50 年代价值观的定义才基本达成共识，即"以人为中心的"对有关什么是"值得的"（the desirable）的看法②。随后，著名社会心理学家 Rokeach 创造性地将价值观研究推向新的发展阶段，他认为价值观是关于人对"具体行为"或"存在的终极状态"取舍的一种持久信念，它具有动机性、评价性、规范性与禁止性，是行为和态度的指导③。在此基础上，Schwartz 提出价值观是人向往的某些状态、对象、目标或行为，是对一切行为方式的判断与选择标准④，这一概念被广泛认同。在国内，黄希庭教授较早（1994）提出价值观是人区分好坏、美丑、益损、正确与错误，符合或违背自己意愿等的观念系统，它通常是充满情感的，并为人的正当行为提供充分的理由⑤。后来，金盛华根据测量操作需要，提出价值观是人们在目标确立、手段选择、规则遵循方面所体现的观念，这种观念对行为有导向作用⑥。2007 年，潘维教授对价值观提出了新思考，他认为价值观是人们对事物及

① 黄志坚. 青年学 [M]. 北京：中国青年出版社，1988.

② KLUCKHOHN C. Values and Value-orientations in the Theory of Action：An Exploration in Definition and Classification [M]. Cambridge, MA：Harvard University Press, 1951.

③ ROKEACH M. The Nature of Human Values [M]. New York：The Free Press, 1973.

④ SCHWARTZ S H, BILSKY W. Toward a universal psychological structure of human values [J]. Journal of Personality and Social Psychology, 1987, 53（3）：550.

⑤ 黄希庭，张进辅，李红，等. 当代中国青年价值观与教育 [M]. 成都：四川教育出版社，1994.

⑥ 金盛华，孙娜，史清敏，等. 当代中学生价值取向现状的调查研究 [J]. 心理学探新，2003（2）：30-34.

其关系"是非判断"观念，该认识较为简洁，在思想文化界引起了较大反响①。

体育价值观概念的研究起步稍晚，早期国际学者认为"公平竞赛"或"体育精神"是价值观的具体体现②。随着社会心理学对价值观研究的逐步深入，体育学界对体育价值观的认知更加深入，如：Watson 认为体育价值观是用来评价体育重要性与相对优先级的标准③；Lee 提出体育价值观是指导行为的一般准则，它支配体育的参与，是体育决策的基础④⑤。可见，体育价值观定义均受到社会心理学领域的影响，基本采用了"价值观是标准"理念。在国内，早期学者认为体育价值观是人和社会对体育需要程度的观念⑥；后来人本位逐步被认同，认为体育价值观是人依据自身需求来评价体育现象存在和发展的根本理念⑦；步入 21世纪，体育价值逐步被认识，学者们普遍认同体育价值观是人对体育的价值⑧⑨、意义或重要性⑩的看法或判断原则。可见，国内外普遍认同体育价值观是一种信念或标准，而国内学者对价值观内涵则更强调人本位以及对体育价值的认识。

一般而言，价值观分两大类，即核心价值观与非核心价值观。核心价值观占

①　潘维．论现代社会的核心价值观 [J]．电影艺术，2007（3）：5-14.

②　HASTAD D, SEGRAVE J, PANGRAZI R, et al. Causal factors of deviant behavior among youth sport participants and nonparticipants [J]. Psychology and Sociology of Sport：Current Selected Research, 1986（1）：149-166.

③　WATSON G, COLLIS R. Adolescent values in sport：A case of conflicting interests [J]. International Review of Sport Sociology, 1982, 17（3）：73-90.

④　LEE M J, WHITEHEAD J, NTOUMANIS N, et al. Relationships among values, achievement orientations, and attitudes in youth sport [J]. Journal of Sport and Exercise Psychology, 2008, 30（5）：588-610.

⑤　LEE M J, WHITEHEAD J, BALCHIN N. The measurement of values in youth sport：Development of the youth sport values questionnaire [J]. Journal of Sport and Exercise Psychology, 2000, 22（4）：307-326.

⑥　唐照华．体育价值观是体育行为的杠杆 [J]．成都体育学院学报，1994（4）：67-71.

⑦　唐宏贵．体育价值观念的嬗变与社会体育发展 [J]．武汉体育学院学报，1996（2）：9-12.

⑧　陈琦，杨文轩，刘海元，等．我国当代体育价值观的研究 [J]．体育科学，2006（8）：3-9，74.

⑨　孙月霞．社会转型期中国体育价值观重构 [J]．北京体育大学学报，2014，37（5）：16-21.

⑩　李华，杨闯建，王鑫．当代体育价值观基础理论研究 [J]．武汉体育学院学报，2004（6）：30-32.

据价值体系的核心地位，反映事物发展的内在要求，代表统治阶级的根本利益，统率和支配其他非核心价值观，是价值观体系的动力源①②③。核心价值观对事物发展方向有引领作用，所以稳定的核心价值观能阻止事物分裂，并维持事物稳定运行④。但学界一直对核心与非核心价值观判定存有分歧，一些学者认为，核心价值观应是单一、唯一或者少而精的内容。而另有学者指出，核心价值观应根据事物现象本质及其发展阶段来判定，如：社会主义核心价值观在当下中国整体处于利益分化、矛盾多发、价值多元的深刻转型期，不同的人因所处的经济地位、社会身份以及教育水平等有差异，他们的价值取向和价值追求必然有所不同；而且我们对社会主义的本质认识还没达到应有的科学高度时，也不可能将社会主义核心价值观的凝练判定为单一、唯一的价值观导向，所以社会主义核心价值观必然是一个复合、多元的价值体系，而且这是一个随着认识加深而不断更新、凝练的动态过程⑤。就体育而言，目前人们对体育的认识也远未达到应有的科学高度；而且体育这一事物也在不断地发展更新，从而满足人们日益增长的多样化美好体育需求。因此，当下的体育核心价值观也必然不可能是单一、唯一的，应该是一个复合、多元的价值观体系。

根据前文回顾，本书首先将青少年体育价值观界定为青少年对体育现象与关系"是非判断"的观念。那么结合前文对核心价值观的分析，青少年体育核心价值观可界定为：青少年基于体育发展的内在要求及时代需要所形成的对体育现象与关系"是非判断"的基本观念。它是青少年体育精神的内核，是青少年体育的统一指导思想和基本约束规范，代表着统治阶级对青少年体育的时代要求，影响和指导青少年的体育态度与体育行为，具有维持青少年体育稳定运转的功能，是引导青少年体育朝着人们迫切需要的方向发展的多元、复合的价值观体系。

三、青少年体育行为的概念界定

行为是生命科学、社会科学和心理学等众多领域的核心范畴，但对于行为的定义，各学者众说纷纭。生物学中解释行为是生物进行的从外部可察觉到的有适

---

①　鲁飞. 论体育的核心价值观 [J]. 成都体育学院学报，2006（5）：27-29.

②　田海舰. 社会主义核心价值观研究 [D]. 北京：中共中央党校，2008.

③　贾英健. 核心价值观及其功能 [N]. 光明日报（理论版），2007-10-23.

④　潘维. 论现代社会的核心价值观 [J]. 电影艺术，2007（3）：5-14.

⑤　王久高. 社会主义核心价值观的生成与内涵 [J]. 中国特色社会主义研究，2014（4）：69-73.

应意义的活动；生理学家则认为行为是人体器官对外界刺激所产生的反应；哲学家的观点是行为是人们在日常生活中所表现的一切活动；现代的心理学家一般认为，行为是人在主客观因素影响下而产生的外部活动，是一个整体的行动过程。而在现代观点中，行为是有机体有意识地为了什么所进行的活动或所发生的变化①。也有学者认为行为是人类或动物为了维持个体的生存或种族的延续，为适应不断变化的复杂环境所做出的反应。行为有广义和狭义之分，狭义的行为指主体在各种内外刺激作用下产生的可观察与测量的活动，又称外显行为，如表情、动作等；广义的行为除外显行为外，还包括内隐行为，如情绪、思维、记忆、感觉等，有时也包括各种器官的活动②。

关于体育行为，我国学者刘一民③认为，体育行为是人们在从事体育活动的过程中，由动机支配产生的有意识动作；后来，他们④补充认为，体育行为是人们有意识地采用体育的方法、手段，实现体育目的的活动，它是一个比较宽泛的概念，即凡是与体育发生联系的行为活动都称为体育行为，这些活动既包括体育行为的主要表现形式——运动行为，也包括体育的组织、管理、宣传、科研、教学、消费、观赏等方面的行为活动。李跃年⑤提出，体育行为是以个体的领导或领队、教练员与体育教师、运动员与体育活动参与者的一般心理过程规律为基础，进而研究体育群体的行为，以及个人与群体之间的相互关系的过程。本书比较赞同刘一民学者对体育行为的界定，结合前文行为的定义，青少年体育行为则可以界定为青少年有意识地采用体育的方法、手段，为实现体育目的所进行的活动或发生的变化，也应有内隐性体育行为和外显性体育行为之分。

第三节　国内外文献回顾

一、青少年体育核心价值观的相关研究

青少年体育核心价值观是在体育价值观的研究基础上随着时代的发展逐步凝练发展而来，以往研究多是关注体育价值观的内涵与外延，国内外关于青少年体

①　王海明. 行为概念辩难 [J]. 北京大学学报（哲学社会科学版），1999（6）：3-5.
②　刘丹萍. 社会行为与健康 [M]. 成都：四川大学出版社，2019：1-2.
③　刘一民. 关于创建体育行为学的构想 [J]. 体育科学，1990（2）：81，82-83，96.
④　刘一民，孙波. 论体育行为的多维特征 [J]. 山东体育学院学报，2002（4）：6-9.
⑤　李跃年. 体育行为学 [M]. 哈尔滨：哈尔滨工业大学出版社，2004.

育价值观的研究可以追溯到 20 世纪 80 年代。总的来看，研究主要集中在三个领域：青少年体育价值观的概念界定及作用（详见第一章第二节）；青少年体育价值观内容结构与测量；青少年体育价值观的现状与培育。

（一）青少年体育价值观的内容结构与测量

价值观的内容与测量是价值观概念研究之后的重点内容，是价值观操作化的必由之路。本书经过系统的文献搜集，通过文献筛查，最后回顾了 17 篇高度相关的文献，详见表 1-1。

表 1-1 　　　　　　　　　　　青少年体育价值观的内容结构

文献	研究对象与方法	价值观内容结构
Watson 1982①	高中生； 开放式访谈	五维 14 因子价值观模型： 亲和力价值观：亲和力、合作、参与； 道德价值观：诚实、责任； 表现力价值观：精神发泄、情绪控制； 能力价值观：知识、健康、自我概念； 成就价值观：竞争、成就、卓越、认同
Simmons 1986②	大学生； 文献资料法	五维 14 因子价值观模型： 成就感：奖励、求胜心； 舒适感：身体娱乐、环境优雅； 社交能力：合作、团队协作、风度； 健康：保持健康； 自我实现：小憩、能量释放、情感释放、挖掘潜能、探险、竞争
Cruz 1995③	运动员； 访谈法	13 因子价值观模型：展示技能、求胜心、实用性、享受比赛、团队凝聚力、合约精神、体育精神、关心、服从、社会形象、适应、公平、社会责任价值观

① WATSON G G, COLLIS R. Adolescent values in sport：A case of conflicting interests ［J］. International Review of Sport Sociology，1982，17（3）：73-90.

② SIMMONS D D, DICKINSON R V. Measurement of values expression in sports and athletics ［J］. Perceptual and Motor Skills，1986，62（2）：651-658.

③ CRUZ J, BOIXAD S M, VALIENTE L, et al. Prevalent values in young spanish soccer players ［J］. International Review for the Sociology of Sport，1995，30（3-4）：353-371.

续表

文献	研究对象与方法	价值观内容结构
Lee 1995①	运动员； 半结构式访谈	六维价值观模型： 能力价值观：成就、尽责、展示技能、求胜心； 自我表达价值观：享受、重视过程、自我实现； 人际关系价值观：遵奉、服从、团队凝聚力； 道德价值观：合约精神、公平、体育精神； 社会价值观：关爱、陪同、宽容； 未分类价值观：健康、公众形象
Lee 2000②	运动员； 文献资料法、访谈法	18因子青少年运动员价值观模型： 享受、个人成就、体育精神、合约精神、公平、同情、宽容、展示技能、服从、团队凝聚力、尽责、兴奋、健康、自我实现、公众形象、陪同、认同、求胜心
Lee 2008③	运动员； 文献资料法、访谈法	三维13因子青少年运动员价值观模型： 道德价值观：服从、公平、运动员精神、合约精神、同情； 能力价值观：成就、卓越、展示技能、自我导向； 身份价值观：求胜心、公众形象、统治力、领导力
黄世勋 1990④	中学生； 文献资料法、专家访谈法	十二维体育价值观模型：健身娱乐、奉献、健美、竞赛、交往、求知、刺激、励志、尊重、升学、尽责、反向
张兆芙 1991⑤	大学生； 文献资料法	六维体育价值观模型：社交、身心健康、寻求刺激、审美、精神解脱、自我磨炼

---

① LEE M J, COCKMAN M. Values in children's sport: Spontaneously expressed values among young athletes [J]. International Review for the Sociology of Sport, 1995, 30 (3-4): 337-350.

② LEE M J, WHITEHEAD J, BALCHIN N. The measurement of values in youth sport: Development of the youth sport values questionnaire [J]. Journal of Sport & Exercise Psychology, 2000, 22 (4): 307-326.

③ LEE M J, WHITEHEAD J, NTOUMANIS N, et al. Relationships among values, achievement orientations, and attitudes in youth sport [J]. Journal of Sport and Exercise Psychology, 2008, 30 (5): 588-610.

④ 黄世勋, 蔡福全. 北京市东城区高中学生体育价值观现状的调查研究 [J]. 教育科学研究, 1990 (6): 21-25.

⑤ 张兆芙, 寇玲. 关于体育专业大学生体育价值观的初步研究 [J]. 天津体育学院学报, 1991 (3): 80-84.

续表

文献	研究对象与方法	价值观内容结构
彭说龙 1997①	大学生；文献资料法、专家访谈法	五维24因子体育价值观模型：身体价值观、认识价值观、个性价值观、行为价值观、综合价值观
杨闯建 2003②	中学生；文献资料法、专家访谈法	十二维体育价值观模型：调节心理、增强竞争意识、健身、群体协调、交往、娱乐、消磨时光、表现自我、益智、健身投资、审美、培养意志
张恩泰 2006③	大学生；文献资料法、专家访谈法	二维8因子体育价值观模型： 社会价值取向：社会经济、爱国主义、社会安定； 个体价值取向：教育、人际关系、娱乐休闲、精神、健身
章宏智 2007④	运动员；文献资料法、专家访谈法	四维36因子运动价值观模型：个人性价值观、道德性价值观、能力性价值观、社会性价值观
张闽涛 2008⑤	残障高中生；文献资料法、专家访谈法	二维8因子体育价值观模型： 个体价值观：教育、人际关系、休闲娱乐、心理健康、健身； 社会价值观：社会经济、爱国主义、社会安定
田野 2008⑥	高中生；文献资料法、专家访谈法	九维体育价值观模型：健身、娱乐、放松身心、竞技、健身投资、认知学习、社会交往、表现自我、生活习惯（提出以健身价值观为中心）
陈开梅 2010⑦	大学生；文献资料法、开放式访谈	五维44因子体育价值观模型：教育、爱国、健身、休闲娱乐、交往

①　彭说龙. 广州东京两地大学生体育价值观的比较 [J]. 广州体育学院学报, 1997 (4)：15-19, 17.

②　杨闯建. 河南省城市中学生体育价值观现状及培养问题研究 [D]. 开封：河南大学, 2003.

③　张恩泰. 我国大学生体育价值观现状的初步研究 [D]. 重庆：西南大学, 2006.

④　章宏智. 国家运动选手训练中心选手运动价值观及其相关因素之影响 [J]. 运动与游戏研究 (台湾地区), 2007, 1 (3)：103-118.

⑤　张闽涛. 北京市残障高中生体育价值观研究 [D]. 北京：首都体育学院, 2008.

⑥　田野. 吉林省城市中学生体育价值观的现状研究 [D]. 长春：吉林大学, 2008.

⑦　陈开梅, 杨威, 董磊. 大学生体育价值观心理结构研究 [J]. 南京体育学院学报 (社会科学版), 2010, 24 (3)：124-128.

续表

文献	研究对象与方法	价值观内容结构
梁建平 2011①	中学生；文献资料法、专家访谈法	四维 23 因子体育价值观模型：生理健康价值观、体育娱乐价值观、个性及信念价值观、民族及社会价值观
张东军 2013②	运动员；文献资料法、逻辑分析法	六维运动员核心价值观模型：荣耀祖国、回报社会、团结协作、拼搏超越、崇尚公平、善待身心

由表 1-1 可知，所有研究均发现青少年体育价值观包含多个内容，所提出的青少年体育价值观结构模型均是多元的复合体系。在这些研究中，健康、健身、娱乐相关的体育价值观内容几乎被所有学者所认同；而以运动员为关注主体的研究发现竞争、遵守规则等偏重竞技体育特色的体育价值观多被提及；以大、中学学生为主体的研究中，交友、团队合作等可能是更常见的体育价值观内容。此外，仔细分析国内学者的相关研究发现，爱国主义、回报社会等体育价值观可能是我国青少年对体育的独特认识，这一方面是我国特色价值发展的结果，另一方面也一定程度上丰富了体育的价值内容。

在这些研究中，除了对青少年体育价值观的内容结构进行构建外，他们还基于这些价值观结构开发了对应的测评工具。这些测量工具中，学者 Martin J. Lee 所在的研究团队对青少年体育价值观内容与测量研究较深入，影响力也较强。1995 年，Lee 和 Cockman③ 通过对青少年足球和网球运动员的半结构式访谈，归纳得出了 18 种体育价值观。2000 年，Lee 等④ 对该研究进一步完善并编制了青少年运动价值观问卷（Youth Sports Values Questionnaire，YSVQ），构建青少年运

---

① 梁建平，么广会，常金栋，等. 我国西南地区城乡中学生体育价值观认知差异性研究 [J]. 中国体育科技，2011，47（6）：99-111，120.

② 张东军，王斌. 我国当代运动员核心价值观的构建 [J]. 上海体育学院学报，2013，37（1）：81-85.

③ LEE M J, COCKMAN M. Values in children's sport：Spontaneously expressed values among young athletes [J]. International Review for the Sociology of Sport，1995，30（3-4）：337-350.

④ LEE M J, WHITEHEAD J, BALCHIN N. The measurement of values in youth sport：Development of the youth sport values questionnaire [J]. Journal of Sport & Exercise Psychology，2000，22（4）：307-326.

动价值观的 18 个内容。2008 年，Lee 等①对 YSVQ 再次修订，随后发布 YSVQ-2
问卷，提出了道德价值观、能力价值观和身份价值观三维 13 因子的青少年运动
价值观模型，并被国际上多个地区采用。国内最早尝试对体育价值观内容进行挖
掘和测量是黄世勋等学者（1990）②，他们在访谈法基础上编制了《中学生体育
价值观》量表。随后的 20 年，张兆芙③、彭说龙④、杨闯建⑤、张恩泰⑥、章宏
智⑦、张闽涛⑧、田野⑨、陈开梅⑩、梁建平⑪及张东军⑫等十余位学者根据不同
的方法，从不同角度对体育价值观内容进行研究，依据不同的理论模型编制了量
表，丰富和完善了体育价值观测量。

（二）青少年体育价值观的现状与培育

在青少年体育价值观现状的研究中，Watson 和 Collis⑬ 基于自编的问卷对
750 名青少年进行调查，发现青少年主体对体育价值观中的亲和力价值观及能力

①　LEE M J, WHITEHEAD J, NTOUMANIS N, et al. Relationships among values, achievement orientations, and attitudes in youth sport [J]. Journal of Sport and Exercise Psychology, 2008, 30 (5): 588-610.

②　黄世勋，蔡福全. 北京市东城区高中学生体育价值观现状的调查研究 [J]. 教育科学研究, 1990 (6): 21-25.

③　张兆芙，寇玲. 关于体育专业大学生体育价值观的初步研究 [J]. 天津体育学院学报, 1991 (3): 80-84.

④　彭说龙. 广州东京两地大学生体育价值观的比较 [J]. 广州体育学院学报, 1997 (4): 15-19, 17.

⑤　杨闯建. 河南省城市中学生体育价值观现状及培养问题研究 [D]. 开封：河南大学, 2003.

⑥　张恩泰. 我国大学生体育价值观现状的初步研究 [D]. 重庆：西南大学, 2006.

⑦　章宏智. 运动选手训练中心选手运动价值观及其相关因素之影响 [J]. 运动与游戏研究（台湾地区）, 2007, 1 (3): 103-118.

⑧　张闽涛. 北京市残障高中生体育价值观研究 [D]. 北京：首都体育学院, 2008.

⑨　田野. 吉林省城市中学生体育价值观的现状研究 [D]. 长春：吉林大学, 2008.

⑩　陈开梅，杨威，董磊. 大学生体育价值观心理结构研究 [J]. 南京体育学院学报（社会科学版）, 2010, 24 (3): 124-128.

⑪　梁建平，么广会，常金栋，等. 我国西南地区城乡中学生体育价值观认知差异性研究 [J]. 中国体育科技, 2011, 47 (6): 99-111, 120.

⑫　张东军，王斌. 我国当代运动员核心价值观的构建 [J]. 上海体育学院学报, 2013, 37 (1): 81-85.

⑬　WATSON G G, COLLIS R. Adolescent values in sport: A case of conflicting interests [J]. International Review of Sport Sociology, 1982, 17 (3): 73-90.

价值观较重视，而对成就价值观的重视排序最低，他们认为这种价值观冲突一定程度上表明当时的青少年对体育活动参与兴趣较弱。Cruz 等①学者于 1995 年对 40 名青少年足球运动员的体育价值观进行调查，发现求胜心、展示技能、实用性（为了获益不惜违反规则）和公平等价值观较被重视，他们指出仅仅通过体育活动改善青少年运动员的社会责任和个人品德方面可能有些吃力，因此他们建议教练、赛事组织者、家长及公众等都应积极参与，以加强体育活动的方式促使体育运动达到更好的教育目的。Lee 等学者通过长达十年的青少年体育价值观测量与评价发现，青少年对享受和个人成就价值观较重视，而对求胜心价值观重视相对较差，另外，他们也注意到女孩相较于男孩对体育价值的重视不足，而随着年龄的增加体育价值观得分反而下降，除非从事高水平运动的青少年体育价值观才会再次被唤醒②。2008 年 Lee③通过再次修订问卷并调查发现，青少年体育价值观与他们的亲社会态度和反社会态度可能相关，这提示教学和辅导过程中应重视积极培育青少年价值观体系。在国内的体育价值观调查中④⑤⑥⑦，有三个较为显著的趋势：一是从 20 世纪至今，体育的健身价值观、娱乐价值观一直最被参与者认同；二是随着时间的推移，爱国价值观和体育投资（消费）价值观逐渐被重视，随之而来的表现自我价值观却相对下降；三是调查对象的运动水平越高，其相应的拼搏、竞争价值观越被重视，这与调查对象有直接关系。

目前，关于青少年体育价值观的干预与培育的理论研究主要源于结构发展理

① CRUZ J, BOIXAD S M, VALIENTE L, et al. Prevalent values in young spanish soccer players [J]. International Review for the Sociology of Sport, 1995, 30 (3-4): 353-371.

② LEE M J, WHITEHEAD J, BALCHIN N. The measurement of values in youth sport: Development of the youth sport values questionnaire [J]. Journal of Sport & Exercise Psychology, 2000, 22 (4): 307-326.

③ LEE M J, WHITEHEAD J, NTOUMANIS N, et al. Relationships among values, achievement orientations, and attitudes in youth sport [J]. Journal of Sport and Exercise Psychology, 2008, 30 (5): 588-610.

④ 黄世勋，蔡福全. 北京市东城区高中学生体育价值观现状的调查研究 [J]. 教育科学研究, 1990 (6): 21-25.

⑤ 张兆芙，寇玲. 关于体育专业大学生体育价值观的初步研究 [J]. 天津体育学院学报, 1991 (3): 80-84.

⑥ 杨闯建. 河南省城市中学生体育价值观现状及培养问题研究 [D]. 开封: 河南大学, 2003.

⑦ 张恩泰. 我国大学生体育价值观现状的初步研究 [D]. 重庆: 西南大学, 2006.

论和社会学习理论。如 Bredemeier① 从社会学习理论视角出发，对青少年运动员进行 6 周的价值观教育，结果显示，实验组较对照组获得了较高的道德推理能力。Gibbons② 从结构发展理论与社会学习理论的视角出发，对青少年运动员的公平竞赛价值观进行了教育，且获得了良好的效果。Hassandra③ 基于结构发展理论以及社会学习理论开发了一项关于青少年运动员公平竞赛价值观培育的相关课程，发现该培育课程可以在一定程度上提高青少年运动员的公平竞赛价值观。在这之后，Wells④ 在青少年运动员精神干预方面展开了多项研究，他们通过一系列的调查和研究，最后研发了一套促进青少年运动员精神的篮球训练项目，在经过一段时间的跟踪调查和干预之后，青少年运动员的亲社会行为表现得到了很好的提高，且呈现直线上升的趋势，运动员的精神面貌也得到了较好的改善。我国学者葛见珠⑤认为学生的个人因素、社会因素、教育体系等一系列因素是学生产生价值观特征的 34 个主要原因，并提出了干预学生价值观的具体策略：学校要进行教育理念的升级，学生要提高自我约束能力，社会要积极构建主流价值体系。张立顺⑥基于社会主义核心价值观三个层面的要求，从思想引领、实践养成以及文化熏陶等方面对体育精神与社会主义核心价值观培育路径进行优化和探索。

（三）青少年体育价值观研究小结

不难发现，现有研究主要是针对青少年的体育价值观，虽然有学者提出核心价值观在价值观体系中占据主导地位⑦，但目前对青少年体育核心价值观的概念界定及内容挖掘还十分匮乏。此外，现有研究的方法较为单一，文献资料法虽是

---

① BREDEMEIER B J. Athletic Aggression：A Moral Concern ［M］. Springer New York，1983.

② GIBBONS S L，EBBECK V，WEISS M R. Fair play for kids：Effects on the moral development of children in physical education ［J］. Res. Q Exerc. Sport，1995，66（3）：247-255.

③ HASSANDRA M，GOUDAS M，THEODORAKIS H Y. A fair play intervention program in school olympic education ［J］. European Journal of Psychology of Education，2007，22（2）：99-114.

④ WELLS M S，ELLIS G，ARTHUR-BANNING K，et al. Effect of staged practices and motivational climate on goal orientation and sportsmanship in community youth sport experiences ［J］. Journal of Park & Recreation Administration，2006，24（4）：64-84.

⑤ 葛见珠，阚妮妮，王盛琳. 江苏省体育专业"90后"大学生价值观调查与干预策略探究 ［J］. 南京体育学院学报（自然科学版），2014，13（4）：108-110，134.

⑥ 张立顺. 体育精神与社会主义核心价值观培育路径的探索 ［J］. 山东体育学院学报，2016，32（3）：59-62.

⑦ 鲁飞. 论体育的核心价值观 ［J］. 成都体育学院学报，2006（5）：27-29.

研究的基础，但通过访谈法和逻辑归纳建构的理论，其研究过程主观性较强，因而其研究结论也可能有待进一步推敲①。同时，当前的研究仅探讨了青少年单一身份（学生、运动员）特征，其结果难以反映和统摄当下整个青少年群体的体育核心价值观内容，这势必会限制新时代青少年对体育核心价值观的培育和践行。综上，虽然现有青少年体育价值观内容的研究较为丰富，但均存在不同程度的局限性。在新时代的起点上，对青少年整体的体育核心价值观内容与结构进行挖掘和构建就更显必要，具有时代意义。

二、青少年体育行为的相关研究

青少年体育行为是青少年体育研究的重要范畴，除去部分学者从学理角度探索青少年体育行为的概念外（详见第一章第二节），多数学者探索青少年体育行为的内容和分类。另外，体育行为的现状调查及相关因素也是本领域关注的重要范畴，目的是基于青少年体育行为的问题与困境，探索针对性的强化策略，从而提升青少年体育的参与。

（一）青少年体育行为的内容与分类

体育行为内容与分类的研究在国内外稍有不同。国外对体育行为的研究多为显性可测量的指标，如参与体育活动的项目类型、频率、时长和强度等，对体育行为中的内隐行为关注较少。在国内，多数学者②③④依据体育的表现形式将其分为竞赛行为、训练行为、对抗行为、道德行为、裁判行为、观众行为、管理行为、宣传行为、科研行为等。刘一民教授⑤则给出更为详细的分类依据和内容：依据行为主体范围分为体育的个体行为和群体行为；依据行为的目的分为体育学习行为、体育锻炼行为、体育训练行为、体育娱乐行为、体育竞技行为、体育医疗行为、体育管理行为、体育科研行为、体育宣传行为等；依据行为主体的意识分为体育的意志行为、体育的交往行为、体育的创造行为、体育的美感行为、体育的竞争行为、体育的挫折行为、体育的攻击行为等；依据行为的主体分为运动员行为、教练员行为、体育教师行为、比赛观众行为、体育领导行为。后来，金

①　谭劲松．关于中国管理学科发展的讨论［J］．管理世界，2007（1）：81-91，104.
②　钱汇宗．体育新学科介绍（三）［J］．上海体育学院学报，1987（2）：87-88.
③　侯乐荣．体育行为学初探［J］．体育科学，1992（6）：12.
④　刘刚．浅议体育行为学［J］．昭乌达蒙族师专学报（自然科学版），2001（6）：51-52.
⑤　刘一民．体育行为学［M］．北京：人民体育出版社，1993.

健秋等①依据测量需要，将体育行为分为显性体育行为的体育活动内容、时间、体育消费、体育信息获取等，隐性体育行为的体育需要、价值观和态度等，从而奠定现阶段的体育行为划分基础。

（二）青少年体育行为的测量研究

如前文所述，青少年的体育行为大致可分为两类：显性体育行为与隐性体育行为。有关显性体育行为的测量目前有两种方式，一种是基于必要设备进行客观的测量；另一种是利用问卷基于体育参与主体的主观报告。对于隐性体育行为而言，由于其特殊性，目前仅能通过问卷基于参与主体的主观报告，来评估体育参与主体的体育行为状况。相较而言，客观的测量更加贴近实际，所得结果对体育行为的量化较为标准，可以横纵对比，误差较小，但是由于客观的测量工具只能通过显性行为的指标转换得到结果，所以其测量范围并不适用于隐性行为的测量；而基于问卷的主观报告对体育行为测量的范围更广泛，可以更加全面地了解体育行为的全貌，但是由于一般采用的调查问卷并非标准件，对不同问题所采用的设计理念和设计标准不一，一般不同调查结果的横纵向可比性较差。另外，由于问卷是基于主体的主观报告，因此该结果主观性较强，所得结果误差也可能较大，应对测量过程严格控制。

可穿戴设备是客观测量体育行为的主要工具，一般包括加速度计、计步器、肩带表、袖带表、心率表，以及基于 GPS 技术的位置测量工具等，其测量的体育行为一般指步数、步频、步幅、速度、强度、运动时长、运动轨迹、最大摄氧量、能量代谢等。学者曾对可穿戴设备研究进行回顾，发现多数可穿戴设备可以测量相应的体育行为，但是对体育类型的辨别能力较差，很难找到满足多种情况的可穿戴设备②。

问卷调查由于其便捷性与经济性在体育行为测量中占据重要地位。国际上以体育行为为研究对象的问卷测量较少，多数是主观报告体育参与的内容、时长、频率或者身体活动量，国内学者采用此类问卷评估体育行为也较为常见③④。

---

① 金健秋，徐国宏，尹海立. 大学生体育行为探析 [J]. 中国体育科技，2001 (7)：34-36.

② 孙建刚，柯友枝，洪金涛，等. 利器还是噱头：可穿戴设备在身体活动测量中的信效度 [J]. 上海体育学院学报，2019，43 (6)：29-38.

③ 范泽斌. 校园体育文化对大学生体育行为的影响研究 [D]. 济南：山东大学，2016.

④ 张荣. 西宁市中学生体育意识和体育行为的调查研究 [D]. 西宁：青海师范大学，2011.

在隐性体育行为测量中，国际学者编制了相关问卷对体育的领导行为①、消费行为②、道德行为③④进行测量；我国学者除了借鉴这些研究外，还对体育的观赏行为⑤、学习行为⑥等编制了对应的测量工具，丰富了体育行为的测量研究。

（三）青少年体育行为的影响因素与强化研究

国内外关于体育行为的影响因素与强化的研究中，有较多著名的行为理论研究，其中较为有代表性的有合理行为理论、计划行为理论、社会学习理论、自我决定理论、社会生态模型、态度-行为模型等。合理行为理论认为行为由意向决定，意向又由态度和主观标准决定⑦。计划行为理论是对合理行为理论的修缮，该理论认为除态度和主观标准外，行为控制感也直接或通过行为意向间接地影响行为的发生⑧。Albert Bandura 的社会学习理论认为个体的行为表现与环境和个人因素（思维、认知、态度、自我效能等）有直接关系，而且三者交互决定、互为因果⑨。自我决定理论是关于人类行为的动机理论，它将人类行为分为自我决定行为和非自我决定行为，认为驱力、内在需要和情绪是自我决定行为的动机

---

① CHELLADURAI P, SALEH S D. Dimensions of leader behavior in sports：Development of a leadership scale［J］. Journal of Sport Psychology, 1980, 2（1）：34-45.

② HUNTER F, STEPHEN F, HEATH M D, et al. Are sport consumers unique? Consumer behavior within crowded sport markets［J］. Journal of Sport Management, 2018, 32（4）：1-14.

③ STANGER N, BACKHOUSE S H, JENNINGS A, et al. Linking motivational climate with moral behavior in youth sport：The role of social support, perspective taking, and moral disengagement［J］. Sport, Exercise, and Performance Psychology, 2018, 7（4）.

④ STORNES T, BRU E. Sportspersonship and perceptions of leadership. An investigation of adolescent handball players' perceptions of sportspersonship and relations with perceived leadership［J］. European Journal of Sport Science, 2002, 2（6）：1-15.

⑤ 黄亚妹. 福建省大学生体育观赏行为特征的调查与分析［D］. 福州：福建师范大学, 2007.

⑥ 秦明昆. 大学生体育行为与部分心理学指标的相关性研究［D］. 淮北：淮北师范大学, 2018.

⑦ FISHBEIN M, AJZEN I. Belief, Attitude, Intention, and Behavior：An Introduction to Theory and Research［M］. Reading , MA：Addison-Wesley, 1975.

⑧ AJZEN I. Attitudes, Personality, and Behavior（2nd edition）［M］. Milton-Keynes, England：Open University Press / McGraw-Hill, 2005.

⑨ 班杜拉. 社会学习心理学［M］. 长春：吉林教育出版社, 1988.

来源①。社会生态模型是基于社会认知理论，解释个体特征、人们行为和行为发生的环境间互惠作用的模型，在该领域中生态模型强调了个体内在因素（心理、生理和发育史等）、外在因素如实体环境（道路、公园、体育设施等）和社会环境（家庭、朋友、社会团体以及医疗机构或医疗保健设施等）因素、公共政策等对人体体力活动行为的综合作用②。在我国，对锻炼行为的理论研究较有影响的是锻炼态度-行为九因素模型③，该理论认为行为习惯、行为认知、主观标准、行为控制感等直接或间接地通过行为态度和行为意向变量调控行为的发生与发展，该理论借鉴了较多国际理论，同时进一步发展相关理论，在国内体育行为研究中影响较大。综上，行为受诸多因素影响，但总的来看可分为个体的内部因素和外部因素。其中内部因素如思维、认知、态度、自我效能等，外部因素包括实体环境（学校、家庭、道路、公园体育设施等）和人文社会环境（家庭、朋友、社会团体体育支持及社会制度等）等。在体育行为的强化研究中，多数研究是基于理论模型或体育行为的现状研究，针对体育行为特征或短板提出针对性的意见，进而达到强化体育行为的目标。

（四）青少年体育行为研究小结

行为研究较为丰富，国际上多以可测量的显性体育行为为关注对象，国内则对显性和隐性行为加以诠释，对整体进行了研究。目前测量的体育行为仍以问卷测评为主，但基于现代化设备的行为测量越来越受到学者重视。众多理论探讨了行为的影响因素，为体育行为研究提供了指导，几乎所有研究均认为体育行为受到个体内部与外部因素的影响，因此强化青少年体育行为也需从多个角度，全方位协调发力以切实强化青少年体育行为。

三、青少年体育价值观与体育行为的关系研究

价值观与行为之间的关系一直存在争议，多数学者认为价值观与行为存在一致性，也有学者发现价值观并不是一直与行为相关。Karremans 指出，人们通常

---

① DECI E L, RYAN R M. Intrinsic Motivation and Self-determination in Human Behavior [M]. New York: Plenum Press, 1985.

② 陈佩杰，翁锡全，林文弢. 体力活动促进型的建成环境研究：多学科、跨部门的共同行动 [J]. 体育与科学，2014，35（1）：22-29.

③ 毛荣建. 青少年学生锻炼态度-行为九因素模型的建立及检验 [D]. 北京：北京体育大学，2003.

认为助人为乐和诚实很重要，但不论实验或是现实生活中，人们并没有时常帮助他人，也并不是一直保持诚实①。国内学者曾对此进行分析，指出行为一般是由内因和外因共同作用的结果，所以价值观与行为可能存在不一致。此外，人们可能同时拥有多个价值观，有时难免也同时拥有互为矛盾的价值观，这就必然会引起价值观与行为的不一致；而且，价值观并非一成不变，这也解释了有时价值观与行为的不一致现象②。

　　关于价值观与行为一致性的研究中，目前普遍有 3 种观点：（1）价值观直接预测行为。Rokeach 对价值观的研究可谓是开创性的，他认为价值观是一般性的信念，具有动机功能，它不仅是评价性的，还是规范性和禁止性的，是行为和态度的指导③。此外，在亲社会行为、反社会行为、环境、政治、消费、旅游决策等诸多领域，学者发现价值观对行为有显著影响④⑤。在体育领域，有学者认为体育价值观是体育行为的杠杆⑥，是指导体育行为的决定因素⑦⑧。（2）中介变量介导价值观与行为的关系。有时价值观与行为之间的关系不如预期那么高相关，中介变量逐步被研究者纳入考虑范畴。2004 年，Bruns⑨ 提出手段—目标链

①　KARREMANS J C. Considering reasons for a value influences behaviour that expresses related values：An extension of the value-as-truisms hypothesis ［J］. European Journal of Social Psychology, 2010, 37 (3)：508-523.

②　陈莹, 郑涌. 价值观与行为的一致性争议 ［J］. 心理科学进展, 2010, 18 (10)：1612-1619.

③　ROKEACH M. The Nature of Human Values ［M］. New York：The Free Press, 1973.

④　LIU H, YU S, COTTRELL L, et al. Personal values and involvement in problem behaviors among bahamian early adolescents：A cross-sectional study ［J］. BMC Public Health, 2007 (7)：135-135.

⑤　WATKINS L, GNOTH J. Methodological issues in using kahle's list of values scale for Japanese tourism behaviour ［J］. Journal of Vacation Marketing, 2005, 11 (3)：225-233.

⑥　唐照华. 体育价值观是体育行为的杠杆 ［J］. 成都体育学院学报, 1994 (4)：67-71.

⑦　任海. 南京青奥会与我国青少年体育价值观的重塑 ［J］. 体育与科学, 2011, 32 (4)：1-3, 16.

⑧　LEE M J, WHITEHEAD J, NTOUMANIS N, et al. Relationships among values, achievement orientations, and attitudes in youth sport ［J］. Journal of Sport and Exercise Psychology, 2008, 30 (5)：588-610.

⑨　BRUNS K, SCHOLDERER J, GRUNERT K G. Closing the gap between values and behavior—a means-end theory of lifestyle ［J］. Journal of Business Research, 2004, 57 (6)：665-670.

理论，认为生活方式是价值观与行为的中介变量。此外，态度普遍被认为是价值观与行为的中介变量，一般认为态度较为具体，而价值观更抽象、更稳定，更具理想主义色彩①，态度在价值观与行为的关系中起着中介作用，如 Kristiansen 和 Hotte 提出了"价值观—态度—行为"模型②。国内学者也普遍认同，价值观以态度的形式表现出来③④；体育价值观是态度的认知基础，决定了体育态度，体育态度又决定行为⑤。（3）价值观通过多个变量调节行为。众多因素中内部因素与外部因素都可作为价值观与行为的调节因素，人格因素、道德判断、自我概念等都可充当价值观与行为的主要内部调节变量⑥；外在的情境环境因素如社会规范、社会压力⑦、家庭环境⑧、学校环境和社区环境等，都能在价值观与行为之间有着重要的调节作用。

综上，一般而言多数学者认为价值观与行为存在一致性，而且多种理论对其进行了详细的论述。其中，体育态度被较多学者提及，而家庭、学校和社区作为青少年体育行为发生的主要场所，其体育环境（物理环境与人文环境）也在价值观与行为关系中有着重要作用。为此，本书对以上四个相关因素做详细回顾。

（一）体育态度的相关研究

关于态度，在不同的学科领域中对态度的定义或解释各不相同，一般认为态度是人的一种内部状态，代表一种心理倾向，通过评价特定客体而表现出来，包

---

① HITLIN S, PILIAVIN J A. Values：Reviving a dormant concept [J]. Annual Review of Sociology, 2004, 30（1）：359-393.

② KRISTIANSEN C M, HOTTE A M. Morality and the self：Implications for the when and how of value-attitude-behavior relations；The Psychology of Values：The Ontario Symposium [C]. Lawrence Erlbaum Associates Mahwah, New Jersey, 1996.

③ 杨秀兰，方新普，朱西龙，陈彦. 大学生体育生活初探 [J]. 西安体育学院学报，1995，（1）：54-56.

④ 黄荣洲. 大学生参加体育活动研究 [J]. 天津体育学院学报，1995（4）：78-79.

⑤ 王健. 对培养大学生体育意识的研究 [J]. 哈尔滨体育学院学报，2002（3）：15-16, 18.

⑥ 陈莹，郑涌. 价值观与行为的一致性争议 [J]. 心理科学进展，2010，18（10）：1612-1619.

⑦ BARDI A, SCHWARTZ S H. Values and behavior：Strength and structure of relations [J]. Personality and Social Psychology Bulletin, 2003, 29（10）：1207-1220.

⑧ 张凤玲，张兴泉，王亚乒. 家庭影响青少年体育参与的理论模型构建 [J]. 沈阳体育学院学报，2014，33（3）：50-54.

括：习得的和非习得的、稳定的和易变的、重要的和不重要的①②③④。我国学者对政治心理学中的态度分析后，王丽萍指出态度是一种内在的心理倾向⑤，魏万磊则认为态度是一种行为倾向⑥。后来，叶玉霞进一步深化对态度的认识，认为态度是指人们在自身道德观和价值观基础上对事物的评价和行为倾向⑦。综上所述可以看出，众多学者在对态度进行解读或定义时，与心理、认知、评价、行为等词语密切相关。祝蓓里与季浏主编的《体育心理学》一书认为体育态度是运动主体对客体的认知评价、情感体验和行为倾向三项所表现出来的综合结果⑧。在体育心理学中认为，它是外界刺激与个体反应之间的中介因素，并且调节着人对体育项目的参与行为选择和行为反应。综上，态度一词本身是由多种成分组成的复合体，具有多种价值和功能。本书借鉴祝蓓里与季浏所提出的体育态度概念，将青少年体育态度定义为：是青少年主体对体育客体所持有的认知评价、情感体验和行为倾向的综合体现。

　　体育态度的内容与结构划分是测量的前提，测量是操作化的必经之路。现阶段对于青少年体育态度的研究相对较少，但是对于体育态度的研究比较多。1951年国外学者 Wear⑨ 将体育态度划分为社会、精神情绪、身体、一般 4 个方面，并编制出最早的体育态度量表。1968 年 Kenyon⑩ 编制了 *Attitudes Toward Physical*

① LUMSDEN C J, WILSON E O. Genes, Mind, and Culture—The Coevolutionary Process (25th anniversary edition) [M]. World Scientific, 2005.

② LYKKEN D T. Research with twins：The concept of emergenesis [J]. Psychophysiology, 1982, 19 (4)：361-372.

③ ZAJONC R B. Feeling and thinking：Preferences need no inferences [J]. American Psychologist, 1980, 35 (2)：151.

④ ZAJONC R. On the primacy of affect [J]. The American Psychologist, 1984, 39 (2)：117-123.

⑤ 王丽萍. 政治心理学中的态度研究 [J]. 北京大学学报（哲学社会科学版），2006 (1)：132-141.

⑥ 魏万磊，刘黎. 政治心理学中的态度研究 [J]. 湖北社会科学，2011 (4)：40-42.

⑦ 叶玉霞. 基于态度理论的高职教师科研倦怠探因及对策 [J]. 职教论坛，2012 (36)：21-23.

⑧ 祝蓓里，季浏. 体育心理学 [M]. 北京：高等教育出版社，2000：40-45.

⑨ WEAR C L. The evaluation of attitude toward physical education as an activity course [J]. Research Quarterly for Exercise & Sport, 1951, 22 (1)：114-126.

⑩ KENYON G S. Six scales for assessing attitude toward physical activity [J]. Research Quarterly, 1968, 39 (3)：566-574.

Activity，简称 ATPA。后来学者①将 ATPA 翻译成中文并修订，修订后的调查表分为 6 个方面，即宣泄、追求刺激、审美、社会交往、成就动机以及身心健康，被多位国内学者②③④采用。此外，我国也有学者自编体育态度量表，毛荣建编制锻炼态度量表⑤，该量表共包含 70 题项，分属于 8 个分量表：行为习惯、情感体验、行为认知、主观标准、行为意向、行为控制、行为态度、目标态度。该量表自问世以来，一直受到该领域广大学者⑥⑦⑧认可并被广泛运用，目前被收入《体育科学常用心理量表评定手册》。另外，其他量表如《亚当斯（Adanrs）体育态度量表》《大学生体育态度调查表》的编制，也被部分学者⑨⑩采用。

在众多与体育态度相关的研究中，价值观与行为是绕不开的两个关键指标。首先，关于态度与价值观的关系研究中，人的态度与价值观相互影响、相辅相成。冯维胜⑪认为价值观是认知的基础，而体育锻炼态度形成的基础是体育认知，也是引起行为变化的必要条件。因此，能否积极参加体育锻炼主要受到体育价值观的影响。于春艳⑫调查发现，大学生体育锻炼总体态度与个体价值观相关

---

① 陈丹萍．中学生体育态度的跨文化研究 [J]．上海体育学院学报，1994（2）：89-94.

② 蒋宁．云南省彝、汉族大学生体育态度特征的研究 [D]．北京：北京体育大学，2007.

③ 邹宁．长春市与波士顿高校学生体育态度及影响因素的比较研究 [D]．长春：东北师范大学，2008.

④ 戴晶斌．中日大学生体育态度的跨文化研究 [J]．山东体育科技，1996（2）：52-56.

⑤ 毛荣建．青少年学生锻炼态度-行为九因素模型的建立及检验 [D]．北京：北京体育大学，2003.

⑥ 卜令恩．云南省鹤庆县九年级学生体育态度与体育中考成绩相关研究 [D]．昆明：云南师范大学，2017.

⑦ 孙妍．体育赛事媒介传播对青少年体育态度、体育行为的影响 [D]．上海：上海体育学院，2016.

⑧ 侯悦．北京市海淀区高中一、二年级女生体育态度和体育参与的研究 [D]．北京：北京体育大学，2014.

⑨ 耿桢．高中生体育态度成因及对策分析 [D]．沈阳：辽宁师范大学，2014.

⑩ 刘一民，孙庆祝，孙月霞．我国大学生体育态度和体育行为的调查研究 [J]．中国体育科技，2001（1）：29-32，39.

⑪ 冯维胜，丁树哲．体育价值观对体育锻炼影响的探讨 [J]．南京体育学院学报（社会科学版），2003（4）：18-21.

⑫ 于春艳．体育锻炼态度、参与度与体育价值观的相关研究 [J]．沈阳体育学院学报，2009，28（3）：53-56.

性极显著。陈子莹①研究也认为在不同体育生活方式中体育价值观与体育锻炼态度存在相关性，但是不同身体活动指数、体育价值观与体育锻炼态度存在相关关系，当身体活动指数小于 80 时，体育价值观与体育态度不存在任何相关关系；而大于 80 时，健身健美、精神和锻炼行为之间存在显著正相关关系。综上，一般认为体育价值观与体育态度存在一定关系，但是二者之间可能仍受其他因素的影响，也有待相关研究进一步深化。

关于体育态度影响体育行为，学者②③发现体育态度与体育行为之间显著正相关，积极体育态度的学生有利于促进养成良好的体育运动习惯，也说明体育态度对体育行为具有一定的预测作用。此外，张丰涛④和祝涛⑤的调查研究表明，虽然学生自身的体育态度趋于良好，但是体育态度与体育行为之间出现了不一致的现象，张素霞⑥的调查中还发现，体育态度和体育行为之间无明显的因果关系，这些研究说明体育态度与体育行为的关系有待更进一步研究探索。

综上，诸多学者致力于体育态度结构与测量研究，所涉及的内容与群体也较为广泛。在体育态度内容与结构中，众多研究虽无统一标准，但基本上属于认知评价、情感体验、行为倾向三个范畴。在体育态度与价值观和行为的研究中，目前研究结果上存在一定争议，这可能由于其本身复杂的概念所引起，也说明三者关系可能受诸多因素影响，有待进一步深化。

（二）家庭体育支持的相关研究

目前，家庭体育支持的概念尚不明确，多数研究主要是从家庭体育和家庭支持两个角度进行综合，从而界定家庭体育支持的概念。家庭是确定家庭体育的基础，一般认为家庭是社会生活的基本单位，是人们共同生活的社会组织形式中一

---

① 陈子莹. 昆明市女大学生不同体育生活方式体育价值观、体育锻炼态度的对比研究 [D]. 昆明：云南师范大学, 2017.

② 刘一民, 孙庆祝, 孙月霞. 我国大学生体育态度和体育行为的调查研究 [J]. 中国体育科技, 2001（1）：29-32, 39.

③ 李英. 湖南省部分地区农村中学生体育态度和体育行为的现状调查 [J]. 广州体育学院学报, 2006（6）：111-114.

④ 张丰涛. 高校研究生体育态度与行为的研究 [J]. 山东体育学院学报, 2000（3）：63-65, 78.

⑤ 祝涛. 大学生体育行为影响因素的研究 [J]. 教育与职业, 2010（5）：189-190.

⑥ 张素霞. 大学生体育态度和体育行为的因果关系 [J]. 体育学刊, 2003（3）：50-51.

种最典型的初级社会群体①。传统的家庭指婚姻关系、血缘关系或收养关系为基础，以爱情、亲情等特殊情感关系为纽带，以持续的共同居住和共同经济生活为特征的社会群体②。关于家庭体育的界定，张永保③对各种家庭体育观点共识与歧义做详细分析，最后基于"属+种差"将家庭体育定义为：一人或多人在家庭生活中安排的或自愿以家庭名义参与的，以身体练习为基本手段，以获得运动知识技能、满足兴趣爱好、丰富家庭生活、达到休闲娱乐、实现强身健体和促进家庭稳定为主要目的的教育过程和文化活动。

追本溯源，家庭支持的概念一般源自社会支持。早期学者 King 认为家庭支持是家庭成员提供的支持，包括情感性支持和工具性支持。后来，Hoagwood④ 则认为家庭支持应该被定义是一种可以为有需要的儿童提供认知、情感、精神支持的服务，这种服务包括家长在日常生活中对儿童进行的行为方式的教导、遇到困难时的安抚与鼓励等。而在国内，家庭支持多被认为是父母在某种氛围下，对子女成长过程提供的物质、情感和信息方面的帮助⑤⑥。

在家庭体育支持的概念中，丹豫晋⑦曾认为家庭体育支持指父母体育支持程度与父母体育参与态度，依据前文对家庭体育和家庭支持的整理，结合实际情况来看该家庭体育支持的概念显然有些不足。考虑本书是以青少年体育为研究主线，本书将家庭体育支持定义为家长为达到一定体育教育以及健身锻炼目的，对孩子体育活动提供的所需的物质、陪伴、教养和情感等方面的支持。

家庭体育支持作为一个新的概念和研究领域，目前国内外研究文献中关于家庭体育支持的内容结构和测量的研究较少。丹豫晋曾研究家庭体育支持与青少年

---

① 王思斌. 社会学教程（第2版）[M]. 北京：北京大学出版社，2003.

② 陈成文. 社会学 [M]. 长沙：湖南师范大学出版社，2005.

③ 张永保，田雨普. "家庭体育"新释义 [J]. 北京体育大学学报，2010，33（6）：9-12.

④ HOAGWOOD K E, CAVALERI M A, OLIN S S, et al. Family support in children's mental health: A review and synthesis [J]. Clinical Child and Family Psychology Review, 2010, 13（1）：1-45.

⑤ 朱卫红. 初中生家庭社会支持问卷的初步编制 [J]. 曲靖师范学院学报，2003（3）：98-101.

⑥ 焦莹莹. 家庭支持、家庭控制与初中生健康危险行为的关系研究 [D]. 重庆：重庆大学，2009.

⑦ 丹豫晋，刘映海. 家庭体育支持与青少年体质的关系研究 [J]. 教育理论与实践，2015，35（34）：30-33.

体质的关系，文章将家庭体育支持分为父母体育支持程度与父母体育参与态度两个范畴，并编制了问卷进行调查。由于家庭体育支持的测量研究较少，家庭支持、家庭体育支持的相关测量纳入本研究作为参考。国外学者 Cohen① 将家庭支持内容划分为关心支持、基本生活保障、及时反馈、规则教授和行为塑造等，将家庭支持功能划分为信息提供、工具性支持、平等尊重和身份归属认同。Hoagwood 将家庭支持分为组织导向型、家庭导向型、临床导向型三大类，其中每一种类型又包括五个方面：技能培养支持、情绪情感支持、信息提供、工具支持和拥护。在国内，朱卫红②编制了家庭支持量表，共含五个维度：基本生存支持、情绪情感支持、教养氛围支持、人际交往支持和信息提供支持。焦莹莹③修订编制了初中生家庭支持量表，其维度结构为物质支持、信息支持、教养支持、情感支持。阳家鹏④将家庭体育环境划分为家庭体育物理环境、行为环境和心理环境，并分别编制了相应的问卷，多被后续研究所采用。

家庭作为青少年成长最为重要的场域之一，父母作为孩子成长的第一任教师，必然对其体育核心价值观的形成起着至关重要的作用。梁建平⑤发现城乡中学生体育价值认知存在显著性差异，这可能是由于其价值观形成中的多种因素所致，而其中家庭因素最为关键。在家庭环境中父母对体育锻炼的态度、家庭的生活经济情况、父母自身的体育锻炼习惯以及家庭体育氛围等都会直接或间接地影响到子女对体育价值观的认知以及参加体育活动的积极性。国外对于家庭支持与青少年体育核心价值观的研究主要集中在父母对于体育活动的支持影响青少年体育参与的认知和态度等方面。Eccles⑥运用期望价值模型解释了儿童在体育参与方面所表现出的性别差异，他认为这种性别差异主要来源他们自身的不同家庭背

①　COHEN S，WILLS T A. Stress，social support，and the buffering hypothesis ［J］. Psychological Bulletin，1985，98（2）：310-357.

②　朱卫红. 初中生家庭社会支持问卷的初步编制 ［J］. 曲靖师范学院学报，2003，22（3）：98-101.

③　焦莹莹. 家庭支持、家庭控制与初中生健康危险行为的关系研究 ［D］. 重庆：重庆大学，2009.

④　阳家鹏. 家庭体育环境、锻炼动机与青少年身体活动的关系研究 ［D］. 上海：上海体育学院，2017.

⑤　梁建平，么广会，常金栋，等. 我国西南地区城乡中学生体育价值观认知差异性研究 ［J］. 中国体育科技，2011，47（6）：99-111，120.

⑥　ECCLES J S，HAROLD R D. Gender differences in sport involvement：Applying the Eccles' expectancy-value model ［J］. Journal of Applied Sport Psychology，1991，3（1）：7-35.

景和生活经历。

　　家庭对个体参与体育行为也有着重要影响，如：家长对于子女参与体育活动的不同态度、家长自身的体育行为、家庭对于孩子参与体育运动所投入的经济开销等。Trost S G① 在研究中指出父母对于儿童体育活动的支持始终与儿童活动呈正相关。公立政② 研究发现制约西南地区青少年阳光体育锻炼行为的因素中家庭支持影响作用最大。其他方面，张凤民③ 认为父母在体育运动方面提供的支持与在孩子体育锻炼遇到困难时给予的安慰与鼓励等，能够影响和改变孩子的体育行为，增加他们对于体育运动的喜爱程度，延长体育锻炼的时长，也能影响孩子在参与体育运动过程中的认知反应。同时也可以体现家长支持对学生的锻炼行为产生直接影响，家中的体育器材作为中介作用对锻炼行为产生影响。

　　综上，目前关于家庭体育支持的研究较少，多为概念理论，测量实践等均是以家庭体育、家庭支持、体育环境等为主题展开研究。目前国内外研究中关于体育价值观、体育行为和家庭体育的研究成果较为丰硕，家庭体育与另两个变量之间的关系研究为探究青少年体育价值观与体育行为间的作用机制提供了一定的理论和实践基础，但是探究家庭体育支持的调节作用的研究较为缺乏，也需要相关研究进一步深入。

　　（三）学校体育环境的相关研究

　　一般而言，环境有两个意思，一是人们生活的自然环境；二是指影响人们生活的情况、条件的综合。在社会学中，环境指围绕在人生活周边的具体条件和状况，或者说是相对于人而言的客观存在，环境与人相互依存，其内容随着人的目的和要求不同而不同④。体育环境是基于环境内涵的具体化，目前关于体育环境的概念争议较少，一般认为是环绕在体育这一组织活动的外部条件，是体育赖以存在与发展的自然条件和社会条件，以及它们之间的相互关系⑤。学校体育环境是体育环境的下位概念，目前有以下几个观点，第一种认为学校体育环境是指以

---

　　①　TROST S G, LOPRINZI P D. Parental influences on physical activity behavior in children and adolescents：A brief review ［J］. American Journal of Lifestyle Medicine，2016，5（2）：171-181.

　　②　公立政. 西南地区中小学 "阳光体育运动" 开展现状与制约因素研究 ［D］. 重庆：西南大学，2013.

　　③　张凤民. 家庭因素对小学生体育参与影响的研究 ［D］. 长春：东北师范大学，2005.

　　④　李爱贞. 生态环境保护概念 ［M］. 北京：气象出版社，2001.

　　⑤　熊茂湘. 体育环境导论 ［M］. 北京：北京体育大学出版社，2003.

学校体育活动为中心的周围空间以及与学校体育各项活动有相互联系的事物境况①；第二种认为学校体育环境是指围绕学校体育顺利开展的一切环境因素的总和；也有学者认为学校体育环境是指以学生参加的各种体育活动为主体，依据全面发展学生身心这种特殊需求而组成的育人环境，是开展学校体育各项活动所必需的、影响学校体育各项活动开展质量与效果的诸客观条件和力量的综合②；另外，开展学校体育活动需要的所有条件的总和，已被认为是学校教育环境的组成部分③。综上，这些概念界定有诸多相似之处，本书认为第四种定义较为简洁，指出了学校体育环境的内涵。因此，本书界定学校体育环境概念是指开展学校体育活动需要的所有外在的条件的总和。

在学校体育环境内涵之中，多位学者将学校体育环境的内容进行了划分，国际上较为通用的依据是加拿大活跃健康儿童全球联盟（AHKGA）的做法，认为学校体育政策法规执行、体育师资配备、体育课开展、课外体育活动开展和场地器材配备是学校体育环境的5个方面④。在国内，物质环境、制度环境被多位学者提及，而社会环境与自然环境也是常见分类方式。邓跃宁⑤将学校体育环境划分为制度环境（学校的各种规章制度、条例）、物质环境（硬件部分）和信息环境（身体活动的意识、风气和体育舆论）；周登嵩⑥将其分为社会心理环境（课堂教学气氛、体育传统与风气、人际关系、教师、体育信息）和物质环境（时空要素、运动场所、运动设备）；韩会君⑦则将学校体育环境划分为自然环境、规范环境和社会环境，其中社会环境主要表现为同伴群体、师生关系、校风、班风、教学气氛等方面。综上，学者们对学校体育环境的分类大体相似，虽然命名有所不同，但涉及内容大体相似，基本包含了物理环境、社会环境和制度环境等。

---

① 孙辉．论体育环境［J］．上海体育学院学报，1993，（2）：14-20．

② 龚批．上海市初级中学学校体育环境现状的调查研究［D］．上海：上海体育学院，2010．

③ 周登嵩．学校体育学［M］．北京：人民体育出版社，2005．

④ 活跃健康儿童全球联盟．儿童青少年身体活动评价体系指标含义及评价方法［EB/OL］．［2016-06-24］．http：//www. activehealthy kids. org/core-indicators-and-benchmarks/［2019-07-29］．

⑤ 邓跃宁．论学校体育环境及建设［J］．四川体育科学，1995（1）：36-40．

⑥ 周登嵩．学校体育学［M］．北京：人民体育出版社，2005．

⑦ 韩会君，陈建华．生态系统理论视域下青少年体育参与的影响因素分析［J］．广州体育学院学报，2010，30（6）：16-20．

　　关于学校体育环境的测量与评价研究不多，基本以问卷为测评工具。在这些研究中，学校身体活动环境问卷①（Q-SPACE）代表性较强。该问卷涵盖物理环境和社会环境两个范畴，分别用以评估学生对学校设施和设备条件、数量的看法和校园安全、同伴鼓励与支持、教师授课质量等方面的看法。Q-SPACE 设计较为严谨，是调查学校体育环境较为有效且可靠的工具。此外，还有学者②③④从多个角度编制问卷，对学校体育环境的硬件设施、体育课程等方面进行评估，丰富了学校体育环境测评工具。值得注意的是，有学者⑤指出基于 GPS、GIS 等技术对学校物理环境测量可能更为直观，或将是未来的研究趋势。在国内，多数学者是借鉴国际测评做法编制量表，如：郭可雷、孟磊、龚玭、佘晶晶等学者曾对学校体育环境进行调查，相比国外国内学者对问卷内容结构的研究更为严谨，涉及内容更为广泛，对体育的文化、社会、制度环境研究更为丰富⑥⑦⑧⑨。

　　学校环境对青少年的体育认知、体育态度、体育参与及其观念和习惯都有着深刻影响⑩。其中国内学者对学校体育环境与体育价值观的研究较多，体育教学对个体的体育教育价值观、健身价值观、社会价值观影响较大，运动场所及课外

　　①　ROBERTSON-WILSON J, VESQUE L L, HOLDEN R R. Development of a questionnaire assessing school physical activity environment［J］. Measurement in Physical Education & Exercise Ence, 2007, 11（2）：93-107.

　　②　WONG S L, LEATHERDALE S T, MANSKE S R. Reliability and validity of a school-based physical activity questionnaire［J］. Medicine & Science in Sports & Exercise, 2006, 38（9）：1593-1600.

　　③　FAIRCLOUGH S, BUTCHER Z, STRATTON G. Primary school children's health-enhancing physical activity patterns：The school as a significant environment?［J］. Education 3-13, 2008, 36（4）：371-381.

　　④　HILLAND T A, RIDGERS N D, STRATTON G, et al. Associations between selected demographic, biological, school environmental and physical education based correlates, and adolescent physical activity［J］. Pediatric Exercise Science, 2011, 23（1）：61-71.

　　⑤　DESSING D, PIERIK F H, STERKENBURG R P, et al. Schoolyard physical activity of 6-11 year old children assessed by GPS and accelerometry［J］. International Journal of Behavioral Nutrition and Physical Activity, 2013, 10（1）：1-9.

　　⑥　龚玭. 上海市初级中学学校体育环境现状的调查研究［D］. 上海：上海体育学院, 2010.

　　⑦　佘晶晶. 学校环境对儿童青少年身体活动的影响［D］. 上海：上海体育学院, 2019.

　　⑧　郭可雷. 学校体育环境、锻炼意向与初中生身体活动的关系研究［D］. 上海：上海体育学院, 2019.

　　⑨　孟磊. 学校体育环境及其与学生体质健康的关系研究［D］. 南京：南京师范大学, 2014.

　　⑩　韩会君, 陈建华. 生态系统理论视域下青少年体育参与的影响因素分析［J］. 广州体育学院学报, 2010, 30（6）：16-20.

体育有助于人际价值观形成，物质条件对娱乐价值观作用突出①。另外，学者元文学认为学校是青少年成长的主阵地，从宏观层面论述了学校对体育活动的态度、课程开展、体育管理、师资能力等诸多方面对价值观有重要的促进作用，对构建学校环境培育个体体育价值观提供良好的视角②。

　　行为与环境之间的经典关系是行为函数，由勒温（K Lewin）提出 $B=f(P, E)$，其中 B 指行为（behavior），P 指人（person），E 指环境（environment），该公式表明人的行为是人与环境双重作用的结果，打开教学环境与行为的研究先河③。在体育研究中，多数学者基于身体活动水平展开实证调查显示，学校充足的财务和人力资源、学校体育设施的使用、运动器材的足够空间与学生参与身体活动相关④，学生人均草坪面积、运动器材与体育课中学生中高强度身体活动相关，学校户外体育设施较多的中学生比设施较少学校的学生身体活动机会更高，另外，有篮球场、足球场、操场等游乐区域的学校比没有这些设施的学校学生身体活动频率更高，成年人的监督和场地、设施改善程度高的学校环境会促进青少年更积极地参与身体活动⑤⑥⑦⑧⑨；此外，学校的政策环境与青少年身体活动

　　①　陈炜. 大学生体育价值观与高校体育环境关系的初步研究 [D]. 苏州：苏州大学, 2008.

　　②　元文学，侯金凤. 生命周期视域下学生体育价值观理论探讨：影响因素与培养策略 [J]. 沈阳体育学院学报, 2019, 38 (1)：52-57.

　　③　田慧生. 教学环境论 [J]. 教育研究, 1995 (6)：47-51, 58.

　　④　BARNETT T A, O'LOUGHLIN J, GAUVIN L, et al. Opportunities for student physical activity in elementary schools：A cross-sectional survey of frequency and correlates [J]. Health Education & Behavior, 2006, 33 (2)：215-232.

　　⑤　DAVISON K K, LAWSON C T. Do attributes in the physical environment influence children's physical activity? A review of the literature [J]. International Journal of Behavioral Nutrition and Physical Activity, 2006, 3 (1)：19.

　　⑥　MARTIN K, BREMNER A, SALMON J, et al. Physical, policy, and sociocultural characteristics of the primary school environment are positively associated with children's physical activity during class time [J]. Journal of Physical Activity and Health, 2014, 11 (3)：553-563.

　　⑦　HAUG E, TORSHEIM T, SALLIS J F, et al. The characteristics of the outdoor school environment associated with physical activity [J]. Health Education Research, 2010, 25 (2)：248-256.

　　⑧　SALLIS J F, CONWAY T L, PROCHASKA J J, et al. The association of school environments with youth physical activity [J]. American Journal of Public Health, 2001, 91 (4)：618.

　　⑨　WANG L, TANG Y, LUO J. School and community physical activity characteristics and moderate-to-vigorous physical activity among Chinese school-aged children：A multilevel path model analysis [J]. Journal of Sport and Health Science, 2017, 6 (4)：416-422.

也呈现显著相关，学校为青少年创造更多的身体活动机会和时间保障，可以促使其积极参与身体活动①。

总体看来，目前关于学校体育环境的研究已相当丰富，学校体育环境划分为物理环境和社会环境已经是基本共识，关于学校体育环境的测量工具也十分多样。环境与行为、价值观存在相关关系多被学者关注，但是，目前多关注体育的显性行为，多以身体活动为代表的，对行为的整体性关注不足；另外，研究两两关系的较多，对三者整体关系的探索不足，价值观、行为及学校体育环境是否存在某些特殊的中介或者调节关系不得而知。因此，从整体上探索青少年体育价值观、体育行为、学校体育环境十分必要，具有理论和实践价值。

（四）社区体育环境的相关研究

关于社区的概念争论已久，现在普遍形成了两种观点：一是功能性观点认为，社区是有着共同目标和有利害关系的人组成的社会团体，有着共同利益、地域和简单群体三个特点；另一类为地域性的观点认为，社区是在一定地域范围内共同生活的有组织的人群，是特定地域、共同要素、群体三个要素。我国学者王凯珍②、赵立③等人依据社区界定应符合时代的经济文化特征，提出社区是社会组织构建的一个社会实体，含括地域、人口、组织结构、文化和认同感五个要素。另外，目前国内把社区一般划分为街道社区、居委会和村委会社区三种形式，居委会社区是城镇社区的基本单位，是最基层社区。基于此，本书将社区界定为特定地域范围内的居民所组成的社会生活共同体。本书主要关注的社区为城市社区居民委员会辖区，发挥着特定功能的生活的共同体，至少涵盖特定数量的人口、地域范围、相应规模的公共设施、拥有共同特征的文化（共同的意识和利益）和配套组织。

目前对社区体育环境的界定多是基于社区和体育环境概念进行糅合形成的。宋杰指出社区体育环境是与社区体育这一主体相对的客体，与体育相互联系、相

① STORY M, NANNEY M S, SCHWARTZ M B. Schools and obesity prevention: Creating school environments and policies to promote healthy eating and physical activity [J]. The Milbank Quarterly, 2009, 87 (1): 71-100.

② 王凯珍，任海，王渡，等. 我国城市社区体育的现状及发展趋势 [J]. 体育科学, 1997 (5): 6-10.

③ 赵立，杨智学，李苫，等. 我国城市新型社区体育场地设施配套建设法律规制及执行状况探讨: 以北京市为例 [J]. 首都体育学院学报, 2012, 24 (4): 346-349.

互制约、相互作用的各种因素的总和，是与居民体育生活质量密切相关的概念①。此外，周晓东界定体育健身环境是指在城市社区范围内，在政府的资助和扶持下，为满足社区居民的不同体育需求而创建、设立的运动器械、运动场所和体育锻炼指导机构等人工要素的集合。城市社区体育健身环境按其性质分为硬环境与软环境。硬环境包括场地设施、体育锻炼指导机构；软环境包括服务体系、政策法规体系②。由此可知，社区体育环境相关概念界定已有雏形，但还没有形成较为统一的标准。前文（第一章第三节"学校体育环境的相关研究"）对环境与体育环境概念的界定，认为体育环境是环绕在体育这一组织活动的外部条件，是体育赖以存在和发展的自然条件和社会条件，以及它们之间的相互关系。结合本研究目的，将社区体育环境界定为以社区存在的自然环境为基础，为满足社区居民的不同体育锻炼需要，以社区体育物质为依托的与居民人际交往关系的总和。需要指出的是，本研究主要关注社区体育本身的发展，所以，本书的社区体育环境不包含社区中的学校体育环境和家庭体育环境。

目前已有诸多学者对社区体育环境展开评价，方式以问卷形式调查为主，但也有部分学者开始利用新型技术对部分社区体育环境指标进行测量。AHKGA③是现有对社区体育环境测量较为全面的组织之一，他们将体育设施、相关政策、体育组织、安全水平系数和参与社区体育的时间五个因素作为评价指标，评估社区体育环境的发展水平；国际也有学者④从社区体育器材、运动设施和财政投入等评估社区体育环境现状；随后 Balish 等⑤在前人基础上，将居住环境、人文环境等也纳入了评估体系。国内学者中对社区体育环境测量研究较为系统深入的是宋杰及其团队，他们曾系统地对社会体育环境概念、内涵、结构、测评深入分

① 宋杰. 社区健身环境评价的若干理论问题探讨 [J]. 上海体育学院学报, 2006（4）: 18-22.

② 周晓东, 汪焱, 彭雪涵. 论我国城市社区体育健身环境 [J]. 福建体育科技, 2005（1）: 1-8.

③ 活跃健康儿童全球联盟. 儿童青少年身体活动评价体系指标含义及评价方法 [EB/OL]. [2019-07-29]. http://www.activehealthy kids.org/core-indicators-and-benchmarks/. 2016-06-24.

④ MISENER K, HARMAN A, DOHERTY A. Understanding the local sports council as a mechanism for community sport development [J]. Managing Leisure, 2013, 18（4）: 300-315.

⑤ BALISH S, CT J. The influence of community on athletic development: An integrated case study [J]. Qualitiative Research in Sport, 2014, 6（1）: 98-120.

析，提出从运动场（馆）设施、生态环境、综合管理、体育文化氛围4个方面构建社区体育健身环境评价量表，并对淄博市和山东半岛城市群展开实证调查，对研究社区体育环境提供了有益参考①②③④。另外，薛明陆从社区体育自然环境、个人行为、社会、场地设施、支撑配套5个指标构建了社区体育环境的评价工具；郜二鹏从生态环境、健身场地设施、物业管理、组织文化氛围4个方面对社区体育环境进行测量，都为社区体育环境测量增添了新的思想，为本研究提供了有益的借鉴。

社区作为青少年生活、学习和参与体育的三大主要场域（家庭、学校和社区）之一，是他们接受教育和休闲娱乐的重要场所，良好社区体育环境能在一定程度上促进个体体育价值观和行为习惯的养成。目前以社区体育环境与体育价值观为切入点的研究相对较少，何艳君⑤曾从宏观角度提出社区体育可以帮助学生形成正确的体育价值观；王桂华等⑥曾通过问卷调查探索上海市中学生体育价值观的影响因素中指出，社区场地器材对中学生体育价值观影响处于首位，社区体育氛围对其也有一定的作用。除此之外，我国对社区体育环境的研究多关注青少年体育的行为，对价值观的探索仍然欠缺。

国外研究社区体育环境与体育行为多关注显性行为，其中最有代表性的便是身体活动指标。Ding等⑦曾回顾了103篇社区环境与身体活动的相关文献，这些文献中提到公园、娱乐设施的密度、可访问性、距离、土地混合利用率、居住密度、街道连通性、可步行性、人行横道、自行车道，交通速度/密度、斑马线、交通灯等行人安全设施，邻里关系、安全问题、植被面积等指标可能与身体活动

①　宋杰．社区健身环境评价的若干理论问题探讨［J］．上海体育学院学报，2006（4）：18-22.

②　宋杰．对城市社区健身环境评价基本理论问题的探讨［J］．北京体育大学学报，2007（10）：1328-1330.

③　李丰祥，宋杰．山东半岛城市群社区健身环境评价体系及标准的研究［J］．武汉体育学院学报，2006（5）：40-44.

④　宋杰，孟伟．淄博市城镇居民小区健身环境评价体系的构建［J］．山东理工大学学报（自然科学版），2006（6）：73-77.

⑤　何艳君．论社区体育与学校体育的协调发展［D］．桂林：广西师范大学，2005.

⑥　王桂华，肖焕禹，陈玉忠．上海市中学生体育价值观现状及影响其形成因素社会学分析［J］．体育科研，2005（6）：77-81.

⑦　DING D，SALLIS J F，KERR J，et al. Neighborhood environment and physical activity among youth：A review［J］．American Journal of Preventive Medicine, 2011, 41（4）：442-455.

存在相关性；基于这些证据发现目前通过客观手段测评的社区环境结果与身体活动关系的结论一致性较强；其中，可步行性、交通速度/密度、娱乐设施可接近性、土地混合利用率、居住密度等指标是对促进儿童身体活动效果最显著；土地混合利用率和居住密度两个指标在青少年群体中作用最明显。该文献是对社区环境及身体活动较为系统的回顾，还原了现有学者对相关问题的研究全貌，对后续学者启发性和指导性较强。

国内相关的研究比较多样，对社区体育的"软硬"环境均有涉及，所观察的体育行为也涵盖了显性与隐性两个维度。现有学者提及的社区体育环境指标一般有组织管理、体育设施、体育氛围、宣传教育、场地资金、政策环境等，如：彭聪[①]研究发现社区的组织管理与体育环境能促进青少年体育行为的养成；苏晓红[②]认为社区设施保障直接影响青少年的体育参与。此外，国内学者亦发现社区环境与身体活动关系密切，代俊[③]发现社区层面的环境与身体活动存在间接关系；姚志强[④]则强调应在体育设施的可达性、便捷性、安全性上进行完善，从而与体育氛围的营造形成合力，共同促进儿童青少年积极参与身体活动。

综上，社区作为青少年体育活动的重要场所，社区体育环境的研究与建设已被广大学者重视。目前国内外关于社区体育环境研究有一定共性，也存在不同。国外学者对社区体育环境的关注偏向"硬件"环境，多以实证研究居多；而国内学者不但关注"硬件"环境，也有不少学者对体育氛围、政策支持等"软件"环境进行了探索，但不可否认国内对相关问题探索的深度和系统性略显不足。另外，国外社区体育环境的测评工具已由单一的问卷测评发展到了问卷测评和新型技术实际测量结合，而国内研究稍显欠缺。社区体育环境对体育价值观和体育行为的影响在众多结论中得到体现，但不同研究结果不一致，不同环境指标对不同变量的影响尚不明确，但多数较为重要的环境指标，如硬件设施、组织实施等基本得到了公认。因此，对社区体育环境进一步深挖十分必要，有益于促进青少年

---

① 彭聪. 青少年体育参与行为促进的影响因素研究 [D]. 济南：山东体育学院，2018.

② 苏晓红，李炳光，田英. 基于社会生态学模型的青少年体育锻炼行为相关因素分析 [J]. 沈阳体育学院学报，2017，36（4）：70-76.

③ 代俊，陈瀚. 社会生态学视角下青少年校外身体活动行为的影响因素研究 [J]. 首都体育学院学报，2018，30（4）：371-377.

④ 姚志强. 社区体育环境对儿童青少年身体活动的影响 [D]. 上海：上海外国语大学，2019.

体育行为的实施。

四、研究评述

众多研究围绕体育价值观、体育行为、体育态度、家庭体育支持、学校体育环境和社区体育环境进行了探讨，对相关研究和实践提供了有力支撑，也为本研究的开展提供了扎实的理论基础和参考依据。然而，这些研究还有一些不足，具体表现为：（1）体育价值观是个体对体育现象是非取舍的观念，是人对体育的认知基础。一般认为价值观分两大类，即核心价值观和非核心价值观。核心价值观应是价值体系内的内核，对价值体系有统领作用，是价值体系的动力源。但目前较多学者更多关注体育价值观的理论、内容和范畴研究，对体育核心价值观的探索稍显薄弱。（2）测量工具不足。目前关于青少年体育核心价值观和体育行为的研究中，定性的理论探讨较多，实证测量的较少。归根结底是价值观与体育行为属于较为抽象和复杂的体育问题，采用一般的实验器具无法直接测量，需要较为科学合理的量表作为测量工具，而当前在这方面的研究投入仍较为吝啬。（3）青少年体育价值观与体育行为关系研究的深度和系统程度不够。较多学者通过演绎归纳，总结出体育价值观对体育行为的影响，也有学者认为价值观主导和决定着体育行为的发生与发展。虽然理论的探索对本领域研究发展贡献较大，但仅通过理论探索对二者关系的深层次挖掘仍显不足，缺少通过实证的数据对二者关系的验证。此外，以往研究无论是通过理论归纳或是基于某些理论的探索，均认为价值观对行为的影响或预测存在其他中间变量作用，如态度、意愿、家庭体育环境、学校体育环境、社区体育环境等。然而，目前却少有研究对此进行系统的深入，研究结果也较难全面系统地将以上种种因素进行整合，限制了对体育价值观与体育行为影响机制的全面理解。（4）研究方法存在一定局限。青少年体育价值观与体育行为属于比较抽象概念，对于二者的探索多基于理论层面，较多采用了文献资料法和逻辑分析等；在少有的实证研究中，多数是基于自编或改良后的问卷对二者及关系的调查，而这些测量工具的编制一般基于主观性的归纳与建模，采用较为合适的质性研究较少。

因此，本着以问题为导向的研究思路，本研究拟以青少年体育核心价值观与体育行为为研究对象，对青少年体育核心价值观、体育行为的概念与结构，测量工具、现状特征等进行研究，在此基础上，构建并检验体育态度、家庭体育支持、学校体育环境、社区体育环境在青少年体育核心价值观与体育行为之间关系的作用机制模型，并提出青少年体育核心价值观的培育践行方案和促进青少年体育行为的行动策略，为践行社会主义核心价值观和促进青少年体质健康提供理论依据，也为青少年体育行为研究与实践提供参考。

第四节　研究设计

一、研究对象

在健康中国与全面培育社会主义核心价值观的战略背景下，青少年体育和青少年健康成了社会各界普遍关心的重点话题。本研究以青少年体育核心价值观为出发点，以体育行为为落脚点，力图探索青少年体育核心价值观与体育行为的概念、内容与现状困境，构建青少年体育核心价值观与体育行为的作用机制模型，提出青少年体育核心价值观的培育践行策略，并最终研制改善和促进青少年体育行为的行动策略，为促进青少年体育服务。因此，本书将研究对象确定为青少年体育核心价值观、体育行为及二者之间的作用机制。

二、研究方法

（一）文献资料法

文献资料法一般指通过查阅、整理、分析各类文献资料，从而了解、证明所要研究问题的方法。本书以华中师范大学图书馆、湖北省图书馆及其他资源，检索了国内的中国知网、万方、维普数据库，以及外国 Web of Science、Scopus、Ebsco 等电子数据库，并查阅了大量哲学、社会学、心理学以及统计学等相关著作资料，查阅与本研究对象相关的资料，通过浏览与精读相结合的方法，对相关资料进行整理、分析与总结，为本研究提供理论基础。

（二）访谈法

访谈法一般指访问者（调查者）通过有计划地与被访问者（调查对象）通过口头交谈等方式来收集调查资料的一种方法。本研究中，研究者根据相应的研究目的对不同的访谈对象（专家教授、教师、管理人员、家长、学生等）进行深入的访谈。访谈过程中语言尽量简明，使参与者明确问题并直接作答，所收集到的资料仅供研究使用，不会泄露个人详细信息。调查者会对访谈对象回答的核心问题进行追问，整个访谈过程氛围轻松融洽，参与者积极配合，所有访谈均做好音频与文字记录。访谈后，根据文献资料的理论基础结合访谈资料内容，为相关研究提供支撑。

（三）扎根理论

扎根理论是由 Glaser 和 Strauss 提出，用来从原始资料基础上自下而上地建构理论的质性研究方法①，是研究抽象问题及其过程的有力工具②。扎根理论从产生发展至今，共演变出三种不同的流派：经典扎根理论、程序化扎根理论与建构型扎根理论。其中，程序化扎根理论是由 Strauss 与 Corbin 于 1990 年提出③，在国内外流传最为广泛，影响力也最大④。为此，本研究通过程序化扎根理论的资料处理理念，对收集的资料进行开放式编码、轴心式编码和选择式编码，来挖掘青少年体育核心价值观的内容。

（四）问卷调查法

问卷调查法是以书面形式提出经过周密设计的若干固定问题，询问调查对象，或让其填写，然后对所得材料进行统计分析，得出结论的研究方法。在本研究中，根据不同的研究目的，采用了不同自编问卷对不同地域、不同类型的青少年进行了多轮次的问卷调查，对所得数据进行收集处理，为各研究内容服务。

（五）数理统计法

本研究将采用 SPSS 20.0、AMOS 22.0 统计分析软件对调研数据进行处理和分析。通过采用了项目分析、探索性因素分析、验证性因素分析、描述性统计分析、独立样本 t 检验、相关分析、回归分析、中介效应分析、调节效应分析等对所收集到的数据进行分析作为本研究的实证依据。

三、研究框架

本书以"两大背景、五种方法"来进行青少年体育核心价值观与体育行为的"三个模型、六份问卷、两套策略"研究（见图 1-1）。即以社会主义核心价值观

---

① GLASER B, STRAUSS A. The Discovery of Grounded Theory：Strategies for Qualitative Research [M]. Chicago：Aldine Publishing Company, 1967.

② GLASER B G. Basics of Grounded Theory Analysis [M]. Mill Valley, CA：Sociology Press, 1992.

③ STRAUSS A, CORBIN J. Basics of Qualitative Research：Grounded Theory Procedures and Techniques [M]. New bury Park, CA：Sage, 1990.

④ 贾旭东，谭新辉. 经典扎根理论及其精神对中国管理研究的现实价值 [J]. 管理学报，2010, 7 (5)：656-665.

和"健康中国战略"为背景，采用文献资料法、专家访谈法、扎根理论、问卷调查法、数理统计法五种研究方法，编制修订青少年体育核心价值观问卷、青少年体育行为问卷、青少年体育态度问卷、青少年家庭体育支持问卷、青少年学校体育环境问卷、青少年社区体育环境问卷六份问卷，并在实证调查的基础上构建并验证青少年体育核心价值观概念模型、青少年体育行为概念模型和有中介变量与调节变量的青少年体育核心价值观对体育行为的作用机制模型，并提出培育青少年体育核心价值观与强化青少年体育行为的两套针对性策略。

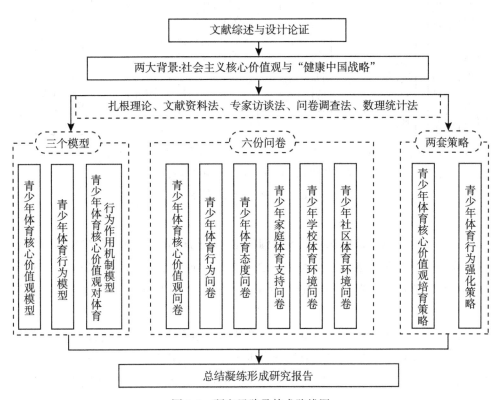

图 1-1　研究思路及技术路线图

根据以上研究思路及技术路线，本书研究框架如图 1-2 所示。

第一章，导论。本部分主要介绍研究的背景及意义，对相关核心概念进行界定，对国内外相关研究成果进行述评，交代本研究的整体研究设计，包括研究对象、研究方法和整体框架，为下文提供指引。

第二章，青少年体育核心价值观研究。本章是通过扎根理论结合文献资料建

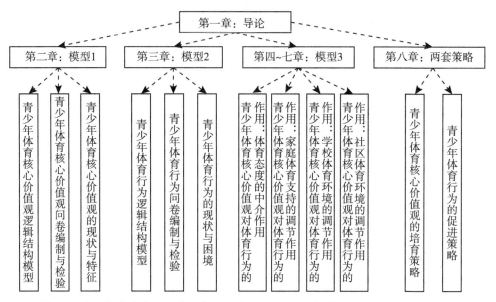

注：模型1：青少年体育核心价值观模型；模型2：青少年体育行为模型；
模型3：青少年体育核心价值观与体育行为的作用机制模型。

图1-2 整体研究框架图

立了青少年体育核心价值观的逻辑结构模型，在此基础上编制了青少年体育核心价值观问卷，并对其进行了信效度检验。最后，利用此问卷在全国多地区对青少年体育核心价值观现状进行调查，分析了不同类型青少年的体育核心价值观特征。

第三章，青少年体育行为研究。本章通过文献资料结合访谈法，构建青少年体育行为结构模型，在此基础上编制青少年体育行为问卷，并检验其信效度。最后，利用此问卷对我国多地区青少年体育行为进行调查，以了解我国青少年体育行为现状与困境。

第四~七章，青少年体育核心价值观对体育行为的作用机制模型。本部分主要是通过文献资料、专家访谈和问卷调查法等，编制并检验了青少年的体育态度问卷、家庭体育支持问卷、学校体育环境问卷和社区体育环境问卷，分别结合青少年体育核心价值观问卷与青少年体育行为问卷对武汉市青少年进行调查，通过中介效应分析或调节效应分析，分别检验体育态度、家庭体育支持、学校体育氛围和社区体育环境4个因素在青少年体育核心价值观对体育行为影响中的作用，构建了体育态度中介，家庭体育支持、学校体育氛围和社区体育环境调节的核心价值观与行为作用机制模型，从体育态度、家庭体育支持、学校体育氛围和社区体育环境的思路，完善了体育核心价值观影响体育行为的理论与实践基础。

第八章，青少年体育核心价值观培育和体育行为强化策略。本章主要分两部分，首先是在全书的两大背景下，基于青少年体育核心价值观现状与特征，结合体育态度、家庭体育支持、学校体育氛围和社区体育环境等因素，提出我国青少年体育核心价值观的培育策略；其次是基于青少年体育行为的现状与困境，结合体育态度中介，家庭体育支持、学校体育氛围和社区体育环境调节的核心价值观与行为作用机制，提出我国青少年体育行为的强化策略。

总的来说，本书是期望从价值观入手、从内在因素出发，最后落脚于体育行为改善，促进青少年体育的发展。既可以完善相关理论体系，同时也为强化青少年体育促进体质健康，为加快建设健康中国和体育强国提供实践参考。

第二章　青少年体育核心价值观研究

第一节　青少年体育核心价值观结构模型构建

一、基于扎根理论的青少年体育核心价值观内容挖掘

（一）研究方法与程序

扎根理论是由 Glaser 和 Strauss 提出，用来从原始资料基础上自下而上地建构理论的质性研究方法①，是研究抽象问题及其过程的有力工具②。扎根理论从产生发展至今，共演变出 3 种不同的流派：经典扎根理论、程序化扎根理论与建构型扎根理论。其中，程序化扎根理论③是由 Strauss 与 Corbin 于 1990 年提出，在国内外流传最为广泛，影响力也最大④。为此，本研究通过程序化扎根理论的资料处理理念，对收集的资料进行开放式编码、轴心式编码和选择式编码，来挖掘青少年体育核心价值观的内容。

扎根理论可以单独或者组合使用一种或多种资料，基于研究问题，我们主要采用访谈资料收集作为扎根分析的基础。从理论上讲，扎根理论研究的资料样本

---

① GLASER B, STRAUSS A. The Discovery of Grounded Theory: Strategies for Qualitative Research [M]. Chicago: Aldine Publishing Company, 1967.

② GLASER B G. Basics of Grounded Theory Analysis [M]. Mill Valley, CA: Sociology Press, 1992.

③ ANSELM S, JULIET C. Basics of Qualitative Research: Grounded Theory Procedures and Techniques [M]. New bury Park, CA: Sage, 1990.

④ 贾旭东，谭新辉. 经典扎根理论及其精神对中国管理研究的现实价值 [J]. 管理学报，2010, 7 (5): 656-665.

量越多，其理论饱和度越高，Fassinger 等则指出 20~30 个样本数便较为合适①。所以，本书选取华中师范大学、武汉理工大学、武汉钢铁集团公司第三子弟中学、武汉初级中学、华中师范大学第一附属中学的 13 名体育教师和 17 名学生共 30 个访谈对象（见表 2-1）。正式访谈前，选取两名体育教师、5 名学生进行了预访谈，目的是总结访谈技巧与注意事项，提高正式访谈效率和准确性。正式访谈采用一对一半结构性访谈（访谈提纲见附录 2-1），教师平均访谈时间为 30~40 分钟，学生为 20~30 分钟，对访谈录音整理得到 30 个样本近 17 万字的转录文稿作为原始资料。

表 2-1   受访者基本信息表

序号	性别	年龄	身份	序号	性别	年龄	身份
01	男	44	大学体育教师	16	女	20	大三学生
02	男	51	大学体育教师	17	男	20	大二学生
03	女	47	大学体育教师	18	女	19	大二学生
04	女	38	大学体育教师	19	女	18	大一学生
05	女	35	大学体育教师	20	男	17	高三学生
06	男	43	高中体育教师	21	女	18	高三学生
07	男	52	高中体育教师	22	男	16	高二学生
08	男	41	高中体育教师	23	男	16	高二学生
09	男	39	高中体育教师	24	男	15	高一学生
10	男	35	初中体育教师	25	女	15	高一学生
11	男	34	初中体育教师	26	男	14	初三学生
12	男	43	初中体育教师	27	女	14	初三学生
13	女	29	初中体育教师	28	男	13	初二学生
14	男	21	大四学生	29	男	12	初一学生
15	女	21	大四学生	30	女	12	初一学生

---

① FASSINGER R E. Paradigms, praxis, problems, and promise: Grounded theory in counseling psychology research [J]. Journal of Counseling Psychology, 2005, 52 (2): 156-166.

Nvivo 11 是一款强大的信息发掘工具，常用于质性研究之中。本研究 Nvivo 11 对原始资料进行开放式编码、轴心式编码和选择式编码，以探索青少年体育核心价值观的内容与结构。为了保证研究的信度，本研究采取 3 种措施：首先，课题组成员系统全面地回顾相关研究基础，与相关专家深入地讨论了本研究的主题与目的，在多轮讨论基础上编制了最终访谈提纲；其次，编码操作时，选取 5 个访谈样本的编码进行对比讨论，确定自由编码原则后再进行大范围编码；另外，将编码人员分为两组，对两组提取自由编码数的一致率进行审核，以提高编码的一致性（本书最终编码一致性为 88.7%）；最后，邀请两位相关专家对编码结果进行评价，再次检验研究结果可靠性。

（二）程序化扎根编码分析

程序化编码主要分 3 个步骤，依次是开放式编码、轴心式编码和选择式编码，本研究依据该步骤依次逐级深入挖掘青少年体育核心价值观的内容。

开放式编码指对原始资料内容分解并逐字逐句进行编码，并从资料中发现的概念类属加以命名，形成自由节点。为防止扎根研究过程对原始资料的"偏见"，应尽量选用原始资料的原始表述。本研究通过对原始资料逐级编码，产生了 75 个初始概念。进一步对交叉以及重复的概念进行合并整理，将与本研究主题显著无关的概念、出现频率少于两次的概念进行删除之后，共获得 24 个概念，如：强身健体、放松身心、娱乐等（详见表 2-2）。

表 2-2   开放式编码结果

自由节点	材料来源数†	参考点数‡	参考点举例
强身健体	28	61	体育，怎么说呢，对于一个青少年的发展，我觉得最主要的是一个健身作用。因为我们体育本身就是强身健体
放松身心	24	39	就是感觉每天可能做完了操之后，就会感觉自己会有一些精神，因为我们上午先连续上了三节课，就觉得比较疲惫，然后可以稍微放松一下自己
人际交往	21	39	我们班上很多人很喜欢打篮球，一下课，他们就去玩。我不会，觉得我与他们没有共同语言，很无聊，所以我就跟着他们学着打，就可以跟他们一起玩了

续表

自由节点	材料来源数†	参考点数‡	参考点举例
团结	17	24	我觉得团结很重要，科比再厉害，如果其他队员不团结的话，他们也很难取胜
遵守规则	16	21	不管是运动员还是观众，我觉得最基本的素质就是遵守规则。比如说你是个观众，你不能随意去跑道上影响运动员比赛
娱乐	10	21	就是觉得它有一种乐趣在里面嘛！就说武术，毕竟是中国传统文化嘛！有它自己的意蕴啊！就是觉得运动很快乐
运动安全	12	18	因为你运动嘛！肯定会受伤，这很正常。现在单双杠不敢教了，体操课不敢教了，为什么？因为安全事故啊，对不对？所以说我们要教他们怎么样去避免安全事故
协作	12	17	我觉得培养学生协作，或者说合作的能力很重要，我们知道体育运动，就拿篮球来说，它需要各方面的配合，一起协作完成，才能进球
运动参与	10	16	他慢慢地投入进去，积极主动地去参与体育活动，才会不断地去挖掘自身的这个能力
友谊	12	15	当时我的几个好朋友都很喜欢打乒乓球，我就被他们叫着一起玩，玩着玩着，也喜欢跟他们一起玩了
公平竞争	12	14	第一是公平原则吧！不同水平组的队员应该分组比赛，不然就不公平了
坚持	9	14	田径的长跑比的就是耐力和坚持，但现在的学生往往缺乏这种坚持的能力。我经常鼓励我的学生去长跑，并不是说一定希望他们获得多好的名次，而是希望他们学会坚持
为集体争光	8	10	在前几天举办的运动会上我们班的体育委员，在 4×200 米接力赛中，不小心摔了一跤，膝盖都流血了，老师都让他不跑了，结果他爬起来了继续跑。他就是要为班级争光，因为如果我们班拿到前三名的话，就可以为班级加分
终身体育	7	12	我认为最主要的还是培养学生终身体育的意识和能力，现在国家不是提倡要广大青少年学会一至两项运动项目嘛！帮助他们形成终身体育的这种思想，他们才有可能终身锻炼

续表

自由节点	材料来源数†	参考点数‡	参考点举例
运动技能	7	11	像篮球、足球，在小学阶段很多学生已经开始学习了，但为什么在高中阶段、大学阶段我们还要开设这门课程，我认为主要的目的，还是进一步完善或者提高学生的运动技能
尊重	7	9	我觉得在运动场上最重要的还是尊重吧！只有你尊重别人了，别人才会尊重你
文明	7	9	我觉得文明很重要，比如你在球场上辱骂对手，恶意去殴打对手，都是不对的
顽强拼搏	7	9	女排身上的那种顽强拼搏的精神值得我们学习。在夺冠的那场比赛中，女排运动员们到最后也没放弃，一直在努力拼搏
吃苦	6	6	我觉得最主要的还是培养学生吃苦的能力吧！现在的学生大部分是独生子女，不愿意吃苦，像 400 米、800 米啊！他们都不愿意去尝试
运动热潮	5	6	像当年李娜夺冠，就在全国掀起了学习网球的热潮，特别是武汉，很多青少年去学网球了，这对体育的长远发展是有利的
运动装备	5	5	在运动装备的购买上，一般是我告诉父母我需要运动服，父母给我买好了，我直接穿就行，也没说一定非得是哪个牌子
展现自我	4	4	像篮球赛、足球赛、运动会啊！我们每年都会定期举行。我们举办这些活动的最主要目的就是希望能给学生提供一个平台，让他们去展现自我
参与竞争	3	5	虽然我们不是运动员，但我也可以积极参与竞争、参与比赛嘛
运动培训	4	4	当时妈妈觉得我身体比较差，就给我报了一个跆拳道班，后来练着练着，觉得挺适合自己的

注：†材料来源数指含该节点访谈材料的数量；‡参考点数指访谈材料中含有该节点的数量

　　轴心式编码的主要目的是进一步发现与合并各概念类属之间的关系，这些关系可以是因果关系、时间先后关系、语义关系等。对开放式编码的 24 个范畴进行轴心式编码，最终形成 9 个主范畴，分别为：健康价值观、能力价值观、道德价值观、安全价值观、交往价值观、竞争价值观、精神价值观、消费价值观、终身体育观（详见表 2-3）。

表 2-3 轴心式编码结果

主范畴	副范畴	副范畴含义
健康价值观	强身健体	增强身体抵抗力，塑造完美体形
	放松身心	舒缓压力，使不良的情绪得到排解与释放
	娱乐	运动充满乐趣，娱乐身心
能力价值观	协作	为共同目标相互支持、相互配合
	运动参与	参加体育活动
	运动技能	运动技能的习得
	展现自我	能够很好地展示自己的能力和魅力
道德价值观	遵守规则	遵守公平、公正、公开的体育规则
	尊重	体育运动中尊重对手、裁判、观众等
	文明	语言和行为符合道德规范
安全价值观	运动安全	在体育运动中不受威胁、没有危险、避免受伤
交往价值观	人际交往	认识新的朋友或者更好地融入集体
	友谊	加强同学之间的交流与友谊
竞争价值观	公平竞争	在体育竞赛中公平地进行竞争
	参与竞争	享受参与竞争的过程，不在乎输赢结果
精神价值观	团结	互相支持、互相帮助，为共同目标而努力
	坚持	遇到困难，不退缩，坚决完成任务
	为集体争光	为了集体的荣誉而努力
	顽强拼搏	拼尽全力实现个人或团队的目标
	吃苦	能够欣然接受和面对在体育运动中身体和精神上所遭受的痛苦
消费价值观	运动培训	运动培训的花费
	运动装备	购买运动装备的花费
终身体育观	终身体育	终身进行体育学习和锻炼
	运动热潮	喜爱体育的人越来越多，体育运动蓬勃发展

选择式编码的主要目的是围绕核心范畴，对主范畴进行再次归纳、合并和梳理，通过逐步、逐级完善各范畴之间关系，以"故事线"的形式将核心范畴与其他范畴关联起来，形成理论框架。本研究的核心范畴为"青少年体育核心价值

观"，结合开放式编码和轴心式编码确定的 24 个副范畴与 9 个主范畴，初步建构青少年体育核心价值观理论框架，如图 2-1 所示。

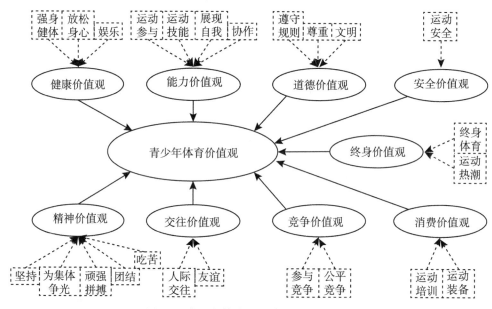

图 2-1　青少年体育核心价值观理论框架

（三）理论饱和度检验

理论饱和度检验作为停止采样的鉴定标准，一般指不能从新的资料中发展出新的范畴。本书对 2 份备用资料逐一进行了三级编码，经过反复对比分析，未发现新的范畴涌现，原各范畴关系未发生变化；此外，本研究邀请两位本领域专家对本书理论模型进行评估，他们意见与本书基本一致。因此，本研究构建的青少年体育核心价值观理论框架饱和度较好，可以停止采样。

（四）青少年体育核心价值观理论框架各主范畴分析

结合图 2-1 与表 2-2 进行各主范畴频次统计（见表 2-4），发现健康价值观出现频次（121）在所有主范畴中占比最高（31.1%），反映了青少年的"健康第一"体育思想已经占据主导地位。首先，体育健身（生理和心理）是体育的本质功能①，这就决定了人的体育健康价值观应该也终将占据主导地位；此外，

---

①　杨文轩，陈琦．体育概论（第二版）[M]．北京：高等教育出版社，2015.

2001 年新《体育与健康课程标准》实施，摒弃了重技能轻健康、重学科轻人本的思想糟粕，将"健康第一"作为指导思想，将人作为课程的关注对象①②；而近些年，整个社会对青少年体质健康的关注更是日趋提高，国家政府颁布一系列针对青少年体育促进健康的规划和纲要，这极大地促进了社会、学校以及家庭对青少年体育与健康的认知，营造了良好的青少年体育健康价值观培育氛围。综上，无论是体育本质、课程标准，抑或是政府和社会都要求青少年将健康价值观摆在主导地位，这在本研究中得到了印证。这提示本研究建构的青少年体育健康价值观符合体育发展的内在要求和时代需要，同时也说明青少年对体育的健康价值已经有了较好的认同，这对新时代健康中国建设是一个积极信号。

表 2-4　　　　　　　　青少年体育核心价值观主范畴频次排序

主范畴	频次	占比（%）	排序
健康价值观	121	31.11	1
精神价值观	63	16.20	2
交往价值观	54	13.88	3
能力价值观	48	12.34	4
道德价值观	39	10.03	5
竞争价值观	19	4.88	6
安全价值观	18	4.63	7
终身体育观	18	4.63	7
消费价值观	9	2.31	9

精神价值观、交往价值观、能力价值观、道德价值观、竞争价值观出现频次排在第 2~6 位，说明以上主范畴亦是青少年体育核心价值观的重要组成部分，

---

① 季浏.《体育与健康课程标准》实施过程中应注意的几个问题［J］. 上海体育学院学报，2006（4）：76-79+91.

② 季浏. 论面向学生的中国体育与健康新课程［J］. 体育科学，2013，33（11）：28-36，74.

这在以往研究中也有体现①②③。体育强国建设要求深入挖掘体育精神，促进社会主义思想道德和精神文明建设，并将其融入社会主义核心价值体系建设④。本书挖掘体育精神价值观，包含团结、顽强拼搏、集体荣誉等副范畴，道德价值观中包含遵守规则、尊重和文明等要素，这都是体育精神与道德品质的重要体现，可见青少年体育核心价值观的精神、道德价值观将会是弘扬新时代体育精神的有力抓手。任海教授曾指出，当下我国青少年体育似乎出现保健化、养生化趋势，有必要提出崇尚竞技的青少年体育价值观⑤。体育强国建设要求青少年学生应掌握至少2项运动技能⑥。从根本上说，实现这些要求首先应培养青少年的竞争意识和运动能力。本书中竞争价值观指对公平竞争和参与竞争的认同，能力价值观指对体育培育拥有运动技能、能够参与运动、可以相互协作、尽力展现自我等方面的认同。故培育青少年体育能力和竞争价值观可能是摆脱当下青少年体育养生化，促进青少年提升运动能力的重要途径。

"安全第一"一直是学校体育的重中之重；体育消费作为体育产业发展的"三驾马车"之一；终身体育则是学界和社会着力倡导的体育主导思想。然而，本书文献回顾并未发现国内外研究将体育安全、体育消费和终身体育作为价值观内容提炼出来。本书通过扎根理论自下而上创造性地发现青少年的体育安全、消费和终身价值观，虽然这些价值观出现频次较低，但已经说明新时代青少年对这些体育价值观的需求与认同。这既是对前人研究的补充，也是对体育核心价值观内容的完善，反映了体育发展的内在要求及时代需要的新变化，对加强青少年体育安全意识培养、促进体育产业长远发展以及巩固终身体育思想意义重大。

---

① 张兆芙, 寇玲. 关于体育专业大学生体育价值观的初步研究 [J]. 天津体育学院学报, 1991 (3)：80-84.

② 杨闯建. 河南省城市中学生体育价值观现状及培养问题研究 [D]. 开封：河南大学, 2003.

③ 章宏智. 运动选手训练中心选手运动价值观及其相关因素之影响 [J]. 运动与游戏研究 (台湾地区), 2007, 1 (3)：103-118.

④ 国务院办公厅. 国务院办公厅关于印发体育强国建设纲要的通知 [EB/OL]. [2020-09-01]. http：//www. gov. cn/zhengce/content/2019-09/02/content_5426485. htm. (2019-08-10).

⑤ 任海. 南京青奥会与我国青少年体育价值观的重塑 [J]. 体育与科学, 2011, 32 (4)：1-3, 16.

⑥ 国务院办公厅. 国务院办公厅关于印发体育强国建设纲要的通知 [EB/OL]. [2020-09-10]. http：//www. gov. cn/zhengce/content/2019-09/02/content_5426485. htm. (2019-08-10).

二、青少年体育核心价值观结构模型建构与解析

(一) 模型的构建

通过扎根理论挖掘了青少年体育核心价值观 9 个主范畴：健康、能力、道德、安全、精神、交往、竞争、消费以及终身价值观，初步构建了青少年体育核心价值观理论框架 (见图 2-1)，并对框架各维度进行了分析。然而从学理角度看，该理论框架对青少年体育核心价值观的分析和解释还不够深入，该理论框架仅反映了核心价值观的内容，并不能反映其内部层次及相互关系，可能会限制人们对青少年体育核心价值观的理解与解释，不利于青少年体育核心价值观的培育与践行。

多位学者曾指出价值观有分层现象，如：个体、社会、文化及国家层次价值观等①②。而陈琦教授③则指出，体育价值观是对体育与"个体、社会和人类" 3 个层次特定关系的认识。其中，个体层次价值观指人们对体育与个人发展关系的认识；社会层次是人们对体育与"人与人"或"人与社会"之间关系的认识；而人类层次的价值观则是从个体的健康长寿及人类文明延续的高度对体育价值观的思考。

显然，从"个体、社会和人类"认识体育价值观逻辑层次更加清晰。本书结合这一价值观逻辑结构，对扎根理论挖掘的青少年体育核心价值观理论框架 (见图 2-1) 进一步整合。发现前文核心价值观的主范畴中"健康价值观、能力价值观、道德价值观与安全价值观"具有明显的个人色彩，即体现了体育对个体所呈现的价值，故认为以上 4 个维度是体育核心价值观的个体层次；而"交往价值观、竞争价值观、消费价值观"涉及体育对"人与人"或"人与社会"之间的价值，即人对体育的社会属性价值的认识，所以这 3 个维度应属于体育核心价值观的社会层次；然而，"精神价值观"既包含个人维度的"吃苦"与"坚持"，又涉及个体与集体的"团结""为集体争光"等副范畴，因此，依据体育价值观的"个体、社会和人类"的逻辑结构，精神价值观应是同时属于价值观的个体与

---

①　杨宜音．社会心理领域的价值观研究述要 [J]．中国社会科学，1998 (2)：3-5.

②　王宏，郑薇娜，沈克印．社会主义核心价值观视域下体育价值特征探析 [J]．武汉体育学院学报，2015，49 (9)：43-45，56.

③　陈琦，杨文轩，刘海元，等．我国当代体育价值观的研究 [J]．体育科学，2006 (8)：3-9，74.

社会两个层次；此外，本书中"体育终身价值观"指代人对"终身参与体育"及对"体育蓬勃发展"的看法和观念，将直接影响着人终身参与体育的态度、行为和习惯，对体育的长远可持续发展、对个人的健康长寿及人类文明延续意义重大。所以，从体育的可持续发展与人类文明延续来看，体育终身价值观应该属于体育核心价值观的人类层次。基于此，构建了"个体、社会与人类"3个层次的青少年体育核心价值观逻辑结构模型（见图2-2）。

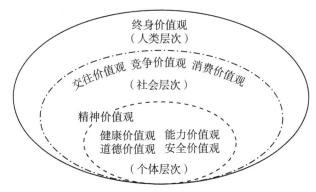

图 2-2　青少年体育核心价值观逻辑结构模型

（二）模型各层次及维度的依存关系

青少年体育核心价值观的"个体、社会与人类"3个层次，具有不同含义与功能，代表着青少年对美好体育需求的不同层次。具体逻辑如下：

个体是构成社会和人类文明的基本单位，社会发展与人类文明延续亦有赖于众多健康的个体存在。个体层次的青少年体育核心价值观是青少年对体育与自身发展关系的认识，表现在青少年对体育塑造个体健康、能力、道德、安全及精神方面的认同，是体育发展健全个体的具体表现，也是体育发展人的社会与人类层次价值的基本保障。而在核心价值观的内部逻辑中，没有健康、安全价值观引导，体育难以塑造健康的个体；没有能力价值观加持，个体难以真正地体育发展；没有道德、精神价值观的约束，个体的体育难以有序稳定运行。而如果个体不健康、不能进行体育或无序进行体育，那么"人与人""人与社会"的社会层次的交往、竞争及消费价值观便失去了根基与规制，就更无法实现人类层次的体育蓬勃发展与人类文明延续。可见个体层次的青少年核心价值观是整个价值体系根基或内核，是整个核心价值观的先决条件。

社会层次青少年体育核心价值观意在引导青少年"人与人"或"人与社会"之间的体育行为，是体育满足个体发展需求之后，人们为了寻求社会层次的体育需求的具体表现。而一般认为社会是个体的外延，或者说个体是社会众多元素的一分子。如将个体与社会视为一体，即社会与个体层面的核心价值观形成合力，那么体育才可能真正地促进人的健全（个体与社会两个层次）发展。而某一社会时期或类型又仅是人类文明中的一个片段。人对体育价值的个体与社会层次的追求，仅是体育发展历史与人类文明延续中的一部分。因此，只有夯实青少年的个体与社会层次的体育核心价值观，其人类层次的核心价值才能得以实现。

人类文明延续和体育蓬勃发展是个体与社会体育追求的终极目标。本书体育终身价值观中人对"终身参与体育"及对"体育蓬勃发展"的认同，看似和个体与社会主义核心价值观并无关系。恰恰相反，"终身参与体育"及对"体育蓬勃发展"并不是一句口号，而是需要以正确的基础价值观认同为前提，即只有青少年对体育的个体层次（健康、能力、道德、安全与精神价值观）与社会层次（交往、消费、竞争与精神价值观）的价值观有了正确的认同，并终身践行，"终身参与体育"才可收获成效，"体育蓬勃发展"才能得以实现，这样体育的持续发展与人类文明的延续才能经久不息。

综上，青少年体育核心价值观的"个体、社会与人类"3个层次相互依存并相互制约，层层递进并相互交融，共同构成了青少年的体育核心价值体系，为后续开发青少年体育核心价值观的测评工具奠定了理论基础。

第二节　青少年体育核心价值观问卷编制与检验

一、研究程序与调查对象

（一）研究程序

首先，根据已有研究基础，结合文献资料、专家访谈意见（访谈提纲见附录2-2，问卷设置专家意见表见附录2-3）与青少年学生开放式问卷调查结果（详见附录2-4），汇总编制我国青少年体育核心价值观初始问卷；然后，广泛征求社会学家、统计学家意见，对每个题目的可读性、意义，及内容的措辞、编排和相关性等进行评估，综合意见后对每个项目进行调整和修订，形成初测问卷；之后采用该问卷对被试对象进行预调查，经统计分析和题目筛选后编制复测问卷；形成复测问卷后进行新一轮调查，经过验证性因素分析、信度效度检验后编成正式问卷。

(二) 调查对象

初测对象：选取武汉一所初中、黄冈一所高中和河南一所教育机构的学生共计 350 人发放问卷，回收 345 份，有效问卷 306 份，有效回收率为 87.43%。其中，男生 175 人，女生 131 人；年级分布于初一至高三；每周参与锻炼次数为 1 次 60 人，2~3 次 111 人，4 次以上 49 人，另有 86 人几乎不参与锻炼。

复测对象：选取武汉市洪山中学、武钢三中、汉阳第二十三中学发放问卷共计 300 份，回收 296 份，有效问卷 260 份，有效回收率为 86.67%。其中，男生 135 人，女生 125 人；年级分布于初一至高三；每周参与锻炼次数为 1 次 38 人，2~3 次 111 人，4 次以上 66 人，另有 45 人几乎不参与锻炼。

二、初测问卷编制

前期研究通过扎根理论研究构建了我国青少年体育核心价值观结构模型（第二章第一节），本书基于此研究成果结合多位专家意见，经过反复修订完善，编制了本书的初测问卷（见表 2-5）。问卷共计 41 个条目，分属 9 个维度，分别是健康价值观、道德价值观、能力价值观、安全价值观、交往价值观、竞争价值观、精神价值观、消费价值观、终身价值观。所有条目均采用 Likert 量表 5 级计分，要求被试者据实勾选其中一个选项。

表 2-5　　　　　　　**我国青少年体育核心价值观初测问卷**

条目	条 目 内 容
I1	体育运动可以强身健体，放松身心
I2	体育运动可以提高身体免疫力
I3	体育运动可以减肥并控制体重
I4	体育运动可以预防疾病发生
I5	体育运动可以使我保持体形健美
I6	体育运动让我学会了遵守规则
I7	体育运动让我学会了尊重裁判、对手和观众

续表

条目	条 目 内 容
I8	体育运动可以培养我文明行为
I9	体育运动可以培养我健康的人格和美好的心灵
I10	体育运动可以培养追求卓越的意志品质
I11	体育运动有利于提高我的生存能力
I12	体育运动有利于发展运动素质，提高运动能力
I13	体育运动有利于提高运动技术，发展运动技能
I14	体育运动有利于提高创新和实践应用能力
I15	体育运动有利于提高组织管理能力
I16	体育与健康教育让我意识到安全的重要性
I17	体育与健康教育让我了解了很多安全卫生知识
I18	体育与健康教育让我掌握了运动损伤的处理方法
I19	体育与健康教育让我掌握了保护自身安全的途径
I20	体育运动可以改善我的人际关系
I21	在运动中可以与人交往，开阔眼界
I22	体育运动中可以交更多的朋友
I23	体育运动能增加与人之间的交流和沟通
I24	体育竞赛能激发我的竞争意识
I25	体育竞赛能让我学会公平、公正、公开的竞争
I26	体育竞赛能让我学会如何积极参与竞争
I27	体育竞赛能让我灵活运用竞争技巧
I28	体育竞赛能让我学会如何正确对待竞争结果
I29	体育运动可以培养集体主义精神
I30	体育运动可以培养团队协作精神
I31	体育运动可以培养顽强拼搏精神
I32	体育运动可以培养吃苦耐劳精神
I33	体育运动可以培养无私奉献精神

续表

条目	条 目 内 容
I34	在体育运动上的投入是非常值得的
I35	如果需要，我愿意购买一些体育服装
I36	如果有喜欢的精彩比赛，我愿意买票观看
I37	如果有感兴趣的项目，我愿意花钱参加体育培训班
I38	参加体育锻炼可以培养终身体育意识
I39	我愿意终身参与体育锻炼
I40	体育运动是一辈子的事
I41	科学锻炼让我的生活更精彩，生命更长久

三、项目分析

根据初测数据（$N = 306$），首先，对每一个项目进行临界比（Critical Ratio，CR 值）分析，将初测样本所有被调查者问卷得分总分按降序排列，选前 27% 为高分组，27% 为低分组，对两组的同一条目得分进行独立样本 t 检验。结果发现除第 35 项未达到显著水平，其余 40 项均有显著差异，表明这些条目鉴别度良好，适合进一步分析。其次，通过题总相关，及统计每个条目与问卷总分的相关系数，发现第 35 项与第 36 项题总相关系数小于 0.3，故删除第 35 与第 36 条目。然而，由于第 35 与第 36 条目同属于消费价值观，删除之后消费价值观维度仅剩下第 34 与第 37 两个条目，结合前期实地调研结果，发现青少年的体育消费主要由父母等监护人承担，目前青少年对体育消费的认识还十分不足，而本书经过本轮筛选后消费价值观维度仅剩下两个条目，不足以支撑一个合理的维度，也不利于后续的探索性因素分析，同时可能也不能够科学准确地反映我国青少年的体育消费价值观实际情况。因此，我们结合实际情况和专家建议考虑暂时删去消费者价值观维度，留作后续研究做更进一步探讨。因此，经过项目分析后共删去 4 个条目，保留 37 个体育核心价值观条目，分属 8 个维度。

四、探索性因素分析

为确保项目分析后的问卷与之前预想的一致，我们对剩下的 37 个条目进行了探索性因素分析。在探索性因素分析之前，首先检验问卷的 Kaiser-Meyer-Olkin（KMO）值并考察 Bartlett's 球形检验的显著性。结果显示，该问卷 KMO 值为 0.926，Bartlett 球形检验结果为 $\chi^2 = 5977.285$，$df = 666$，$p = 0.000$，表明可以进行探索性因素分析。

本研究探索性因素分析主要采用主成分分析法和最大方差倾斜旋转法，判别标准选定特征值大于 1，析出因子个数不设限。第一次因素分析结果显示，存在部分条目负荷过低（<0.4），因此，我们逐次删除了负荷最低的条目，每删减一次均重新进行探索性因素分析，并考察因子解释总变异量的贡献率增减情况。经过筛选删去了第 14 条目与第 15 条目（负荷<0.4），最终得到 35 个条目，各条目探索性因素分析结果见表 2-6。如表所示，我国青少年体育价值观预测问卷有着清晰的因子结构，共析出 8 个因子，累积解释 67.357% 的总变异量，同时我们利用因子分析碎石图（见图 2-3）进行复查，发现从第 8 个因子开始，碎石图斜率逐渐下降并接近于 1，提示该 8 因子模型较为合理。所有条目共同度详见表 2-6，因子 F1~F8 分别是"道德价值观""精神价值观""交往价值观""竞争价值观""健康价值观""终身价值观""安全价值观"与"能力价值观"。

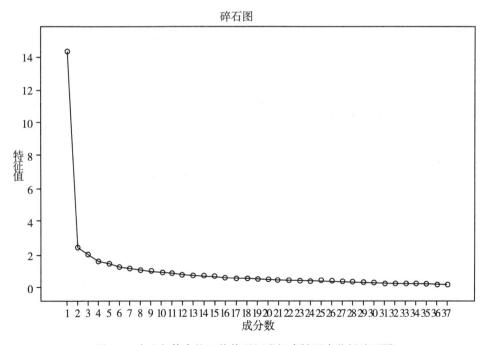

图 2-3　青少年体育核心价值观问卷探索性因素分析碎石图

表 2-6　　青少年体育核心价值观预测问卷的探索性因素分析结果

条目	F1	F2	F3	F4	F5	F6	F7	F8	共同度
I8	0.790								0.801
I6	0.700								0.707
I9	0.692								0.707
I7	0.590								0.675
I10	0.512								0.601
I30		0.765							0.760
I29		0.743							0.713
I31		0.735							0.705
I32		0.673							0.646
I33		0.565							0.567
I22			0.824						0.819
I23			0.789						0.775
I20			0.776						0.773
I21			0.776						0.780
I26				0.736					0.746
I25				0.642					0.711
I27				0.620					0.641
I24				0.589					0.514
I28				0.516					0.645
I3					0.774				0.695
I2					0.684				0.727
I1					0.605				0.570
I4					0.581				0.589
I5					0.547				0.692
I39						0.759			0.698
I40						0.693			0.677
I41						0.652			0.613

续表

条目	F1	F2	F3	F4	F5	F6	F7	F8	共同度
I38						0.586			0.588
I18							0.623		0.647
I17							0.603		0.660
I19							0.553		0.631
I16							0.536		0.644
I12								0.677	0.703
I13								0.611	0.626
I11								0.586	0.670
特征值	14.353	2.380	1.961	1.545	1.404	1.164	1.088	1.026	
贡献率（%）	38.791	45.225	50.524	54.700	58.495	61.642	64.583	67.357	

五、验证性因素分析

为了检验上述得到的构想模型，本研究运用 AMOS 22.0 利用复测对象 2 （$N=260$）的数据对上述构想模型进行了验证性因素分析。如表 2-7 所示，拟合指数 $X^2/df=1.98$，提示构想模型拟合较好（<2）；GFI=0.89，非常接近拟合优度标准≥0.9，CFI、IFI 与 NNFI 均大于 0.9，提示拟合良好；RMSEA 为 0.056<0.08，RMR 是 0.023<0.05，同样说明构想模型拟合较好。通过因素结构模型图（见图 2-4）发现每个观测变量在对应潜变量的载荷均大于 0.4，说明观测变量设置合理。综上，验证性因素分析发现本书构建模型拟合良好，问卷具有较好的结构效度，最终编制的我国青少年体育核心价值观正式问卷由 35 个条目组成，（详见附录 2-5，附录中第 17 和 28 题为测谎题，共计 37 个条目）。

表 2-7　青少年体育核心价值问卷的验证性因素分析 （$N=260$, Items=35）

拟合指数	X^2	df	X^2/df	RMSEA	GFI	IFI	CFI	NFI	NNFI	RMR
八因素模型	716.76	362	1.98	0.056	0.89	0.96	0.95	0.94	0.93	0.023

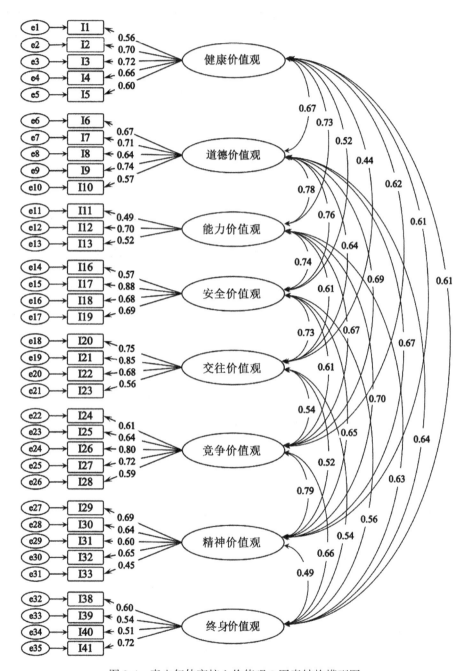

图 2-4　青少年体育核心价值观 8 因素结构模型图

六、问卷的信效度分析

(一) 信度分析

采用内部一致性信度系数进行信度检验（复测对象 2，$N = 260$），结果显示（见表 2-8），体育核心价值观总量表 α 系数为 0.95，各分量表 α 系数在 0.77 ~ 0.954，所有量表内部一致性 α 系数大于 0.7，表明本量表具有较高的信度。为了检验该信度的稳定性，我们在间隔 4 周后对武钢三中 50 名青少年进行了重测信度检验，重测信度在 0.763 ~ 0.938，重测信度较好，说明本研究所编制量表跨时间稳定性较好，问卷整体信度可靠。

表 2-8　　　　　　　　　　青少年体育核心价值观问卷的信度系数

分量表	内部一致性 α 系数	重测信度
健康价值观	0.954	0.938
道德价值观	0.770	0.793
能力价值观	0.880	0.857
安全价值观	0.776	0.763
交往价值观	0.770	0.776
竞争价值观	0.912	0.921
精神价值观	0.846	0.856
终身价值观	0.770	0.782
体育核心价值观	0.950	0.936

(二) 效度分析

首先，我们邀请相关专家对本研究所编制量表的内容效度进行评定，保证了本量表具有良好的内容效度。其次，根据心理测量学家杜克尔的理论，构造健全的项目所需要的项目和测验的相关系数在 0.3 ~ 0.8，项目间的相关系数在 0.1 ~ 0.6①。结合表 2-9，我国青少年体育核心价值观量表维度之间以及分维度与总量表之间的相关性显著，且分维度与总问卷相关系数高于分维度间相关系数，这说

---

① 戴海崎，张锋，陈雪枫. 心理与教育测量（修订版）[M]. 广州：暨南大学出版社，2007.

明本研究编制问卷的内部结构效度良好。

表 2-9　　青少年体育核心价值观问卷各维度及其与总问卷之间的相关矩阵

维度	健康价值观	道德价值观	能力价值观	安全价值观	交往价值观	竞争价值观	精神价值观	终身价值观	体育核心价值观
道德价值观	0.567**	1							
能力价值观	0.507**	0.621**	1						
安全价值观	0.403**	0.637**	0.516**	1					
交往价值观	0.384**	0.591**	0.485**	0.632**	1				
竞争价值观	0.514**	0.614**	0.513**	0.548**	0.526**	1			
精神价值观	0.498**	0.602**	0.485**	0.558**	0.487**	0.680**	1		
终身价值观	0.447**	0.541**	0.644**	0.462**	0.448**	0.514**	0.379**	1	
体育核心价值观	0.682**	0.854**	0.757**	0.781**	0.759**	0.803**	0.761**	0.727**	1

注：**$p<0.01$。

七、讨论

本书基于已有的扎根理论研究成果，结合文献资料与专家访谈，编制了41个条目分属9个维度的我国青少年体育核心价值观初测问卷。初测问卷经过项目分析与探索性因素分析删选保留35个条目，分属8个维度：道德价值观、精神价值观、交往价值观、竞争价值观、健康价值观、终身价值观、安全价值观与能力价值观。进一步对保留问卷进行验证性因素分析，发现本书编制的问卷模型拟合良好，信度检验结果可靠稳定，效度检验显示问卷内部结构良好。至此，我们严格依据问卷编制的原则与方法，编制了我国青少年体育核心价值观问卷共包括35个条目，分属8个维度，涵盖了个人层面、社会层面、人类层面3个层次的核心价值观。

总体而言，本研究突破了以往问卷编制研究的瓶颈。青少年体育核心价值观作为决定青少年体育行为的价值体系内核，其概念相对比较抽象，本书问卷是依据前期的扎根理论成果编制，而扎根理论作为著名的质性研究方法，主要宗旨是

从原始资料中归纳来构建理论①，较适用于体育核心价值观等抽象概念的理论构
建②，且已被证实是量表编制的有效方法③④。加强青少年体育对落实全民健身，
建设健康中国，实现中华民族伟大复兴的中国梦有重要意义。青少年体育核心价
值观作为决定着青少年体育行为的价值体系内核，在青少年参与体育中扮演重要
角色⑤。以往研究编制的问卷难以统摄所有年龄层次的青少年，不适用也不足以
引领我国全体青少年体育核心价值观的测评工作。本研究打破了这种壁垒，选用
的研究对象分布于青少年的每个年龄阶段，所编问卷能够统摄我国所有年龄层次
青少年的体育核心价值观测评工具，也符合当代我国对青少年体育发展的整体性
要求。此外，本研究编制量表囊括了社会学的个人、社会、人类三个层次的价值
观取向，分属 8 个维度，表现为以健康价值观为核心，以精神、竞争、道德、安
全、能力、交往、终身体育为辅的多维一体的价值体系。这符合我国当前以健康
为导向的青少年体育要求，同时兼顾了学者提出的青少年体育价值观应注重教
育、竞争等方面价值观培养的倡导⑥⑦。此外，加强青少年体育安全意识培养是
家长、学校、社会密切关注的问题，同时亦是国家对青少年体育的基本要求⑧，
本研究创造性地提出了安全价值观，这对培养具有安全意识的青少年具有重要意
义。综上，本书所编问卷，宗旨是为我国当代青少年体育核心价值观提供一个科
学的测评工具。通过分析，本问卷所设条目可以反映当前社会发展对青少年体育

①　GLASER B, STRAUSS A. The Discovery of Grounded Theory: Strategies for Qualitative Research [M]. Chicago: Aldine Publishing Company, 1967.

②　AHLSTROM D, BRUTON G D. Rapid institutional shifts and the co-evolution of entrepreneurial firms in transition economies [J]. Entrepreneurship Theory & Practice, 2010, 34 (3): 531-554.

③　魏钧，张勉，杨百寅. 组织认同受传统文化影响吗？——中国员工认同感知途径分析 [J]. 中国工业经济，2008 (6): 118-126.

④　柯江林，孙健敏，李永瑞. 心理资本：本土量表的开发及中西比较 [J]. 心理学报，2009, 41 (9): 875-888.

⑤　任海. 南京青奥会与我国青少年体育价值观的重塑 [J]. 体育与科学，2011, 32 (4): 1-3, 16.

⑥　任海. 南京青奥会与我国青少年体育价值观的重塑 [J]. 体育与科学，2011, 32 (4): 1-3, 16.

⑦　陈琦，杨文轩，刘海元，等. 我国当代体育价值观的研究 [J]. 体育科学，2006 (8): 3-9, 74.

⑧　国务院办公厅. 国务院办公厅关于强化学校体育促进学生身心健康全面发展的意见 [Z]. 中华人民共和国国务院公报，2016, 36 (14): 37-40.

核心价值观的要求，贴近当前发展实际，较好地兼顾了科学性和实用性，因此本书认为本量表具有较强的实际应用价值。

　　然而，尽管本书严格依据问卷编制的原则和方法，并依据较为科学的质性研究方法构建了我国青少年体育核心价值观体系，但仍存在一些局限性。首先，在问卷编制过程中，由于项目分析后消费价值观维度下仅剩两个条目，考虑到前期调研的实际情况，由于青少年群体的特殊性，目前我国青少年仍是被监护角色，对体育消费的认识和自主消费仍十分不足；结合探索性分析的要求，仅剩下两个条目也不利于后续的探索性分析，故本书并未保留消费价值观维度，这一定程度上限制了本量表的完整性。其次，不少省市已将体育纳入中招和高招必考项目，而本量表中以升学成绩为导向的升学价值观并没有呈现，这可能是由于目前不少青少年及其家长、学校对体育考试的认识和重视不足，进而导致升学价值观并未出现在本量表中，而我们认为以成绩、升学为导向的升学价值观可能也是青少年核心价值观培育的重要组成部分。最后，由于研究条件的局限性，尽管本书旨在编制适用于我国所有青少年体育核心价值观的测评工具，而本书并未被纳入全国所有地区的青少年研究对象，这尚需更多研究投入对本书加以检验和完善。

　　最后，由于当前我国青少年体育核心价值观构建和培育尚处于摸索阶段，建议相关研究可根据本书所编问卷对当前我国青少年体育核心价值观进行摸排，充分了解现状，并根据实际情况，对我国青少年体育核心价值观发展不足之处加以引导，争取早日着手培育具有健康体育核心价值观社会主义青少年接班人。结合本书局限性，我们也建议今后相关学者持续关注本领域研究，并对本书加以检验和完善。

第三节　我国青少年体育核心价值观现状与特征

　　在新时代弘扬社会主义核心价值体系背景下，前文根据扎根理论并结合文献资料和专家访谈所编制了《我国青少年体育核心价值观问卷》。问卷内容包括健康、道德、能力、安全、交往、竞争、精神、终身价值观 8 个维度，涉及 35 个条目，采用 Likert 量表 5 级计分。该问卷形成后经过了严格效度检验，结果显示可以作为有效的测评工具①。基于此，本书对我国东北、西北、华北、华中、华

---

　　① 鲁长芬，胡婷，罗小兵，等. 青少年体育核心价值观问卷编制与检验 [J]. 武汉体育学院学报，2019，53（8）：89-95.

东、华南、西南 7 个地区共 20 所中学，采取抽样调查的方法发放问卷 4600 份
（230 份/校），回收问卷 4236 份，有效问卷 3563 份（有效率为 84.11%）。对有
效问卷整理后，运用 SPSS 20.0 对相应数据进行统计分析，以考察新时代青少年
体育核心价值观总体状况及具体表现，并提出我国青少年体育核心价值观的培育
策略。

一、我国青少年体育核心价值观总体状况

为了解我国青少年体育核心价值观总体现状，对 3563 名青少年问卷总分和
分维度得分进行描述性统计分析。如表 2-10 所示，青少年体育核心价值观总分
为 150.07，远高于总分的中等临界值（35×3 = 105）；从各分维度得分来看，健
康、道德、竞争、精神价值观处于 21.02~22.29，安全、交往、终身价值观处于
16.14~16.94，能力价值观得分为 13.51，分别高于其分维度的中等临界值（15、
12 和 9）。这些数据说明我国青少年对体育的核心价值认识处于中等偏上水平，
整体呈现积极态势。

由于各分维度题项数目不等，为了比较不同维度之间的得分高低，将总分与
各维度的平均值分别除以题项数目后得到单项均值①。结果发现：能力价值观维
度得分最高，为 4.5 分；健康价值观维度次之，为 4.46 分；得分最低的是交往
价值观维度，为 4.03 分；各维度单项均值由高到低排序为：能力、健康、精神、
竞争、终身、道德、安全以及交往价值观。这说明我国青少年对体育核心价值观
各维度的重视程度有差异，表现为以能力和健康价值观为主导，以精神、竞争、
终身、道德、安全以及交往价值观为辅助的多元复合价值观体系，这与以往研究
基本相似②③④。这一方面体现了我国"健康第一"的教育指导思想观念深入人

---

① 陈国明，胡惠闵. 教研员工作投入：结构、现状与影响因素的研究 [J]. 全球教育展
望，2019, 48（3）：60-77.

② 梁建平，么广会，常金栋，等. 我国西南地区城乡中学生体育价值观认知差异性研究
[J]. 中国体育科技，2011, 47（6）：99-111, 120.

③ 王桂华，肖焕禹，陈玉忠. 上海市中学生体育价值观现状及影响其形成因素社会学分
析 [J]. 体育科研，2005（6）：77-81.

④ 黄世勋，蔡福全. 北京市东城区高中学生体育价值观现状的调查研究 [J]. 教育科学
研究，1990（6）：21-25.

心①，另一方面说明在教育改革浪潮中，我国青少年逐渐重视体育对运动能力、生存能力等能力的培养，这对培养具有运动技能、科学参与体育的社会主义接班人是一个积极信号。

表 2-10　　　　我国青少年体育核心价值观的整体状况（$N=3563$）

维度	均值（M）	标准差（SD）	题项数目	单项均值
健康价值观	22.29	2.66	5	4.46
道德价值观	21.02	3.21	5	4.20
能力价值观	13.51	1.66	3	4.50
安全价值观	16.58	2.87	4	4.15
交往价值观	16.14	3.23	4	4.03
竞争价值观	21.63	3.23	5	4.33
精神价值观	21.97	2.96	5	4.39
终身价值观	16.94	2.83	4	4.23
体育核心价值观	150.07	18.27	35	4.29

　　然而，本次调查发现，以培养健康人格、尊重他人的道德价值观和以改善人际关系、促进交友互动的交往价值观总体排序较后。体育活动作为一种有严格规则的游戏，既是教育的一部分，又是一种社会活动②，对塑造健康人格、开阔视野，改善人际关系具有良好的促进作用。故今后的体育价值观培养应予以更多关注和引导。此外，终身和安全体育价值观是本书所用问卷对以往调查问卷的补充。本次调查发现，我国青少年对体育终身价值观认同相对较低。终身体育作为受益终身的主导思想，学校体育尤其是中小学体育课程对塑造终身体育价值观有决定性意义③④，故应重视对青少年阶段终身体育价值观的培养。青少年体育安

---

①　季浏. 我国《普通高中体育与健康课程标准（2017 年版）》解读［J］. 体育科学，2018，38（2）：3-20.

②　杨文轩，陈琦. 体育原理［M］. 北京：高等教育出版社，2004.

③　陈琦. 从终身体育思想审视我国学校体育的改革与发展［J］. 体育科学，2004（1）：40-43.

④　周登嵩. 新世纪我国学校体育改革与发展研究综览［J］. 首都体育学院学报，2005（3）：1-7.

全价值观在本次调查中表现消极，体现我国青少年体育安全意识的不足。加强青少年体育安全意识培养是家长、学校与社会密切关注的问题，亦是国家对青少年体育的基本要求①。"体育与健康"课程除了传授学生体育技能与知识外，培养学生安全意识、传授卫生与健康知识、掌握常见损伤处理方法亦是其重要内容，这也是今后青少年体育发展亟待解决的问题之一。

二、我国青少年体育核心价值观的具体表现特征

(一) 不同性别青少年的体育核心价值观特征

如图 2-5 所示，男生在所有维度上的平均分都高于女生；通过单因素方差分析发现，男女生终身价值观（$F = 5.322$，$p < 0.05$）差异在 0.05 水平显著，男女生总价值观（$F = 11.653$，$p < 0.01$）以及健康（$F = 10.483$，$p < 0.01$）、竞争（$F = 11.997$，$p < 0.01$）价值观等维度上差异均在 0.01 水平显著，男女生能力（$F = 15.99$，$p < 0.001$）、交往（$F = 42.685$，$p < 0.001$）价值观维度差异均在 0.001 水平显著，其余 3 个维度间差异均不显著（$p > 0.05$）。这些数据表明整体上青少年男性较女性对体育核心价值认知较深，其中以健康、能力、交往和竞争价值观最为突出，而两性青少年对精神、安全与道德价值观维度有着相似的理解。

生理差异是男性较女性积极参与体育运动的主要原因之一，而社会性别角色也可能是决定男女体育价值观和体育行为差异的重要因素②③。虽然改革开放已经 40 周年，但是传统的性别文化观念在人们心中依然根深蒂固，"男尊女卑、男主女从、男强女弱"的文化观念仍然影响着当代的青少年，进而导致了男性更倾向挑战自我和实现自我价值，而女性则更多是顺从依附，追求柔美与娴静。这也是女性在目的性强的健康、能力、交往、竞争 4 个价值观维度弱于男生，而在道德、精神、安全等维度上与男生认识相似的重要原因。

(二) 不同年级青少年的体育核心价值观特征

如图 2-6 所示，从得分高低来看，几乎所有结果均呈现了初二年级青少年得

---

① 国务院办公厅. 国务院办公厅关于强化学校体育促进学生身心健康全面发展的意见 [Z]. 中华人民共和国国务院公报，2016，36（14）：37-40.

② 邱亚君，梁名洋，许娇. 中国女性休闲体育行为限制因素的质性研究——基于社会性别理论的视角 [J]. 体育科学，2012，32（8）：25-33，39.

③ 周丽君，张泽，张雷. 青少年体育行为的性别差异社会学分析 [J]. 北京体育大学学报，2009，32（11）：28-30.

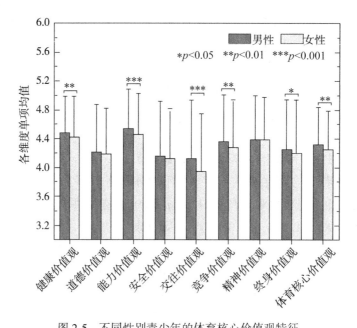

图 2-5　不同性别青少年的体育核心价值观特征

注：由于本书采问卷各维度题项数目不等，为便于在各自变量内部比较各维度间的差异性，本书用各维度单项均值（均值/题项数目）进行表述；各维度单因素方差分析显著性以 ＊、＊＊或 ＊＊＊ 标注，并于图中注明（下同）。

分最高，初三年级次之，以高一年级学生得分最低；另外，初中阶段青少年几乎所有维度得分均高于高中阶段青少年的得分。在年级变量上进行单因素方差分析，发现不同年级间学生在体育核心价值观（$F = 16.1$，$p < 0.001$）及健康（$F = 3.723$，$p < 0.01$）、道德（$F = 16.016$，$p < 0.001$）、能力（$F = 11.984$，$p < 0.001$）、安全（$F = 11.924$，$p < 0.001$）、交往（$F = 8.540$，$p < 0.001$）、竞争（$F = 11.865$，$p < 0.001$）、精神（$F = 14.934$，$p < 0.001$）、终身（$F = 13.586$，$p < 0.001$）所有维度上差异均显著。

有研究指出，价值观结构及其认知在青春期变化最大[1]，本书发现我国青少年体育核心价值观在各年级有较大波动，与上述研究结论相符。这可能除了受青

---

① BARDI A, LEE J A, HOFMANN-TOWFIGH N, et al. The structure of intraindividual value change [J]. Journal of Personality and Social Psychology, 2009, 97 (5): 913-929.

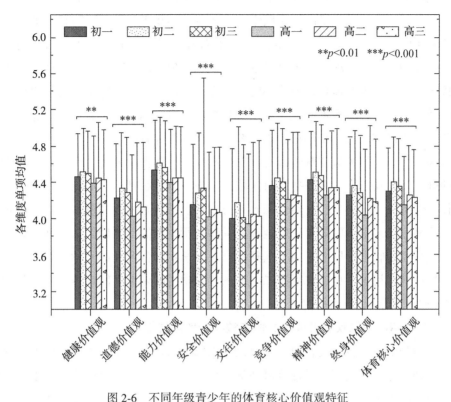

图 2-6　不同年级青少年的体育核心价值观特征

少年年龄变化影响，更可能是受学校与家庭等外在因素的左右。初一年级学生刚步入青春期，内心充斥对外界的好奇，而此时的青少年由于学习压力相对不大，故他们参与体育的热情较为高涨，对体育的认同也较高；此外，体育作为中招必考项目，无论学校、家长或是学生自己，均会加强对体育的重视和要求，其结果必然导致初中学生对体育价值的认同相对较高。

　　本书发现高一年级学生体育价值观各维度得分均是最低。有研究指出，上海中学生在"每天至少参加 60 分钟中高强度身体活动"和"最少参加 1 个体育俱乐部或训练营等"两个指标上，高一年级学生参与比例最低①；另有研究指出，

――――――――

　　①　张加林，唐炎，陈佩杰，等．全球视域下我国城市儿童青少年身体活动研究——以上海市为例 [J]．体育科学，2017，37（1）：14-27．

初三至高一阶段中学生较其他阶段中学生的运动意愿整体明显下降①，这均与本书结果基本一致，反映了高一年级学生对体育的不积极现象。体育作为非高考科目，对于刚经历中招体育加试的高一学生而言，其思想上得到了解放；高一时期，学校和家长一味灌输学生高考的压力，加之失去高招体育应试的驱使，可能直接导致高一学生对体育价值认同陡然下降。当然，高一年级学生对体育价值的认同及体育行为的不积极应该受多因素影响，本研究和前人研究均发现这一消极现象，未来研究应进一步深挖，以了解其内因并探寻解决途径。

高二、高三学生对体育价值的认同出现回暖。调查中发现，由于高年级学生长期处于升学高压下，久坐持续时间较长，为了减轻心理压力、保持健康，多数家长、老师以及学生自己已经意识到参与体育活动的必要性和价值，这可能正是高二、高三时期学生的体育价值观较高一时有所改善的重要原因；然而，高年级高中生长期面临升学压力，加上老师和家长对学生的督促，部分学校体育课程大量被挤压和占用等，也造成了高二、高三年级学生的体育价值观得分低于初中的"增龄递减"现象。

（三）不同身体状况青少年的体育核心价值观特征

从得分情况分析（见图 2-7），几乎所有维度体育价值观得分都呈现一致的趋势，即身体状况越好其体育价值观认同越高；然而在能力价值观维度上，身体状况一般的青少年却比身体较差的青少年价值认同低。单因素方差分析显示，不同身体状况学生在体育核心价值观（$F = 61.552$，$p < 0.001$）及健康（$F = 33.942$，$p < 0.001$）、道德（$F = 46.496$，$p < 0.001$）、能力（$F = 32.437$，$p < 0.001$）、安全（$F = 26.674$，$p < 0.001$）、交往（$F = 35.081$，$p < 0.001$）、竞争（$F = 52.431$，$p < 0.001$）、精神（$F = 41.672$，$p < 0.001$）、终身（$F = 47.567$，$p < 0.001$）所有维度上的差异均显著。这些数据提示身体状况可能是青少年体育核心价值观的重要影响因素。此外，在身体较差的青少年中，安全、道德、终身与交往价值观单项均值不足 4 分，说明身体较差的青少年对以上体育价值的认识存在明显不足。

青少年身体健康状况受诸多因素影响，如：遗传、生活方式、体育锻炼水平、生活环境等。我们的研究指出身体状况一般和较差的青少年体育核心价值观

---

① 范卉颖，唐炎，张加林，等. 我国青少年运动意愿及影响因素研究 [J]. 中国体育科技，2019，55（6）：35-45，58.

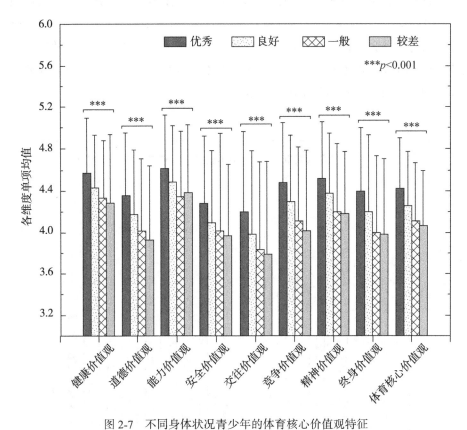

图 2-7　不同身体状况青少年的体育核心价值观特征

水平较低（部分维度较差），而体育核心价值观作为体育行为的决定因素，较低的价值认同必将进一步限制主体的体育行为，更可能进一步引起他们的健康状况继续恶化。为此，本研究认为今后的体育核心价值观培育，应对身体状况一般和较差的青少年予以更多关怀和鼓励。

（四）不同生源地青少年的体育核心价值观特征

由图 2-8 可知，所有维度均呈现大城市（省会及以上城市）青少年得分最高，具体得分的大小排序依次是大城市（省会及以上城市）＞中小城市（地、县级城市）＞农村＞城镇。差异性分析显示，生源地不同的青少年在健康（$F = 4.265$，$p < 0.01$）、能力（$F = 4.846$，$p < 0.01$）、竞争（$F = 5.194$，$p < 0.01$）、精神价值观（$F = 5.818$，$p < 0.01$）维度有显著差异性，在道德（$F = 8.631$，$p < 0.001$）、交往（$F = 6.258$，$p < 0.001$）、终身（$F = 8.611$，$p < 0.001$）价值观维度

以及体育核心价值观（$F = 8.393$，$p < 0.001$）差异性则更加显著，而安全价值观仅在 0.05 水平差异显著（$F = 3.736$，$p < 0.05$）。由于城市与村镇的经济、文化、环境、教育等条件不同，城镇体育人口的体育态度、体育认识、体育情感、体育内容等都存在明显的差别[1]。显然，青少年体育核心价值观因生源地差异而呈现不同表现，也可能是这些复杂因素所致。

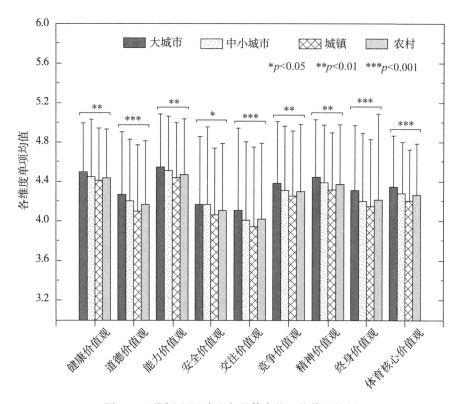

图 2-8　不同生源地青少年的体育核心价值观特征

（五）是否独生子女青少年的体育核心价值观特征

在是否独生子女的青少年体育核心价值观差异表现中（见图 2-9），所有独生子女对体育价值的认识较非独生子女得分稍高，但除能力（$F = 4.995$，$p < 0.05$）价值观外，其他所有维度差异均不显著（$p > 0.05$），说明独生子女与否所

① 骆秉全，兰馨，李开颖. 首都城乡体育发展一体化研究 [J]. 体育科学，2010，30（2）：20-27.

带来的环境等差异对体育的价值认识影响较小。随着社会的发展，人民物质文化水平不断提高，整个社会和青少年自己对是否独生子女身份的区分意识逐渐变淡，也就形成了我国现阶段青少年无论独生子女与否对体育价值观的认同均比较相似。

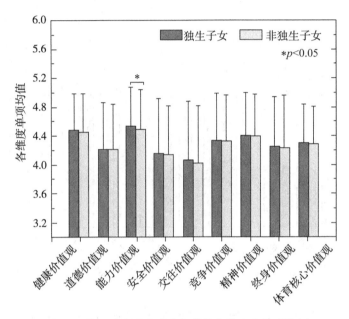

图 2-9　是否独生子女青少年的体育核心价值观特征

（六）父母不同文化程度青少年的体育核心价值观特征

如图 2-10 所示，父母为硕士及以上文化程度的青少年体育核心价值观得分最高，而父母学历为高中、初中及以下的青少年其体育核心价值观得分相对较低。差异性方面，父母不同文化程度学生的道德（$F = 6.366$，$p < 0.001$）、交往（$F = 11.16$，$p < 0.001$）、终身（$F = 9.793$，$p < 0.001$）价值观以及总核心价值观（$F = 6.743$，$p < 0.001$）均在 0.001 水平差异显著；竞争价值观（$F = 4.658$，$p < 0.01$）在 0.01 水平差异显著；健康（$F = 2.615$，$p < 0.05$）、能力（$F = 3.236$，$p < 0.05$）与精神（$F = 2.969$，$p < 0.05$）价值观上仅在 0.05 水平有显著差异，而在安全（$F = 0.533$，$p = 0.711$）价值观维度无显著性差异。

一般而言，体育的健康、能力、精神与安全价值观容易被人理解，访谈中多

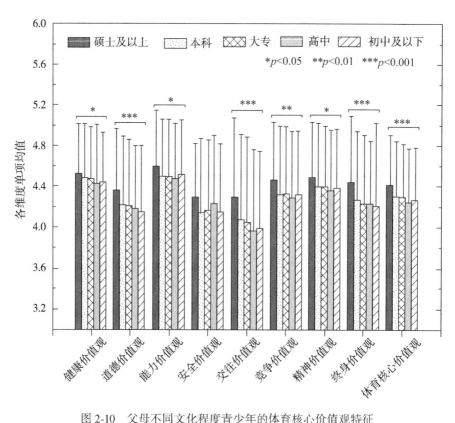

图 2-10 父母不同文化程度青少年的体育核心价值观特征

被人们所提及；而体育的终身、道德、竞争与交往价值观多被认为属于体育的"隐性"价值观，多属于精神情感层次的追求。由于父母文化程度较低可能限制他们对体育价值观（尤其是体育"隐性"价值观）的理解和认同，而这种认知局限又可能是进一步通过家庭环境和家庭教育影响着孩子对体育价值观的判断①②，从而限制了子代对体育"隐性"价值观的理解和认同。

综上，我国青少年对体育核心价值的认识整体较为积极，形成了以能力和健

---

① 梁建平，么广会，常金栋，等．我国西南地区城乡中学生体育价值观认知差异性研究［J］．中国体育科技，2011，47（6）：99-111，120.

② 张凤玲，张兴泉，王亚乒．家庭影响青少年体育参与的理论模型构建［J］．沈阳体育学院学报，2014，33（3）：50-54.

康价值观为主导，以精神、竞争、终身、道德、安全以及交往价值观为辅助的多元价值观体系。不同人口学特征的青少年期体育核心价值观呈现不同程度差异性，其中，女性、高年级学生，身体状况较差、生源地来自村镇或父母文化程度较低的青少年对体育核心价值认识相对较差。

第三章　青少年体育行为研究

第一节　青少年体育行为结构模型构建

一、体育行为模型构建的理论基础

(一) 模型构建的核心：体育的本质

体育的本质就是体育本身特有的不同于其他事物的根本属性。明晰了体育的本质有助于理解体育的内涵与外延，从宏观上看，对体育本质的认识直接影响着体育目标的确立、体育内容与方法的选择、体育发展战略和各项方针政策的确定等；从微观上看，把握体育本质直接影响着人们正确的体育观的形成。目前对体育本质属性的认识复杂，有健身性、教育性、文化性、竞赛性等观点。杨文轩先生等从构成人的生物学、心理学和社会学层面出发，提出体育的本质是"以身体活动为基本手段、促进人的身心发展的文化活动"①。可见，体育是贯穿人一生，身体活动是体育的基本手段，促进人的身心发展是其最终目标。本书基于对体育本质的理解，并将其作为构建青少年体育行为结构模型的核心导向。

(二) 模型构建的导向：体育的分类

对"体育"概念进行划分，可以解答"体育包含哪些"的问题。体育在实践中的外部表现形式，是反映体育本质属性的常见分类，一般划分为体育教育、竞技体育、健身休闲三种形态②。这种分类应用广泛，不仅指导体育实践的发展方向，也在体育功能的发挥中起着重要的作用。其一，体育教育是通过身体运动进行有目的、有计划、有组织地对受教育者的身心施加影响，把他们培养成为一

---

① 杨文轩，陈琦．体育概论（第 2 版）［M］．北京：高等教育出版社，2015：22.
② 杨文轩，陈琦．体育概论（第 2 版）［M］．北京：高等教育出版社，2015：35-39.

定社会（阶级）所需要的人的活动。其二，竞技体育是指为了最大限度地发挥个人和集体在体格、体能、心理和运动技能等方面的潜力，为取得优异成绩而进行的科学、系统的训练和竞赛活动，具有竞争性、公平性、规范性、协同性、公开性和观赏性等基本特征。其三，健身休闲是指人们在可以自由支配的闲暇时间内，为了身体健康及心理愉悦而参与的体育活动。

（三）模型构建的依据：体育的功能

任何事物功能的发挥，都离不开该事物所固有的本质属性以及个人、社会的需要。按照马斯洛的需要理论，以人的需求为着力点，体育可以满足个体的生存需要、享受需要、发展需要、尊重需要和自我实现需要。曹湘君将体育的功能分为健身功能、娱乐功能、促进个体社会化功能、社会情感功能、教育功能和政治功能等7项功能[1]。此后，鲍冠文[2]、周西宽[3]、赵立[4]等以曹湘君对体育功能的分类为基本框架，认为体育的功能包括体育的文化教育功能、政治功能和经济功能。

杨文轩等[5]将体育的功能分为健身、教育、娱乐等本质功能和政治、经济等延伸功能。其中，教育功能主要表现在教导基本生活能力、传授体育的文化知识、教导社会规范及促进人的社会化，而这些功能一般是通过体育学习行为和体育道德行为实现；培养竞争意识功能主要通过在体育竞赛中表现出顽强拼搏、不甘落后、坚持不懈的体育竞技行为实现；在健身功能中，提高人体心血管系统机能水平、调适和保持心理健康、提高呼吸系统机能水平、促进骨骼和肌肉的生长发育、延年益寿、提高生活质量一般被认同，而锻炼过程中的运动项目选择、锻炼时间和锻炼强度一般是评价锻炼行为的主要指标，也是锻炼行为的实际表现；体育的娱乐功能表现为不以竞技和健身为目的的直接参与和间接参与两种形式，主要通过体育观赏行为和体育消费行为实现。

二、体育行为结构模型构建

通过对体育的本质、体育的三种形态和体育的功能进行深入的分析与挖掘，可以确定，体育的本质是体育行为确立的坐标原点，体育的分类则为体育行为的确立提供了指引，体育功能则是体育这一主体通过体育行为这"载体"的具体外

---

① 曹湘君.体育概论（第2版）[M].北京：北京体育学院出版社，1988：142.

② 鲍冠文.体育概论[M].北京：高等教育出版社，1995：38-40.

③ 周西宽.体育基本理论[M].北京：人民体育出版社，2007：103.

④ 赵立军.体育伦理学[M].北京：北京体育大学出版社，2007.

⑤ 杨文轩，陈琦.体育概论（第2版）[M].北京：高等教育出版社，2015：35-39.

在功效或目的。

　　尔斯在创立价值工程时就提出："顾客购买物品时需要的是它的功能，而不是物品本身，物品只是功能的载体"。一种功能的实现不可能没有载体，所以功能与载体必须结合，载体包括某种手段和某种方法。那么体育是一种"物品"，大众进行体育运动正是需要体育的各种功能，"体育行为"是实现体育功能的手段，通过体育过程体现出来，也就是说"体育行为"可视为一种体育发挥功能的必要"载体"。因此，通过体育的功能可以反推出体育行为。

　　综上，依据核心原点、构建导向、确立依据三个步骤，再依据体育功能去反推体育的具体行为作为研究思路，本书初步将青少年体育行为结构模型该为体育学习行为、体育道德行为、体育竞技行为、体育健身行为和体育娱乐行为 5 个范畴，包含 11 个具体行为维度（见图 3-1）。

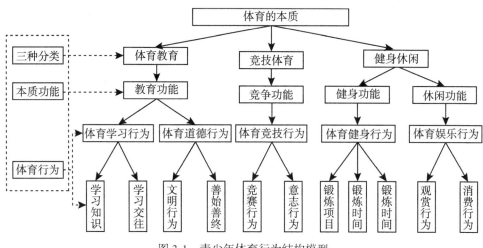

图 3-1　青少年体育行为结构模型

第二节　青少年体育行为问卷编制与检验

一、研究程序与调查对象

（一）研究程序

　　首先，根据已建立的青少年体育行为结构模型，结合文献资料与专家访谈建议，收集条目并汇总编制我国青少年体育行为初始问卷；然后，广泛征求体育人文社会学专家意见,对每个题目的可读性、意义,及内容的措辞、编排和相关性等进行评估,综合意见后对每个项目进行调整和修订,形成初测问卷;采用初测问卷进行第一轮问卷调查,经项目分析和探索性因素分析后形成复测问卷;对复测问卷进行新二轮调查后经过验证性因素分析、信度效度检验后编成正式问卷。

(二)调查对象

初测对象:选取武汉市钢城十六中、豹澥初级中学和武汉思久高级中学的学生进行问卷调查,共发放问卷 430 份,回收 430 份,有效问卷 352 份,有效回收率为 81.87%。其中男生 201 人,女生 151 人;初中生 125 人,高中生 227 人。

复测对象:选取孝昌一中和华中师范大学附属中学(初中部)的学生进行问卷调查,共发放问卷 300 份,回收 295 份,有效问卷 260 份,有效回收率为 86.67%。其中男生 171 人,女生 89 人;初中生 115 人,高中生 145 人。

二、初测问卷编制

表 3-1　　　　　　　　　　　我国青少年体育行为初测问卷

条目	条目内容
I1	我学了 2 项体育项目(跑步、羽毛球、足球等)
I2	我与他人探讨体育课上新学的运动知识和技能
I3	我在体育课后通常主动查阅相关资料并进一步学习
I4	我在运动前做准备(热身)活动,运动后拉伸
I5	我学过运动受伤后的基本处理方法(止血、包扎、冰敷等)
I6	在团队体育活动中,我常常鼓励队友(击掌、拍肩、拥抱)
I7	我与同伴讨论在体育活动中遇到的问题
I8	在体育运动中,我学了合作学习的学习策略
I9	我有 1~2 项体育运动项目可以长期坚持
I10	我将终身进行体育学习
I11	在比赛前,即使受轻伤了,我仍然坚持完成比赛
I12	即使比赛落后了,我仍然追赶或超越对手
I13	我灵活运用各种技战术(技术和战术)来获得比赛胜利
I14	在体育比赛中,我服从裁判的安排

续表

条目	条 目 内 容
I15	在体育运动中，当队友出现失误时，我不责怪他
I16	在体育比赛后，我将相关器材恢复原位（归还器材）
I17	即使很累，我也坚持完成比赛
I18	在体育比赛中摔倒后，我仍然顽强拼搏
I19	我每次参加体育锻炼时间累积在 30 分钟及以上
I20	我每周参加体育锻炼的次数在 3 次及以上
I21	我每次参加体育锻炼都会出汗，稍感疲劳
I22	我随时都能在合适场地进行锻炼
I23	我从不进行体育锻炼
I24	我有相对固定的体育项目进行锻炼
I25	我有相对固定的时间进行体育锻炼
I26	在课外时间，我经常参加一些体育活动
I27	在体育课上，我积极参与老师安排的体育游戏
I28	我每周观看体育节目（体育动漫、体育比赛、体育新闻）在 3 次以上
I29	我每次观看体育节目（体育动漫、体育比赛、体育新闻）的时间在 30 分钟以上
I30	我每年在比赛现场（运动会、篮球赛、足球赛等）观看体育比赛的次数在 3 次以上
I31	我选择感兴趣的体育节目观看
I32	我经常购买必须体育用品（运动饮料、运动装备）
I33	我经常购买非必需体育用品（赛事门票、体育明星海报、护腕）

在文献分析的基础上，以体育行为各维度的特点和性质为核心，结合青少年体育行为专家访谈（访谈提纲见附录 3-1，专家问卷见附录 3-2）以及开放式问卷（见附录 3-3）调查的结果，再广泛征求体育学相关专家、统计学专家、一线体育教师等专家建议，根据中学生的学习、生活特点，分析能够反映我国青少年体育行为现状的选项，一共收集到 88 道题目。通过对问卷中的题目进行归纳、筛选以及修改，初步拟定了 42 道题目作为《青少年体育行为的调查问卷》的初稿。

根据问卷所涉及的内容以及专家所研究的领域，在 2019 年 2—5 月，请 4 名体育学专家、19 名体育学研究生、2 名文学研究生、1 名政治学研究生对问卷项目进行集体讨论，并进行预调查。结果发现，初步拟定的题目主要存在以下几个问题：1）题目的表达方式不准确；2）题目表达不够精简；3）词汇表达过于繁杂，出现比较多的生僻字词，不利于学生理解；4）题目存在模棱两可，部分词语表达含糊不清；5）题目不能适用于所有调查对象；6）存在双重疑问句；7）题目的表述不符合二级标题等。最终经反复修订，将存在问题的题目加以修改或删除处理，最终问卷共计 33 个条目，第 23 题为测谎题（见表 3-1），分属于体育健身行为、体育娱乐行为、体育道德行为、体育学习行为、体育竞技行为 5 个维度。

三、项目分析

本研究进行项目区分度分析主要是剔除不合适的题项，选用第一轮实测的问卷结果进行分析。项目分析通常有三种方法：决断值 t 检验法、题总相关法和克隆巴赫 α 值检验。

首先，对每一个项目进行临界比分析，将初测样本所有被调查者问卷得分总分按降序排列，选前 27% 为高分组，后 27% 为低分组，对两组的同一条目得分进行独立样本 t 检验，结果发现所有条目的高低分组间差异均达到显著性水平，表明这些条目区分度较好，保留所有条目。其次，采用题总相关法，即统计每个条目得分与问卷总分的相关系数，发现所有条目的题总相关系数均在 0.01 水平显著相关，且相关系数均大于 0.3，建议保留所有 32 个条目。最后，运用克隆巴赫 α 值检验，即通过条目删除后量表 α 值的改变情形，来判断量表题目质量。对于删除分析条目后 α 值反而增加的条目予以剔除。经过可靠性分析，Cronbach's α = 0.916，若删除某条目后 α>0.916 则删除该条目，经计算检验发现没有出现 α>0.916 情形。故保留所有的 32 个条目。

四、探索性因素分析

为确保项目分析后的问卷与之前预想的一致，对项目分析后的 32 个条目进行探索性因素分析。在探索性因素分析之前，首先检验问卷的 Kaiser-Meyer-Olkin（KMO）值并考察 Bartlett's 球形检验的显著性。结果显示 KMO = 0.896，Bartlett's 球形检验结果 χ^2 = 4364.402，df = 496，p = 0.000，表明观测变量适合做探索性因素分析。

　　本研究探索性因素分析主要采用主成分分析法和最大方差倾斜旋转法，判别标准选定特征值大于 1，析出因子个数不设限，共提取了 7 个共同因子，对 32 个题目的累积解释方差为 56.936%，达到 50% 以上，表明因子分析的结果是可以接受的①。随后，对 32 个条目的第一次因子分析旋转成分矩阵进行分析，根据因子中条目数量必须大于等于 3 的原则，将第 1 题和第 6 题删除。

　　根据统计学原则，因子分析需逐题删除，每次删除一次题目重新进行一次探索性因素分析，直至找出一个较为合理的因子结构。因此，对剩余 30 个题目再次进行因子分析，发现存在多重载荷较高的题目、载荷较小（低于 0.4）的题目、含义与同一因子的其他题目相差较大的情况。因此本研究逐题删去，共进行了 9 次因子分析，共删除 12 个题目，每次因子分析具体删除题目情况见表 3-2。

表 3-2　　　　　　　　　　　　　　每轮次因子分析数据摘要

因子分析轮次	删除题目	删除原因	提取因子数	因子分析轮次	删除题目	删除原因	提取因子数
第 1 次	I1、I6	a	7	第 6 次	I10	b	5
第 2 次	I4	b	6	第 7 次	I5、I13、I22	c	5
第 3 次	I17	b	6	第 8 次	I32	b	5
第 4 次	I19	b	5	第 9 次	I27	d	5
第 5 次	I8	b	5				

　　注：a 代表"题目数少于 3 个的因子"；b 代表"多重载荷较高的题目"；c 代表"载荷低于 0.4"的题目；d 代表"含义与同一因子的其他题目相差较大"。

　　经过筛选后最终得到 20 个条目，各条目探索性因素分析结果见表 3-3。如表所示，我国青少年体育价值观预测问卷有着清晰的因子结构，共析出 5 个因子，累积解释 57.543% 的总变异量，同时利用因子分析碎石图（见图 3-2）进行复查，发现从第 5 个因子开始，碎石图斜率逐渐下降并接近于 1，提示该 5 因子模型较为合理。所有条目共同度详见表 3-3，因子 F1～F5 分别是"体育健身行为""体育娱乐行为""体育道德行为""体育学习行为"与"体育竞技行为"。

---

①　吴明隆 . 问卷统计分析实务：SPSS 操作与应用［M］. 重庆：重庆大学出版社，2010.

表 3-3　　　　　　　青少年体育行为预测问卷的探索性因素分析结果

条目	F1	F2	F3	F4	F5
I24	0. 788				
I25	0. 746				
I20	0. 648				
I9	0. 618				
I26	0. 609				
I21	0. 454				
I28		0. 862			
I29		0. 852			
I31		0. 652			
I33		0. 572			
I30		0. 533			
I15			0. 753		
I14			0. 725		
I16			0. 705		
I3				0. 798	
I2				0. 726	
I7				0. 704	
I11					0. 795
I18					0. 766
I12					0. 682
特征值	6. 030	2. 070	1. 617	1. 207	1. 159
贡献率（%）	14. 929	28. 500	38. 322	48. 132	57. 543

五、验证性因素分析

为了检验上述得到的构想模型，运用 AMOS 22. 0 对复测对象 2（$N=260$）数据进行了验证性因素分析。本研究采用的主要拟合指标有 χ^2/df、GFI、CFI、IFI、TLI 和 RMSEA。如果这些指标的数值不在理想范围内，则说明问卷的题目

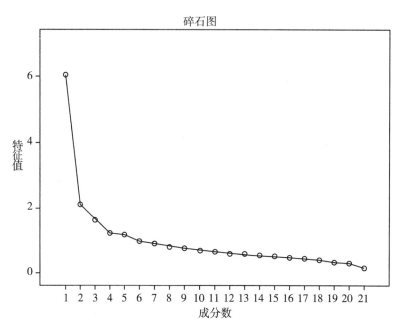

图 3-2 青少年体育行为预测问卷探索性因素分析碎石图

需要修改①。从表 3-4 研究显示，指标 χ^2/df 拟合良好，GFI、AGFI 的值>0.8，但是 IFI、CFI、TLI 的值均在 0.9 以下，因此需要对问卷的题项进行修正，修正前的模型图见图 3-3。

表 3-4　修正前的青少年体育行为问卷验证性因素分析（$N=260$，Items $=20$）

拟合指数	χ^2	df	χ^2/df	RMSEA	GFI	AGFI	IFI	CFI	TLI
五因素模型	376.534	160	2.353	0.072	0.874	0.834	0.884	0.882	0.860

根据模型修正方法，使 Chi Square 减少，P 值增加②。执行修正模型后，产生的修正指标如表 3-5，可以看到 M. I. 值，其中以 42.474 最大，其次是 11.892，最小是 8.156。说明如果建立 e16 和 e19 的关联，将使 Chi Square 减少 42.474；

---

① 荣泰生. Amos 与研究方法 [M]. 重庆：重庆大学出版社，2010.

② 荣泰生. AMOS 与研究方法（2 版）[M]. 重庆：重庆大学出版社，2010：131.

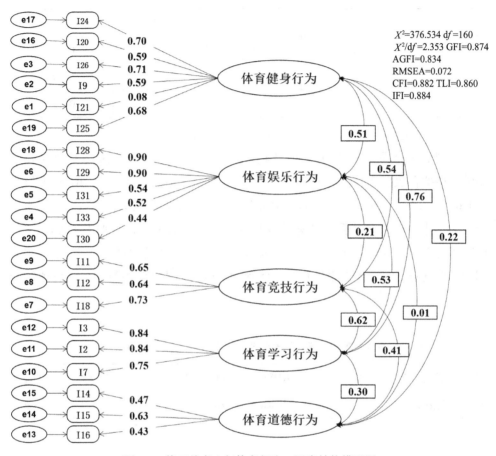

图 3-3 修正前青少年体育行为 5 因素结构模型图

e17 和 e19 关联,将使 Chi Square 减少 11. 892;e4 和 e20 关联将使 Chi Square 减少 8. 156。然而,所有残差不能相关,残差有问题的因子将被删除,以此提高模型的配适度,使之获得强大并独立的因子①。基于此,说明第 20 题和第 25 题、第 24 题和第 25 题、第 30 题和第 33 题相似,考虑到整个模型的效果及在不连接残差之间相关的前提下,经过多次推敲,决定将第 25 题和第 30 题删除。

① GRACE J B, SCHOOLMASTER D R, GUNTENSPERGEN G R, et al. Guidelines for a graph-theoretic implementation of structural equation modeling [J]. Ecosphere, 2012, 3 (8): 1-44.

表 3-5　　　　修正指标 Co-variances：(Group number 1-Default model)

			M. I.	Par Change
e17	<-->	e19	11. 892	0. 304
e16	<-->	e19	42. 474	0. 407
e4	<-->	e20	8. 156	0. 194

　　对剩下的 18 题再次进行验证性因素分析，结果见表 3-6，根据 5 因素结构模型的各项拟合数据来看，其中 GFI、CFI、IFI 和 TLI 值均大于 0.9，RMSEA 值为 0.056 小于 0.08，AGFI>0.8，说明修正后的 5 因素结构模型拟合度较好。修正后的青少年体育行为 5 因素结构模型如图 3-4 所示，由图可知各项拟合数值较好，说明了青少年体育行为问卷 5 因素结构模型得到了有效的验证。其中 F1~F5 分别为体育健身行为、体育娱乐行为、体育竞技行为、体育学习行为、体育道德行为。

表 3-6　　修正后的青少年体育行为问卷验证性因素分析 ($N = 260$, Items = 18)

拟合指数	χ^2	df	χ^2/df	RMSEA	GFI	AGFI	IFI	CFI	TLI
5 因素模型	227. 520	125	1. 820	0. 056	0. 914	0. 882	0. 936	0. 934	0. 920

六、问卷的信效度分析

(一) 信度分析

　　采用内部一致性信度系数进行信度检验，结果显示 (见表 3-7)，青少年体育行为的内部一致性 α 系数为 0.854，各分维度 α 系数的值均为 0.665~0.795，所有量表内部一致 α 性系数均高于 0.6，这说明本问卷具有较好信度。为了检验该信度的稳定性，我们在间隔 4 周后对孝昌一中的 50 名青少年学生进行了重测信度检验，检验结果显示 (见表 3-7)，5 个维度的重测信度的数值在 0.512~0.820，总问卷信度为 0.838，数值效果较好，达到了较高相关水平，说明了本研究所编制问卷跨时间稳定性较好，问卷整体信度可靠。

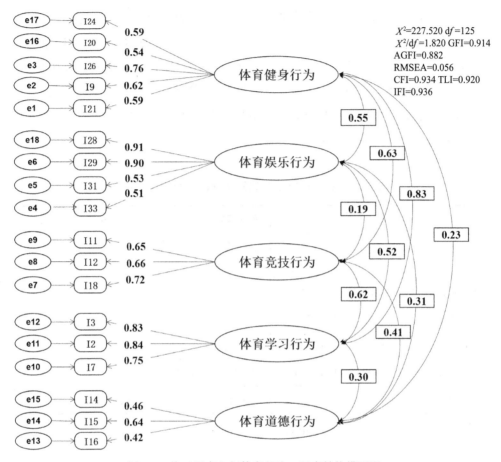

图 3-4 修正后青少年体育行为 5 因素结构模型图

表 3-7   **青少年体育行为问卷的信度系数**

维度	内部一致性 α 系数	重测信度
体育学习行为	0.766	0.702
体育道德行为	0.665	0.512
体育健身行为	0.736	0.651
体育娱乐行为	0.795	0.820
体育竞技行为	0.727	0.637
体育行为	0.854	0.838

（二）效度分析

首先，我们邀请相关专家对本研究所编制量表的内容效度进行评定，保证了本量表具有良好的内容效度。其次，根据心理测量学家杜克尔的理论，构造健全的项目所需要的项目和测验的相关系数在 0.3~0.8，项目间的相关系数在 0.1~0.6①。结合表 3-8，我国青少年体育行为量表维度之间以及分维度与总量表之间的相关性显著，且分维度与总量表相关系数高于分维度间相关系数，这说明本研究编制问卷的内部结构效度良好。

表 3-8　　　　　　　青少年体育行为问卷各因素及其与总问卷的相关矩阵

维度	体育学习行为	体育竞技行为	体育道德行为	体育健身行为	体育娱乐行为	体育行为
体育学习行为	1					
体育竞技行为	0.488**	1				
体育道德行为	0.208**	0.267**	1			
体育健身行为	0.593**	0.441**	0.1501*	1		
体育娱乐行为	0.488**	0.216**	0.028*	0.435**	1	
体育行为	0.833**	0.657**	0.370**	0.813**	0.675**	1

注：** 代表 $p<0.01$；* 代表 $p<0.05$。

综上所述，本研究所编制的《青少年体育行为问卷》（见附录 3-4，其中第 15 题为测谎题）具有较好的信度和效度，能够为后期深入研究青少年体育行为提供可靠的研究工具。具体的维度及其所对应的条目如下：体育学习行为包括 1、2、3 共 3 个题目；体育健身行为包括 4、11、12、13、14 共 5 个题目；体育道德行为包括 7、8、9 共 3 个题目；体育竞技行为包括 5、6、10 共 3 个题目；体育娱乐行为包括 16、17、18、19 共 4 个题目；第 15 题为测谎题，根据测谎题来剔除无效问卷。

---

① 戴海崎，张锋，陈雪枫．心理与教育测量．修订版 [M]．广州：暨南大学出版社，2007.

第三节　青少年体育行为的现状与特征

一、研究程序

采用本课题组研制的《青少年体育行为问卷》进行调查研究，该问卷包括体育学习行为、体育健康行为、体育道德行为、体育竞技行为、体育娱乐行为 5 个维度，包含 18 个条目，采用 Likert 量表 5 级计分。本研究对我国西南、华东、西北、东北、华中、华南、华北七个地区的 17 所学校采取抽样调查的方法发放并回收问卷，平均每所学校发放 170 份问卷，测试的地点都是在室内完成。课题组共发放问卷 2908 份，回收问卷 2862 份，其中有效问卷 2712 份，有效回收率为 93.26%。对有效问卷整理后，运用 SPSS 20.0 对相应数据进行统计分析，以考察新时代青少年体育行为总体状况及特征，为制定我国青少年体育行为的促进策略提供参考。

二、我国青少年体育行为总体状况

为了解我国青少年体育行为总体状况，本研究对 2712 名青少年的测试问卷总分和分维度得分进行描述性统计分析，如表 3-9 所示，青少年体育行为的总均值为 3.535，其中体育学习行为的均值为 3.182，体育健身行为的均值为 3.625，体育道德行为的均值为 4.448，体育竞技行为的均值为 3.968，体育娱乐行为的均值为 2.678。由此可知，青少年体育行为的总平均分高于中等临界值（3 分），我国青少年体育行为的发展整体上呈现出比较乐观的状态。

表 3-9　　　　　　我国青少年体育行为整体状况 （$N = 2712$）

维度	极小值	极大值	单项均值	标准差
体育学习行为	1.00	5.00	3.182	1.087
体育健身行为	1.00	5.00	3.625	0.950
体育道德行为	1.00	5.00	4.448	0.750
体育竞技行为	1.00	5.00	3.968	0.945

续表

维度	极小值	极大值	单项均值	标准差
体育娱乐行为	1.00	5.00	2.678	1.0929
体育行为	1.00	5.00	3.535	0.720

　　注：由于本书问卷各维度题项数目不等，为便于在各自变量内部比较各维度间的差异性，本书采用各维度单项均值（均值/题项数目）进行表述。

　　分维度行为的平均分值大小的排序依次是：道德、竞技、健身、学习、娱乐；体育道德、竞技、健身行为占据了青少年体育行为得分的前三位；体育道德行为得分最高，体育娱乐行为得分最低。由此说明我国青少年在道德行为、竞技行为、健身行为三个方面有较好的践行体育行为，青少年的体育行为不仅仅局限于身体活动，还表现在道德、学习、娱乐等方面。

　　本次调查发现，青少年体育道德行为得分最高，可能与我国优良的传统文化与社会主义核心价值观教育有关。体育娱乐行为得分最低。究其原因，可能与青少年学生在学校中的体育实践有关，访谈中了解到大多数学校最多一年举办两次学校运动会，每个班级只有极少数参与了运动会比赛的学生能够体验到体育给他们带去的成就感和乐趣，如一次成功的射门，一个漂亮的投篮。而大多数没有参赛的学生由于缺失了比赛机会未能体验到体育运动及竞赛带来快乐。此外，如今的青少年背负着巨大的学习压力，课余时间基本上用来写作业和看书，几乎没有时间看电视，更别说体育类节目。最后，对于青少年学生来说，自己没有经济条件支撑他们到现场观看体育比赛。众多原因叠加在一起，致使青少年在体育娱乐行为的得分较其他几个行为而言相对较低。

三、我国青少年体育行为的具体表现特征

（一）不同性别青少年的体育行为特征

　　由表3-10可知，男生体育行为的均值为3.621，女生体育行为的均值为3.461，男生体育行为的均值高于女生，独立样本 t 检验发现男女生青少年体育行为得分差异在0.001水平显著，说明男生的体育行为表现比女生好。从体育行为各分维度来看，不同性别的青少年在体育学习行为（$t=5.220$，$p<0.001$）、体育健身行为（$t=5.819$，$p<0.001$）、体育道德行为（$t=-5.340$，$p=<0.001$）、体

育竞技行为（$t=2.943$，$p<0.01$）、体育娱乐行为（$t=7.887$，$p<0.001$）上均存在显著性差异。通过比较发现，除了在体育道德行为上女生的平均得分（4.520）高于男生（4.364）外，男生在学习行为、健身行为、竞技行为、娱乐行为上的平均分都要高于女生，其中，首先在体育娱乐行为上差异最大，得分均值相差为0.3313，其次在体育学习行为和体育健身行为这两个维度上差异也较大，均值相差分别为0.2186和0.2118。不同性别在体育竞技行为的均值相差最小，相差为0.107。

表3-10　　　　　　不同性别青少年体育行为的特征（$M_{单}\pm SD$）

维度	男（$N=1262$）	女（$N=1450$）	t
体育学习行为	3.299±1.122	3.080±1.046	5.220***
体育健身行为	3.738±0.953	3.526±0.937	5.819***
体育道德行为	4.364±0.814	4.520±0.682	-5.340***
体育竞技行为	4.025±0.940	3.918±0.947	2.943**
体育娱乐行为	2.855±1.158	2.524±1.008	7.887***
体育行为	3.621±0.760	3.461±0.674	5.786***

注：$M_{单}$指代"单向均值"；* 代表 $p<0.05$，** 代表 $p<0.01$，*** 代表 $p<0.001$（下同）。

　　男、女生体育行为的差异可能源于他们在生理和心理方面特点及运动能力的差异。男生大多数喜欢参加剧烈对抗性运动，而女生大多数喜欢参加运动量不大、柔韧性和协调性比较强且动作美学特征明显的运动[1]；女生在一定程度上比男生顺服，较男生而言，更注重与同学或朋友等人际交往关系；一般而言男生的运动基础比女生好，因而更愿意进行体育运动，对体育课和体育锻炼持积极的态度，而较男生而言，女生的运动基础相对较差，对体育课和体育锻炼持消极的态度。因此，除了在体育道德行为上女生比男生表现好，在其他分维度上女生比男生表现差。此外，体育学习兴趣与体育行为之间有一定的内在关联性，他们相互联系，相互制约。因此，男、女生在整个体育行为上存在显著的性别差异[2]。

――――――――――

[1]　陈洁，宋文利. 体育教育学［M］. 北京：北京师范大学出版社，2012：12-40.

[2]　张力文. 山西省初中生体育学习兴趣与体育行为的相关研究［D］. 太原：山西师范大学，2015.

（二）不同年龄青少年的体育行为特征

由表 3-11 可知，"11~13 岁""14~16 岁"和"17~19 岁"3 个组的青少年体育行为平均分别是 3.673、3.485、3.320。"11~13 岁"组的青少年体育行为平均得分最高。从分维度的平均得分来看，也是"11~13 岁"组的得分最高。通过方差分析发现，不同年龄段的青少年学生在体育行为（$F = 40.924$，$p < 0.001$）以及体育学习行为（$F = 29.125$，$p < 0.001$）、体育健身行为（$F = 65.727$，$p < 0.001$）、体育道德行为（$F = 10.223$，$p < 0.001$）、体育竞技行为（$F = 23.512$，$p < 0.001$）、体育娱乐行为（$F = 7.306$，$p < 0.01$）5 个分维度上均存在显著性差异。事后检验发现，在体育行为及体育学习行为、体育健身行为、体育竞技行为三个分维度上得分均表现为"11~13 岁"组＞"14~16 岁"组＞"17~19 岁"组；在"体育道德行为"维度上的得分，"11~13 岁"组＞"14~16 岁"组，"11~13 岁"组＞"17~19 岁"组；在"体育娱乐行为"维度上的得分，"11~13 岁"组＞"14~16 岁"组。这些数据说明青少年体育行为受年龄影响较大，当然也可能受学校、家庭的影响。"11~13 岁"青少年普遍位于初中低年级阶段，此时学生学习压力较小，对初中各种活动充满好奇，可能导致他们体育参与较为积极；而到了初中高年级由于升学压力增大，导致"14~16 岁"青少年体育行为较少，但由于体育中考的"指挥棒"效应，此阶段青少年体育行为仍保持一定水准；"17~19 岁"青少年基本位于高中阶段早期，体育失去了考试的驱使，随之而来是高考升学压力，导致此阶段青少年体育行为较为消极。本研究发现体育行为的增龄递减现象，这应当引起重视。

表 3-11　　　　　不同年龄段青少年体育行为的特征（$M_{单} \pm SD$）

维度	11~13 岁 (N = 1060)	14~16 岁 (N = 1264)	17~19 岁 (N = 388)	F	事后检验
体育学习行为	3.340±1.121	3.147±1.067	2.863±0.974	29.125***	1>2>3
体育健身行为	3.834±0.913	3.573±0.941	3.220±0.929	65.727***	1>2>3
体育道德行为	4.523±0.725	4.417±0.768	4.342±0.746	10.223***	1>2, 1>3
体育竞技行为	4.097±0.942	3.933±0.927	3.729±0.958	23.512***	1>2>3
体育娱乐行为	2.765±1.117	2.594±1.098	2.713±0.986	7.306**	1>2
体育行为	3.673±0.725	3.485±0.716	3.320±0.641	40.924***	1>2>3

注：1＝11~13 岁，2＝14~16 岁，3＝17~19 岁。

（三）不同学段青少年的体育行为特征

由表 3-12 可知，不论是体育行为总分还是体育行为各维度得分，均表现为初中生高于高中生，经 t 检验发现，初中生体育行为（$t=12.055$，$p<0.001$）、及其分维度体育学习行为（$t=9.160$，$p<0.001$）、体育健身行为（$t=14.196$，$p<0.001$）、体育道德行为（$t=5.030$，$p<0.001$）、体育竞技行为（$t=7.245$，$p<0.001$）、体育娱乐行为（$t=5.892$，$p<0.001$）得分均显著高于高中生。不同学段所表现出来的体育行为存在着较大的差异，这与前文发现体育行为的增龄递减现象保持一致，此处不再赘述。

表 3-12　　　　　　　**不同学段青少年体育行为的特征（$M_{单}\pm SD$）**

维度	初中（$N=1678$）	高中（$N=1034$）	t
体育学习行为	3.330 ± 1.085	2.942 ± 1.048	9.160^{***}
体育健身行为	3.824 ± 0.895	3.302 ± 0.950	14.196^{***}
体育道德行为	4.504 ± 0.732	4.355 ± 0.770	5.030^{***}
体育竞技行为	4.070 ± 0.941	3.802 ± 0.929	7.245^{***}
体育娱乐行为	2.773 ± 1.113	2.524 ± 1.040	5.892^{***}
体育行为	3.662 ± 0.717	3.328 ± 0.676	12.055^{***}

（四）不同生源地青少年的体育行为特征

由表 3-13 可知，大城市、中小城市、城镇、农村四个生源地的青少年体育行为平均得分分别是 3.619、3.580、3.405、3.332。大城市（省会及以上城市）的青少年体育行为平均得分要高于其他生源地。从分维度来看，青少年在体育学习行为、体育健身行为、体育道德行为、体育竞技行为的平均得分均表现为生源地为大城市的得分最高；而在体育娱乐行为维度上，生源地为中小城市的得分均分最高。经过方差分析发现，不同生源地青少年体育行为整体得分有显著性差异（$F=24.327$，$p<0.001$），具体表现为：大城市>城镇；大城市>农村；中小城市>城镇；中小城市>农村。从各分维度上看，不同生源地青少年体育学习行为（$F=24.652$，$p<0.001$）、体育健身行为（$F=54.453$，$p<0.001$）、体育竞技行为（$F=1.135$，$p<0.001$）得分均存在显著性差异；而不同生源地青少年体育道德行为（$F=2.091$，$p>0.05$）和体育娱乐行为（$F=1.135$，$p>0.05$）得分均无显著性差异。事后检验发现，在体育学习维度上，大城市>中小城市>城镇>农村，在体育健身行为和体育竞技娱乐行为维度上，均表现为大城市>城镇；大城市>农村；中小城市>城镇；中小城市>农村。青少年体育行为因生源地不同而表现出一定差异，可能受制于生源地所在地的经济、教育、环境等条件。一般而言，生源地所在地的经济、教育、环境等条件越优越，当地体育开展越好，青少年体育行为的生源地差异也可能是这些复杂因素所致。

表 3-13　　　　　　　不同生源地青少年体育行为的特征（$M\pm SD$）

维度	大城市 （$N=1341$）	中小城市 （$N=599$）	城镇 （$N=235$）	农村 （$N=537$）	F	事后检验
体育学习行为	3.337±1.137	3.161±1.064	3.027±0.977	2.886±0.954	24.652***	1>2, 3, 4;
体育健身行为	3.782±0.924	3.717±0.908	3.446±0.934	3.207±0.935	54.453***	1>3, 4; 2>3.
体育道德行为	4.468±0.766	4.464±0.756	4.346±0.756	4.422±0.699	2.091	
体育竞技行为	4.051±0.952	4.011±0.949	3.861±0.884	3.759±0.915	13.856***	1>3, 4; 2>3, 4
体育娱乐行为	2.666±1.143	2.735±1.132	2.588±0.963	2.683±0.964	1.135	
体育行为	3.619±0.737	3.580±0.715	3.405±0.662	3.332±0.657	24.327***	1>3, 4; 2>3, 4

注：1=大城市，2=中小城市，3=城镇，4=农村。

（五）是否独生子女青少年的体育行为特征

由表 3-14 可知，独生子女体育行为的均值为 3.601，非独生子女体育行为的平均值为 3.474，独生子女体育行为的均值高于非独生子女，经独立样本 t 检验发现，独生和非独生的青少年在体育行为总平均分上的差异达到显著性水平（$t=4.627$，$p<0.001$），说明独生子女的体育行为表现比非独生子女好。从分维度来看，在体育学习行为（$t=3.248$，$p<0.01$）、体育健身行为（$t=7.985$，$p<0.001$）和体育竞技行为（$t=3.241$，$p<0.01$）三个维度上，独生的青少年平均得分要高于非独生的青少年，且均在 0.01 水平上有显著性差异。而在体育道德行为（$t=1.482$，$p>0.05$）、体育娱乐行为（$t=0.202$，$p>0.05$）这两个维度上，独生的青少年与非独生的青少年间无显著性差异。独生与非独生子女在人格特点上存在差异，独生子女在人格偏强方面显著强于非独生子女[1]，独生子女性格孤

①　刘松涛，张晓娟，芦珊，等. 独生子女与非独生子女中学生心理健康状况和人格特点[J]. 中国健康心理学杂志，2018，26（9）：1433-1435.

僻、自尊心强①，较非独生子女而言，独生子女的好胜心更强，在体育运动中的
"体育竞技行为"表现较突出。独生子女家长对子女学习成长的客观的学习条件
更为重视，拥有更多学习和装备②。因此，独生子女在体育学习行为和体育健身
行为上的表现要优于非独生子女。独生子女比非独生子女具备更多的发展资源，
能够使其更好地成长③。因此，青少年学生亦是如此，家庭环境的差异，导致了
独生子女与非独生子女在体育学习、健身、竞技行为表现上存在着一定的差异。

表3-14　　　　**是否独生子女青少年体育行为的特征（$M_{\hat{\mp}}\pm$SD）**

维度	独生子女（$N=1307$）	非独生子女（$N=1405$）	t
体育学习行为	3.252±1.113	3.117±1.059	3.248**
体育健身行为	3.774±0.918	3.486±0.959	7.985***
体育道德行为	4.470±0.773	4.427±0.728	1.482
体育竞技行为	4.029±0.946	3.911±0.942	3.241**
体育娱乐行为	2.673±1.137	2.682±1.050	0.202
体育行为	3.601±0.729	3.474±0.706	4.627***

（六）不同身体状况青少年的体育行为特征

由表3-15可知，身体状况优秀、良好、一般、较差的青少年学生的体育行
为均值分别为3.773、3.446、3.129、3.054，身体状况的平均值从大到小依次是
优秀、良好、一般、较差，身体状况优秀的青少年在体育行为上的表现普遍优于
身体状况良好、一般和较差的青少年。经过方差分析，青少年体育行为在不同身
体状况上存在显著性差异（$F=98.670$，$p<0.001$），具体表现为优秀>良好；优
秀>一般；优秀>较差；良好>一般；良好>较差。从分维度上看，不同身体状况
的青少年的体育学习行为（$F=71.123$，$p<0.001$）、体育健身行为（$F=89.256$，
$p<0.001$）、体育道德行为（$F=25.945$，$p<0.001$）、体育竞技行为（$F=65.774$，

①　高中独生子女的性格缺陷和教育对策［D］.大连：辽宁师范大学，2011.
②　赵静，严保平.高中生独生与非独生子女父母教养方式、成就动机的差异［J］.中国
健康心理学杂志，2018，26（10）：1598-1600.
③　程诺.不同成长环境的独生子女与非独生子女心理健康的比较研究［D］.天津：天津
大学，2018.

$p<0.001$)、体育娱乐行为（$F=22.724$，$p<0.001$）得分均存在着显著性的差异。在体育学习行为、体育健身行为、体育竞技行为三个维度，均表现为优秀>良好；优秀>一般；优秀>较差；良好>一般；良好>较差。在体育道德行为上，表现为优秀>良好>一般>较差。在体育娱乐行为上，表现为优秀>良好；优秀>一般；优秀>较差。身体活动是体育的基本手段，身体状况优秀的青少年更有利于参与体育运动，从体育运动中学习成长、锤炼意志、健全人格；而身体状况不好，体育参与被限制，表现为体育行为相对不足。体育作为增进健康的重要手段之一，较低的体育行为可能引起身体状况较差的青少年体质健康进一步下降，提示我们应当对特殊青少年予以更多的关怀和照顾。

表 3-15　　　　　　不同身体状况青少年的体育行特征（$M_{单}\pm\mathbf{SD}$）

维度	优秀 （$N=1116$）	良好 （$N=1220$）	一般 （$N=323$）	较差 （$N=53$）	F	事后检验
体育学习行为	3.493±1.117	3.063±1.000	2.639±0.969	2.673±1.059	71.123***	1>2,3,4;2>3,4
体育健身行为	3.927±0.896	3.509±0.911	3.113±0.875	3.049±1.194	89.256***	1>2,3,4;2>3,4
体育道德行为	4.569±0.713	4.406±0.723	4.271±0.786	3.930±1.252	25.945***	1>2>3>4
体育竞技行为	4.210±0.928	3.897±0.887	3.516±0.910	3.257±1.181	65.774***	1>2,3,4;2>3,4
体育娱乐行为	2.864±1.156	2.596±1.023	2.366±1.017	2.533±1.059	22.724***	1>2,3,4
体育行为	3.773±0.714	3.446±0.665	3.129±0.608	3.054±0.876	98.670***	1>2,3,4;2>3,4

注：1=优秀，2=良好，3=一般，4=较差。

（七）是否参加过运动会青少年的体育行为特征

由表 3-16 可知，参加过运动会的青少年学生体育行为的平均得分为 3.619，未参加过运动会青少年学生体育行为的平均得分为 3.183，参加过运动会青少年体育行为的平均得分高于未参加过运动会的青少年得分。经过 t 检验发现，参加与未参加过运动会的青少年的体育行为总得分存在显著性差异（$t=12.807$，$p<0.001$）。从分维度来看，参加与未参加过运动会的青少年在体育学习行为（$t=10.598$，$P=<0.001$）、体育健身行为（$t=13.106$，$p<0.001$）、体育道德行为（$t=5.433$，$p<0.001$）、体育竞技行为（$t=11.569$，$p<0.001$）、体育娱乐行为（$t=5.187$，$p<0.001$）五个分维度上得分均存在显著性差异，均表现为参加过运动会青少年的平均得分高于未参加过运动会的青少年。

表 3-16　　　　**是否参加过运动会青少年体育行为的特征（$M_{单} \pm SD$）**

维度	参加过运动会 （$N = 2189$）	未参加过运动 （$N = 523$）	t
体育学习行为	3.284±1.080	2.755±1.012	10.598 ***
体育健身行为	3.738±0.921	3.150±0.925	13.106 ***
体育道德行为	4.489±0.723	4.274±0.834	5.433 ***
体育竞技行为	4.073±0.905	3.527±0.984	11.569 ***
体育娱乐行为	2.728±1.107	2.469±1.004	5.187 ***
体育行为	3.619±0.707	3.183±0.666	12.807 ***

　　运动会不仅能够为喜爱体育运动的青少年们搭建了广阔的练兵和展示平台，促进了青少年参与体育运动的热情，对青少年的体育行为也产生了重要的影响。在体育学习行为方面，一场比赛有相应的规范和要求，青少年通过比赛，主动地学习、体验和探究运动知识、技术和规则，使青少年"知不足而后学"，达到"知难而自强"的目的。体育健身行为方面，为筹备一场盛大的运动会，举办方要精心的策划，参与者在运动会中取得优异的成绩，会在运动会前做好充分的准备，为青少年学生参加体育锻炼提供了更多的机会，以强健自己的体魄，增加生命的活力，为以后的健身行为习惯打下良好的基础。道德行为作为体育行为的重要组成部分，运动会宣扬的是"公平、公正、公开"的体育精神，运动会的比赛规则潜移默化学生的行为规范和准则，对学生日常的行为准则与规范具有良好的导向作用。在竞争激烈的比赛中，能够引导运动员尊重对手、尊重裁判，并做到爱惜运动器材与设施，养成爱惜公物的习惯，约束自己不文明的行为。对体育竞技行为的影响，体育弘扬的是"更高、更快、更强"的体育精神，任何比赛，不论参与人数的多少，重在参与，冠军只有一个。可贵的不是在乎获胜，而是享受体育运动的乐趣，在体育比赛中顽强拼搏，体会成功、体会失败，表现出胜不骄、败不馁的体育竞技行为。

（八）父、母亲不同教育水平青少年的体育行为特征

　　由表 3-17 可知，父亲教育水平为硕士及以上、本科、大专、高中、初中及以下青少年学生的体育行为平均得分分别为 3.638、3.598、3.532、3.580、3.410，经方差分析发现，青少年体育行为得分在父亲不同教育水平上有显著性差异（$F=10.125$，$p<0.001$），表现为硕士及以上>初中及以下，本科>初中及以下、高中>初中及以下、大专>初中及以下。从各分维度上看，青少年体育学习行为得分在父亲不同教育水平上有显著性差异（$F=9.608$，$p<0.001$）、表现为硕士及以上>大专，硕士及以上>高中，硕士及以上>初中及以下。青少年体育健身行为得分在父亲不同教育水平上有显著性差异（$F=33.438$，$p<0.001$），表现为硕士及以上>大专，本科>大专，本科>高中，硕士及以上>初中及以下，本科>初中及以下，高中>初中及以下。青少年体育竞技行为得分在父亲不同教育水平上有显著性差异（$F=5.204$，$p<0.001$）、表现为硕士及以上>初中及以下，本科>初中及以下，高中>初中及以下。而青少年体育道德行为（$F=1.061$，$p>0.05$）和体育娱乐行为（$F=2.215$，$p>0.05$）在父亲不同教育水平上无显著性差异。

表 3-17　　　　父亲不同教育水平青少年的体育行为特征（$M_{单} \pm SD$）

维度	硕士及以上 （$N=383$）	本科 （$N=668$）	大专 （$N=307$）	高中 （$N=530$）	初中及以下 （$N=824$）	F	事后检验
体育学习行为	3.382±1.161	3.255±1.130	3.205±1.088	3.207±1.043	3.006±1.020	9.608***	1>3,4,5;
体育健身行为	3.884±0.971	3.796±0.879	3.607±0.887	3.680±0.927	3.337±0.963	33.438***	1,2>3; 2>4; 1,2,4>5
体育道德行为	4.451±0.836	4.482±0.735	4.465±0.706	4.457±0.759	4.405±0.731	1.06	
体育竞技行为	4.082±1.006	4.022±0.960	3.953±0.885	4.004±0.922	3.854±0.931	5.204***	1,2,4>5
体育娱乐行为	2.578±1.174	2.625±1.135	2.756±1.033	2.756±1.033	2.722±1.044	2.215	
体育行为	3.638±0.764	3.598±0.718	3.532±0.702	3.580±0.703	3.410±0.701	10.125***	1,2,3,4>5

注：1=硕士及以上，2=本科，3=大专，4=高中，5=初中及以下。

由表 3-18 可知，母亲教育水平为硕士及以上、本科、大专、高中、初中及以下青少年学生的体育行为得分分别是 3.667、3.616、3.593、3.613、3.376，经方差分析发现，青少年体育行为在母亲不同教育水平上有显著性差异（$F=18.346$，$p<0.001$），表现为硕士及以上>初中及以下，本科>初中及以下，高中>初中及以下，大专>初中及以下。从各分维度上看，青少年体育学习行为在母亲不同教育水平上有显著性差异（$F=16.181$，$p<0.001$），表现为硕士及以上>初中及以下，本科>初中及以下，高中>初中及以下，大专>初中及以下。青少年体育健身行为在母亲不同教育水平上有显著性差异（$F=43.215$，$p<0.001$），表现为硕士及以上>大专，硕士及以上>高中，硕士及以上>初中及以下，本科>初中及以下。青少年体育竞技行为在母亲不同教育水平上有显著性差异（$F = 7.265$，$p < 0.001$），表现为硕士及以上>高中，硕士及以上>初中及以下，本科>初中及以下，高中>初中及以下，大专>初中及以下。而青少年体育道德行为（$F = 2.075$，$p > 0.05$）和体育娱乐行为（$F = 2.218$，$p > 0.05$）在母亲不同教育水平上无显著性差异。

表 3-18　　　　母亲不同教育水平青少年的体育行为特征（$M_{单} \pm SD$）

维度	硕士及以上 （$N = 290$）	本科 （$N = 663$）	大专 （$N = 345$）	高中 （$N = 481$）	初中及以下 （$N = 933$）	F	事后检验
体育学习行为	3.357±1.138	3.296±1.152	3.266±1.103	3.300±1.036	2.955±1.06	16.181***	1,2,3,4>5
体育健身行为	3.91±0.945	3.80±0.913	3.748±0.859	3.716±0.904	3.312±0.953	43.215***	1>3,4,5； 2>5
体育道德行为	4.427±0.850	4.503±0.757	4.481±0.720	4.452±0.731	4.400±0.732	2.075	
体育竞技行为	4.126±1.006	4.009±1.002	4.064±0.835	3.986±0.894	3.845±0.936	7.265***	1>4,5； 2,3,4>5.
体育娱乐行为	2.672±1.159	2.653±1.168	2.623±1.083	2.810±1.082	2.649±1.019	2.218	
体育行为	3.667±0.776	3.616±0.745	3.593±0.664	3.613±0.705	3.376±0.684	18.346***	1,2,3,4>5

注：1=硕士及以上，2=本科，3=大专，4=高中，5=初中及以下。

以上数据表明，除个别维度父母受教育程度不同对子女影响不一致外，大多数表现为受教育程度越高，子女体育行为越积极。这与 Huppertz 等的研究结果一致，他们通过身体活动时间、频率和强度量化青少年的体育行为，比较父母受教育程度对青少年体育行为的影响，研究表明父母受教育程度越高，子女的体育行为的平均值往往更高，子女的差异往往更低[1]。一般而言，父母受教育水平越高，其对子女全面发展更为重视，也更能认同体育的价值。这种重视不但可以通过家庭投资提升子代的体育行为，也可以通过家庭的教育影响子代对体育的认同，从而激发子代自觉地参与体育，享受体育。

综上，我国青少年的体育行为整体处于中下水平，表现为以道德、竞技、健

① HUPPERTZ C, BARTELS M, DE GEUS E J, et al. The effects of parental education on exercise behavior in childhood and youth：A study in dutch and finnish twins［J］. Scandinavian Journal of Medicine & Science in Sports，2017，27（10）：1143-1156.

身、学习、娱乐等体育行为为一体的多元体育行为体系。另外，研究发现不同人口学特征的青少年体育行为呈现不同程度差异性，其中，女性、高年级学生，身体状况较差、无运动会经历、生源地来自村镇或父母文化程度较低的青少年体育行为相对较弱。

第四章　青少年体育核心价值观
对体育行为的影响
——体育态度的中介作用

第一节　本 章 设 计

一、研究目的与调查程序

(一) 研究目的

自编《青少年体育态度问卷》，并结合前文所编制的《青少年体育核心价值观问卷》和《青少年体育行为问卷》对青少年学生进行调查，了解青少年学生体育态度、体育核心价值观及体育行为的现状，分析并检验青少年体育核心价值观与体育行为的关系及体育态度的中介作用。

(二) 调查程序

调查工具：(1) 自编《青少年体育态度问卷》。(2) 前文编制的《青少年体育核心价值观问卷》，该问卷共包含 35 道题目和 2 道测谎题，分属 8 个维度，即安全价值观、交往价值观、健康价值观、道德价值观、能力价值观、终身价值观、竞争价值观、精神价值观。问卷的内部一致性信度 α 系数为 0.95，8 个分维度的内部一致性 α 系数的值均在 0.770~0.954，重测信度介于 0.763~0.938；效度分析显示各维度之间以及分维度与总问卷之间相关性显著。(3) 前文编制的《青少年体育行为问卷》，该问卷共包含 18 个题目和 1 道测谎题，分属 5 个维度，包括体育学习行为、体育竞技行为、体育道德行为、体育健身行为、体育娱乐行为。该问卷的内部一致性 α 系数为 0.854，5 个分维度的内部一致性 α 系数均在 0.665~0.766，重测信度为 0.637~0.838，具有良好的信度。

调查对象：(1) 初测对象：本轮调查对象为豹澥中学和武钢三中的学生，共发放问卷 284 份，回收问卷 284 份，有效问卷 249 份，有效回收率 87.68%。其中男生 134 人，女生 115 人；初中 122 人，高中 127 人，其他人口学特征分布相对均衡。（2）复测对象：本轮调查对象为华师一附中、武汉市第一初级中学、武汉市第二十三中学的学生。共发放问卷 268，回收问卷 268，有效问卷为 242 份，有效回收率为 90.3%。其中男生 131 人，女生 111 人；初中 177 人，高中 65 人，其他人口学特征分布相对均衡。（3）正式对象：本研究正式调查对象为英格中学、江夏一中、任家路中学、武汉中学、武汉市第十四中学共 5 所中学的总计 490 名学生，共回收有效问卷 393 份，有效回收率为 80.2%。其中，男生 170 人，女生 223 人；初中 221 人，高中 172 人；中心城区 243 人，远郊城区 150 人，其他人口学特征分布相对均衡。

二、研究假设与模型构建

本书基于对前面研究成果的总结以及研究的理论基础，提出本书的相关研究假设。以此来探讨青少年的体育核心价值观、体育态度、体育行为三者之间的关系，本研究主要采用多层回归统计法、中介检验法，来构建青少年体育核心价值观、体育态度与体育行为的关系模型。

（一）青少年体育核心价值观与体育行为关系的研究假设

根据前述文献综述部分对于体育价值观与体育行为关系研究章节，可以发现除个别现象价值观与体育行为出现不一致情形，绝大部分学者认为大多数情况下价值观与行为具有一致性。国内多个调查①②③亦发现价值观与行为高度相关，二者相辅相成，价值观可以直接影响体育行为。甚至，多个学者指出价值观具有规范和禁止功能，是指导行为的决定性因素④⑤⑥⑦。基于此，本书提出关于青

---

① 马金梁. 吉林省高中生体育价值观与体育行为关系研究 [D]. 长春：吉林大学，2012.

② 胡燕. 大学生体育价值观与体育行为的关系研究 [D]. 昆明：云南师范大学，2015.

③ 于春艳. 体育锻炼态度、参与度与体育价值观的相关研究 [J]. 沈阳体育学院学报，2009，28（3）：53-56.

④ ROKEACH M. The Nature of Human Values [M]. New York：The Free Press，1973.

⑤ 任海. 南京青奥会与我国青少年体育价值观的重塑 [J]. 体育与科学，2011，32（4）：1-3，16.

⑥ LEE M J，WHITEHEAD J，NTOUMANIS N，et al. Relationships among values, achievement orientations, and attitudes in youth sport [J]. Journal of Sport and Exercise Psychology，2008，30（5）：588-610.

⑦ 唐照华. 体育价值观是体育行为的杠杆 [J]. 成都体育学院学报，1994（4）：67-71.

少年体育核心价值观与体育行为关系的研究假设：**H4-1：青少年体育核心价值观能显著正向预测体育行为**

（二）青少年体育态度与体育行为关系的研究假设

1975 年，美国学者 Fishbein 和 Ajzen 提出合理行为理论（TRA），该理论认为人的行为是在经过合理的分析后做出的，在这个过程中行为意向是行为的决定因素，态度通过决定行为意向从而间接影响行为的改变①，该理论在饮食、锻炼等众多行为得到验证②③。后来为使得 TRA 更完善，Ajzen 等在原模型中引入行为控制变量，发展为计划行为理论（TPB），该理论认为行为态度、感知控制力和主观规范共同决定行为意向，从而控制行为的发生④。实证方面，多位学者⑤⑥⑦调查发现体育态度与体育行为高度相关，一致性显著。基于此，本书提出关于青少年体育态度与体育行为关系的研究假设：**H4-2：青少年体育态度能显著正向预测青少年体育行为**

（三）青少年体育态度与体育核心价值观关系的研究假设

根据前文文献综述，发现体育核心价值观与体育态度之间紧密相关。于春艳⑧调查发现，大学生体育锻炼总体态度与个体价值观相关极为显著。一般认为价值观会影响态度的变化，个体的体育态度的不同也会影响其体育价值观，导致

① FISHBEIN M, AJZEN I. Belief, Attitude, Intention, and Behavior：An Introduction to Theory and Research［M］. Reading , MA ：Addison-Wesley, 1975.

② BRINBERG D, AXELSON M L, PRICE S. Changing food knowledge, food choice, and dietary fiber consumption by using tailored messages［J］. Appetite, 2000, 35（1）：35-43.

③ ANDREW SMITH R, BIDDLE S J. Attitudes and exercise adherence：Test of the theories of reasoned action and planned behaviour［J］. Journal of Sports Sciences, 1999, 17（4）：269-281.

④ AJZEN I. The theory of planned behavior［J］. Organizational Behavior and Human Decision Processes, 1991, 50（2）：179-211.

⑤ 张丰涛 . 高校研究生体育态度与行为的研究［J］. 山东体育学院学报, 2000（3）：63-65+78.

⑥ 祝涛 . 大学生体育行为影响因素的研究［J］. 教育与职业, 2010（5）：189-190.

⑦ 刘一民, 孙庆祝, 孙月霞 . 我国大学生体育态度和体育行为的调查研究［J］. 中国体育科技, 2001（1）：29-32+39.

⑧ 于春艳 . 体育锻炼态度、参与度与体育价值观的相关研究［J］. 沈阳体育学院学报, 2009, 28（3）：53-56.

体育价值观的发生变化。有学者①认为价值观是认知的基础，态度又基于认知而形成，说明价值观直接或间接地决定着态度。基于此，本书提出关于青少年体育核心价值观与体育态度关系的研究假设：**H4-3：青少年体育核心价值观能显著正向预测青少年体育态度**

（四）青少年体育态度在体育核心价值观与体育行为之间存在中介作用

一般认为价值观更抽象、更稳定，更具理想主义色彩，多被看作行为的远端预测因子，而态度较为具体，在价值观与行为中有着中介作用②。此外，价值表达是态度的功能之一③④，体育价值观是态度的认知基础，决定了体育态度，体育态度又决定行为⑤。Kristiansen 和 Hotte⑥ 提出"价值观—态度—行为"模型，认为价值观、态度、行为之间存在一个链式关系，态度在其中有着重要的中介作用。国内学者也普遍认同，价值观以态度的形式表现出来⑦⑧；体育价值观是态度的认知基础，决定了体育态度，体育态度又决定体育行为⑨。基于此，本书提出青少年体育态度在体育核心价值观与体育行为关系的研究假设：**H4-4：体育态度在青少年体育核心价值观与体育行为之间存在中介作用**

综上，根据本书所提假设构建青少年体育核心价值观、体育行为、体育态度之间的理论关系模型如图 4-1 所示。

---

① 冯维胜，丁树哲. 体育价值观对体育锻炼影响的探讨 [J]. 南京体育学院学报（社会科学版），2003（4）：18-21.

② HITLIN S, PILIAVIN J A. Values：Reviving a dormant concept [J]. Annu Rev Sociol，2004（30）：359-393.

③ ROKEACH M. The nature of human values [M]. Free Press，1973.

④ KATZ D. The functional approach to the study of attitudes [J]. Public Opinion Quarterly，1960，24（2）：163-204.

⑤ 王健. 对培养大学生体育意识的研究 [J]. 哈尔滨体育学院学报，2002，20（3）：15-16+8.

⑥ KRISTIANSEN C M, HOTTE A M. Morality and the self：Implications for the when and how of value-attitude-behavior relations [C]. Proceedings of the the psychology of values：The Ontario symposium，F，1996，Lawrence Erlbaum Associates Mahwah，New Jersey.

⑦ 杨秀兰，方新普，朱西龙，陈彦. 大学生体育生活初探 [J]. 西安体育学院学报，1995（1）：54-56.

⑧ 黄荣洲. 大学生参加体育活动研究 [J]. 天津体育学院学报，1995（4）：78-79.

⑨ 王健. 对培养大学生体育意识的研究 [J]. 哈尔滨体育学院学报，2002（3）：15-16，18.

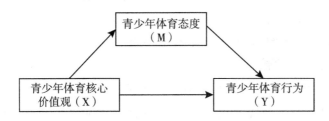

图 4-1 青少年体育核心价值观、体育行为、体育态度理论关系模型

第二节 青少年体育态度问卷编制与检验

一、理论框架与初始问卷编制

（一）理论框架

前文对体育态度内涵与结构进行分析，其中，祝蓓里与季浏主编的《体育心理学》① 一书指出体育态度是运动主体对客体的认知评价、情感体验和行为倾向的综合表现。在体育心理学中认为，它是外界刺激与个体反应之间的中介因素，并且调节着人对体育项目或参与行为选择和行为反应。在国内体育态度的相关问卷中，毛荣建编制锻炼态度量表②，该量表共包含 70 题项，分属于 8 个分量表：行为习惯、情感体验、行为认知、主观标准、行为意向、行为控制、行为态度、目标态度。该量表自问世以来，一直受到该领域广大学者③④⑤认可，被广泛运用。本研究借鉴该量表设计编制本书问卷，发现该量表中 8 个分量表虽然较为详细，但 8 个分量表可进一步提炼为认知评价、情感体验和行为倾向 3 个方面，这

① 祝蓓里，季浏.体育心理学［M］.北京：高等教育出版社，2000：40-45.

② 毛荣建.青少年学生锻炼态度-行为九因素模型的建立及检验［D］.北京：北京体育大学，2003.

③ 卜令恩.云南省鹤庆县九年级学生体育态度与体育中考成绩相关研究［D］.昆明：云南师范大学，2017.

④ 孙妍.体育赛事媒介传播对青少年体育态度、体育行为的影响［D］.上海：上海体育学院，2016.

⑤ 侯悦.北京市海淀区高中一、二年级女生体育态度和体育参与的研究［D］.北京：北京体育大学，2014.

样既是对原始问卷的整合，也符合体育态度是运动主体的对客体的认知评价、情感体验和行为倾向 3 项所表现出来的综合结果。因此，本书根据认知评价、情感体验和行为倾向 3 个维度构建本研究体育态度的理论框架。

（二）初始问卷编制

关于青少年体育态度问卷问题的搜集。先广泛查阅关于体育态度的文献，将关于体育态度的问卷、量表等进行汇总，最终确定本问卷的初测条目。本问卷的初测条目，主要是参考毛荣健《锻炼态度量表》的相关问题，自行编制《青少年体育态度问卷》的相关问题。问卷题目与各项维度确立以后，就问卷相关问题的严谨性，每道题目的可读性，各个题目维度的归属性，每道题目的用词，以及问卷题目之间的相关性、问卷的基本格式、问卷的排版等问题仔细征求社会学专家、统计学专家的意见，并综合专家意见后，对问卷的各个项目内容进行反复的修改和调整。最终初始问卷由 31 个条目构成（详见表 4-1），所有条目均采用 Likert 量表 5 级计分，要求被试者据实勾选其中一个选项。

表 4-1　　　　　　　　　青少年体育态度各维度操作性定义及条目

维度	操作性定义	条目	内　　容
认知评价	1）个体参与体育运动导致某种结果的确定认知，以及对这种认知的评价　2）个体在不同的概括水平上对体育运动的评价	I1	体育运动可以使人得到宣泄
		I2	体育运动可以舒缓焦虑、烦躁的情绪
		I3	体育可以增强意志
		I4	体育运动于家、于国都是有益的
		I5	提倡"全民健身"是明智之举
		I6	我认为体育运动越来越被人接受
		I7	我赞成人人参与体育运动
		I8	我认为体育运动是很好的娱乐活动
		I9	我认为自己进行体育运动很好
		I10	我认为自己适合进行体育运动
		I11	体育成绩好的学生也需要进行体育运动
		I12	体育对健康的益处胜过其他任何学科
		I13	体育不仅对那些身体素质好的有好处

续表

维度	操作性定义	条目	内　　容
情感体验	是指个体在参与体育运动时所体验到的情感或想到体育运动时所激发的情感	I14	进行体育运动时我感到心情舒畅
		I15	在体育运动中我感到十分放松
		I16	我因体育运动而自豪
		I17	我总能找到体育运动的乐趣
		I18	每次体育运动我都有新的体验和感受
		I19	我满足于体育运动所带来的快乐
		I20	在体育运动中我可以找回我自己
		I21	看到有人进行体育运动，我也想参加
		I22	我认为进行体育运动符合我的身份
		I23	我认为进行体育运动是我应该做的事情
行为意向	是指个体是否有参与体育运动的打算，愿意在多大程度上去参与体育运动，计划为此付出多大的努力	I24	我愿意把钱花在体育运动方面
		I25	我总是全身心地投入体育运动中
		I26	我会说服周围的人一起进行体育运动
		I27	我喜欢一切与运动有关的事情
		I28	一到时间，我就不由自主地想去体育运动
		I29	无论遇到多少困难，我都会坚持体育运动
		I30	无论多忙，我总能挤出时间去体育运动
		I31	我以后将每天坚持体育运动

二、项目分析

首先，对每一个项目进行临界比例（CR 值）分析，将初测样本所有被调查者问卷得分总分按降序排列，选前 27% 为高分组，后 27% 为低分组，对两组的同一条目得分进行独立样本 t 检验。结果显示，所有条目在高低组间的得分均在 0.05 水平有显著差异，表明所有条目均有较好的区分度，适合做进一步分析。

其次，计算出问卷中各个维度的 Cronbach's α 系数和各个题项的题总相关系数，研究①认为具有较高的 Cronbach's α 系数和题项间相关系数才能保证变量的测度具有较高的内部一致性，从而满足信度的要求。因此，按照测量标准 Cronbach's α 系数应大于 0.7；如果题总相关系数大于 0.4，说明该条目与其他条目有较高相关性，如果该指标小于 0.3，应考虑删除该条目。计算结果发现（见表 4-2），Cronbach's α 在 0.863 ~ 0.887，均大于 0.7；另外，除条目 5、9、11、12、13 的题总相关小于 0.3 外，其余所有条目的题总相关均大于 0.3，所以删除第 5、9、11、12、13 题，保留剩余 26 个题目。

表 4-2　　　　　　　　问卷的 Cronbach's α 系数和矫正的项总计相关性

条目	校正题总相关系数	删除题项后的 Cronbach's α 值	备注	条目	校正题总相关系数	删除题项后的 Cronbach's α 值	备注
I1	0.340	0.871	保留	I17	0.567	0.866	保留
I2	0.483	0.868	保留	I18	0.466	0.868	保留
I3	0.320	0.871	保留	I19	0.479	0.868	保留
I4	0.323	0.871	保留	I20	0.505	0.867	保留
I5	0.022	0.887	删除	I21	0.532	0.867	保留
I6	0.367	0.870	保留	I22	0.491	0.867	保留
I7	0.451	0.869	保留	I23	0.564	0.866	保留
I8	0.473	0.868	保留	I24	0.498	0.867	保留
I9	0.259	0.874	删除	I25	0.526	0.867	保留
I10	0.339	0.872	保留	I26	0.495	0.867	保留
I11	0.176	0.879	删除	I27	0.591	0.865	保留
I12	0.129	0.876	删除	I28	0.579	0.865	保留
I13	0.126	0.879	删除	I29	0.673	0.863	保留
I14	0.559	0.866	保留	I30	0.626	0.864	保留
I15	0.463	0.868	保留	I31	0.584	0.865	保留
I16	0.576	0.866	保留				

① NUNNALLY J C, BERNSTEIN L. Psychometric Theory [M]. Tata McGraw-hill Education, 1994.

最后，计算剩余条目与每个条目的矫正题总相关，矫正题总相关的相关系数越高，同质性越高，反之，则同质性越低，一般建议删除题总相关性小于 0.4 的条目。结果显示（见表 4-3），第 3、4、10 题的矫正题总相关没有达到 0.4，其余题项的题总相关均高于 0.4，所以删除第 3、4、10 条目，保留 23 个条目，留作后续进一步分析。

表 4-3　　　　　　　　　　各条目与总问卷的相关系数

条目	相关系数	备注	条目	相关系数	备注
I1	0.439**	保留	I19	0.592**	保留
I2	0.555**	保留	I20	0.625**	保留
I3	**0.393****	**删除**	I21	0.626**	保留
I4	**0.388****	**删除**	I22	0.541**	保留
I6	0.464**	保留	I23	0.602**	保留
I7	0.523**	保留	I24	0.518**	保留
I8	0.579**	保留	I25	0.579**	保留
I10	**0.241****	**删除**	I26	0.606**	保留
I14	0.640**	保留	I27	0.685**	保留
I15	0.568**	保留	I28	0.658**	保留
I16	0.634**	保留	I29	0.744**	保留
I17	0.674**	保留	I30	0.700*	保留
I18	0.588**	保留	I31	0.691**	保留

注：**代表 $p<0.05$。

三、探索性分析

对项目分析后剩下的 23 个条目进行探索性因素分析。在探索性因素分析之前，首先检验问卷的 Kaiser-Meyer-Olkin（KMO）值并考察 Bartlett's 球形检验的显著性。结果显示 KMO = 0.917，Bartlett's 球形检验结果 $\chi^2 = 2422.211$，$df = 253$，$p = 0.000$，表明观测变量适合做探索性因素分析。

本研究探索性因素分析主要采用主成分分析法和最大方差倾斜旋转法，判别标准选定特征值大于 1，析出因子个数不设限，共提取了 4 个共同因子，对 23 个题目的累计解释方差为 55. 218%，达到 50% 以上，表明因子分析的结果是可以接受的①。随后，对 23 个条目的第一次因子分析旋转成分矩阵进行分析，根据因子中条目数量必须大于等于 3 的原则，将条目 1 删除，保留 22 个条目。

根据统计学原则，每次因子分析如有因子负荷小于 0. 5、共同度小于 0. 16、交叉负荷项、因子少于 3 个题目的情况需逐题删除，每次删除一次题目重新进行一次探索性因素分析，直至找出一个较为合理的因子结构。对剩余的 22 个条目进行因子分析后，各条目探索性因素分析结果见表 4-4，未发现上述情况发生。本轮因子分析青少年体育态度问卷的主成分总共析出 3 个因子，积累解释了 51. 237% 的变异量，同时我们利用因子分析碎石图（见图 4-2）进行复查，发现从第 3 个因子开始，碎石图斜率逐渐下降并接近于 1，提示该 3 因子模型较为合理。因子 F1～F3 分别是"情感体验""行为意向""认知评价"。

表 4-4　　　　　青少年体育态度预测问卷的探索性因素分析结果

条目	F1	F2	F3
I18	0. 741		
I17	0. 674		
I16	0. 631		
I19	0. 630		
I31	0. 576		
I20	0. 573		
I27	0. 570		
I28	0. 565		
I23		0. 677	
I25		0. 624	
I21		0. 615	
I24		0. 605	
I30		0. 596	
I29		0. 576	

---

① 吴明隆 . 问卷统计分析实务：SPSS 操作与应用［M］. 重庆：重庆大学出版社，2010.

续表

条目	F1	F2	F3
I22		0.571	
I26		0.570	
I14			0.647
I8			0.633
I2			0.605
I6			0.587
I7			0.584
I15			0.543
特征值	8.458	1.541	1.273
贡献率（%）	19.778	37.644	51.237

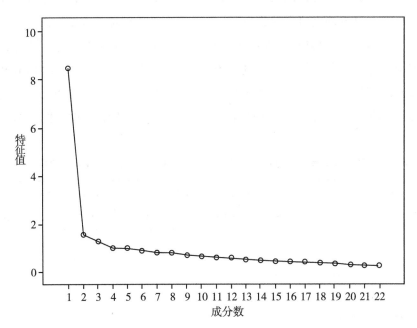

图 4-2 《青少年体育态度问卷》探索性因素分析碎石图

在经过上述分析之后，研究人员检验了问卷的内部一致性系数和各个分维度的内部一致性 α 系数结果显示，问卷中 3 个分维度的一致性 α 系数均达到了

0.75 以上，有的甚至高于 0.85。本问卷总共排除 9 个相关条目。最后，保留了 22 个体育态度条目，其中认知评价 6 题，情感体验 8 题，行为意向 8 题（见表 4-5）。

表 4-5　　　　　　　　　　体育态度问卷明细与一致性系数

维度	保留的条目	合计	一致性 α 系数	Cronbach's α 值
认知评价	I2、I6、I7、I8、I14、I15	6	0.775	
情感体验	I16、I17、I18、I19、I20、I27、I28、I31	8	0.860	0.922
行为意向	I21、I22、I23、I24、I25、I26、I29、I30	8	0.832	

四、验证性分析

为了检验上述探索性因素分析中所得到的结构模型的有效性，本研究将用 AMOS 22.0 对复测调查研究所收集到的 242 份问卷数据进行验证性因素分析，分析结果见表 4-6。表中显示 $X^2/\mathrm{d}f = 1.570$，$p < 0.01$，表明模型较好。此外，根据结构模型的各项拟合数据来看，其中 IFI = 0.962、NNFI = 0.930、GFI = 0.902 和 CFI = 0.962，数值均大于 0.9；RMSEA 为 0.049 小于 0.05。由此可见，构建的青少年体育态度问卷的结构模型的拟合度效果比较好，结构模型图见图 4-3。

表 4-6　　《青少年体育态度问卷》的验证性因素分析（$N = 242$，Items = 22）

拟合指数	X^2	df	$X^2/\mathrm{d}f$	RMSEA	GFI	IFI	CFI	NFI	NNFI
3 因素模型	301.432	192	1.570	0.049	0.902	0.962	0.962	0.902	0.930

五、问卷的信效度分析

（一）信度分析

采用内部一致性信度系数进行信度检验（复测对象，$N = 242$），结果显示（见表 4-7），青少年体育态度总量表 α 系数为 0.949，各分量表 α 系数在 0.830～0.903，所有量表内部一致性 α 系数大于 0.8，表明本量表具有较高的信度。为了检验该信度的稳定性，我们在间隔 4 周后对武汉市第二十三中学的 51 名青少

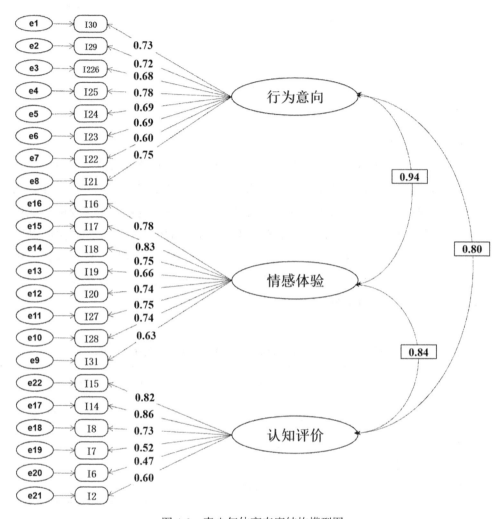

图 4-3 青少年体育态度结构模型图

年进行了重测信度检验，重测信度在 0.730~0.913，重测信度较好，说明本研究所编制量表跨时间稳定性较好，问卷整体信度可靠。

表 4-7 青少年体育态度问卷的信度系数

分维度	内部一致性 α 系数	重测信度
认知评价	0.830	0.730
情感体验	0.903	0.834

续表

分维度	内部一致性 α 系数	重测信度
行为意向	0.887	0.800
体育态度	0.949	0.913

（二）效度分析

首先，本问卷参考了前人所编制的锻炼态度量表，并结合其他学者对于体育态度相关方面的研究，又请相关专家教授对本研究所编制青少年体育态度问卷。此外，我们邀请相关专家对本研究所编制量表的内容效度进行评定，保证了本量表具有良好的内容效度。其次，我们对本次编制问卷的分维度与总问卷之间做了相关分析（见表4-8），我国青少年体育态度问卷分维度之间以及与总量表的相关性显著，且分维度与总问卷相关系数高于分维度间相关系数，这说明本研究编制问卷的内部结构效度良好。

表4-8　　《青少年体育态度问卷》各维度之间及其与总问卷的相关矩阵

维度	认知评价	情感体验	行为意向	体育态度
认知评价	1			
情感体验	0.735**	1		
行为意向	0.722**	0.843**	1	
体育态度	0.855**	0.949**	0.946**	1

注：** 代表 $p<0.05$。

综上所述，本研究所编制的《青少年体育态度问卷》（见附录4-1）具有较好的信度和效度，能够为后期深入研究青少年体育态度提供可靠的研究工具。具体的维度及其所对应的条目如下：认知评价包括I2、I6、I7、I8、I14和I15题共6个题目；情感体验包括I16、I17、I18、I19、I20、I27、I28与I31题共8个题目；行为意向包括I21、I22、I23、I24、I25、I26、I29及I30共8个题目。

第三节　青少年体育态度对体育核心价值观与体育行为关系的中介作用分析

一、青少年体育核心价值观、体育行为与体育态度的现状与特征

本书根据前文编制的《青少年体育核心价值观问卷》《青少年体育行为问卷》和《青少年体育态度问卷》作为调查工具，对本章正式对象的 490 名青少年学生进行调查。将调查数据作为本研究中介分析的依据。由于，第二章与第三章已对全国范围内青少年体育核心价值观和体育行为的现状与特征做出详细分析，且本章相关调查结果与前文基本一致，为避免叙述冗长，本章节仅对青少年体育态度的现状与特征进行描述。

（一）青少年体育态度整体状况

根据本书所收集到的 393 份青少年体育态度有效问卷，进行体育态度总体以及各维度的平均数和标准差统计分析（见表 4-9）。如表所示，青少年体育态度单项均值总分为 3.589，远高于其中等临界值（3 分）；从各分维度得分来看，认知评价、情感体验与行为意向分别为 4.22 分、3.415 分和 3.29 分，分别高于其中等临界值（3 分）。这些数据说明我国青少年对体育的核心价值认识处于中等偏上水平，整体呈现积极态势。在各维度排序上，认知评价得分最高，行为意向得分较差，说明青少年对体育态度的以认知评价为主，行为意向的认识相对较弱。

表 4-9　　　　　　青少年体育态度整体状况（$N=393$）

维度	极小值	极大值	单项均值	标准差
认知评价	2.00	5.00	4.220	0.668
情感体验	1.00	5.00	3.415	0.884
行为意向	1.00	5.00	3.290	0.836
体育态度	1.50	4.95	3.589	0.742

二、青少年体育核心价值观、体育行为与体育态度的相关分析

由前文的理论基础和研究假设，本书主要研究青少年体育核心价值观、体育态度与体育行为关系。本研究利用 Spearman 积差相关分析法，考察了青少年体育核心价值观及其各维度、体育态度及其各维度、体育行为及其各维度的相关系数，结果见表 4-10。由表可知，青少年体育核心价值观与体育行为、青少年体育核心价值观与体育态度、体育态度与体育行为均呈现显著正相关，其系数分别为0.561、0.696 和 0.644。并且自变量青少年体育核心价值观与因变量体育行为的五个维度上也呈现显著正相关，相对应的系数分别为 0.472、0.499、0.380、0.400 和 0.285，青少年体育核心价值观与体育态度的 3 个维度也呈现显著性水平，相对应的系数分别是 0.619、0.657 和 0.631，青少年体育行为与体育态度的3 个维度也均呈现显著性水平，相对应的系数分别为 0.466、0.624 和 0.633。以上结果说明变量总体和分维度均呈显著正相关。因此，可以进行回归分析与中介效应检验。

三、青少年体育核心价值观、体育行为与体育态度的回归分析

（一）青少年体育行为对体育核心价值观的回归分析

采用回归分析方法，在控制了年级、身体状况、是否参加运动会等人口统计学变量后，以体育核心价值观为自变量、体育行为为因变量，做层次回归分析，结果如表 4-11 所示，可知 $\beta=0.452$，$p<0.001$，解释力 39.9%。由此可得到回归方程：体育行为=体育核心价值观 * 0.452+常量，这个结果可以解释为青少年体育核心价值观得分越高，其体育行为得分也越高，即体育核心价值观对体育行为具有正向预测作用，假设（H4-1）成立。

（二）青少年体育行为对体育态度的回归分析

本书是关于青少年体育行为对体育态度的回归分析，首先是青少年体育行为对体育态度的回归分析。在控制了年级、身体状况、是否参加运动会等人口统计学变量后，以体育态度为自变量，体育行为为因变量，进行回归分析。结果显示（见表 4-12）：$\beta=0.549$，显著性 $p<0.001$，解释力 47.8%。由此可得到回归方程：体育行为=体育态度 * 0.549+常量，这个结果可以解释为青少年体育态度得分越高，其体育行为得分也越高，体育态度总体对体育行为有正向预测作用，假设（H4-2）成立。

表 4-10 青少年体育核心价值观、体育态度和体育行为相关分析

因子	V	A	B	V-健康	V-道德	V-能力	V-安全	V-交往	V-竞争	V-精神	V-终身	T-认知	T-情感	T-行为	B-学习	B-健身	B-道德	B-竞技	B-娱乐
V	1																		
A	0.696**	1																	
B	0.561**	0.644**	1																
V-健康	0.706**	0.418**	0.291**	1															
V-道德	0.911**	0.619**	0.519**	0.594**	1														
V-能力	0.805**	0.490**	0.422**	0.594**	0.725**	1													
V-安全	0.846**	0.543**	0.476**	0.535**	0.780**	0.660**	1												
V-交往	0.806**	0.602**	0.447**	0.464**	0.693**	0.590**	0.643**	1											
V-竞争	0.878**	0.646**	0.564**	0.525**	0.771**	0.648**	0.712**	0.680**	1										
V-精神	0.893**	0.611**	0.500**	0.573**	0.797**	0.691**	0.701**	0.687**	0.804**	1									
V-终身	0.805**	0.490**	0.422**	0.594**	0.725**	1.000**	0.660**	0.590**	0.648**	0.691**	1								
T-认知	0.619**	0.831**	0.466**	0.451**	0.545**	0.461**	0.474**	0.504**	0.565**	0.524**	0.461**	1							
T-情感	0.657**	0.952**	0.624**	0.374**	0.596**	0.443**	0.497**	0.597**	0.617**	0.578**	0.443**	0.722**	1						
T-行为	0.631**	0.934**	0.633**	0.353**	0.552**	0.451**	0.515**	0.537**	0.585**	0.564**	0.451**	0.664**	0.832**	1					
B-学习	0.472**	0.545**	0.773**	0.253**	0.446**	0.386**	0.411**	0.412**	0.428**	0.442**	0.386**	0.383**	0.516**	0.554**	1				
B-健身	0.499**	0.580**	0.843**	0.273**	0.464**	0.359**	0.398**	0.405**	0.510**	0.424**	0.359**	0.418**	0.559**	0.573**	0.555**	1			
B-道德	0.380**	0.301**	0.495**	0.249**	0.384**	0.348**	0.312**	0.267**	0.368**	0.332**	0.348**	0.287**	0.274**	0.272**	0.242**	0.384**	1		
B-竞技	0.400**	0.483**	0.690**	0.197**	0.368**	0.333**	0.298**	0.312**	0.402**	0.370**	0.333**	0.391**	0.453**	0.466**	0.409**	0.535**	0.433**	1	
B-娱乐	0.285**	0.365**	0.709**	0.112*	0.240**	0.161**	0.293**	0.211**	0.322**	0.255**	0.161**	0.217**	0.383**	0.356**	0.473**	0.409**	0.104**	0.279**	1

注：V＝青少年体育核心价值观；A＝青少年体育态度；B＝青少年体育行为；V-健康＝健康价值观；V-能力＝能力价值观；V-安全＝安全价值观；V-交往＝交往价值观；V-竞争＝竞争价值观；V-精神＝精神价值观；V-道德＝道德价值观；V-终身＝终身价值观；T-认知＝认知评价；T-情感＝情感体验；T-行为＝行为意向；B-学习＝学习行为；B-健身＝健身行为；B-道德＝道德行为；B-竞技＝竞技行为；B-娱乐＝娱乐行为

表4-11　　　　　　　　青少年体育行为对体育核心价值观的回归分析表

	体育行为		F	R^2	ΔR^2
	β	t			
身体状况 I	0.392**	2.796			
身体状况 II	0.321*	2.245			
身体状况 III	0.093	0.992			
年级 I	0.096	1.655	33.478***	0.411	0.399
年级 II	0.204***	3.673			
年级 III	0.030	0.523			
是否参加运动会	−0.149***	−3.630			
体育核心价值观总体	0.452***	10.499			

表4-12　　　　　　　　青少年体育行为对体育态度的回归分析表

	体育行为		F	R^2	ΔR^2
	β	t			
身体状况 I	0.454***	3.514			
身体状况 II	0.418**	3.157			
身体状况 III	0.196*	2.246			
年级 I	0.004	0.066	45.821***	0.488	0.478
年级 II	0.162**	3.144			
年级 III	−0.033	−0.619			
是否参加运动会	−0.097*	−2.485			
体育态度总体	0.549***	13.605			

　　为更为详细探究青少年体育行为与体育态度各维度的情况，本书接下来进行体育行为对体育态度各维度的回归分析。在控制了年级、身体状况、是否参加运动会等人口统计学变量后，以认知评价为自变量，体育行为为因变量，进行回归分析。结果显示（见表4-13），$\beta = 0.356$，$p < 0.001$，解释力 33.9%，由此可得到回归方程：体育行为=认知评价 * 0.356+常量，这个结果可以解释为青少年体育认知评价得分越高，其体育行为得分也越高，发现认知评价对体育行为有正向预测作用。

表 4-13　　　青少年体育行为对体育态度的认知评价维度的回归分析表

	体育行为		F	R^2	ΔR^2
	β	t			
身体状况 I	0.545 ***	3.751			
身体状况 II	0.468 *	3.145			
身体状况 III	0.172	1.755			
年级 I	0.030	0.492	26.112 ***	0.552	0.339
年级 II	0.184 **	3.163			
年级 III	−0.041	−0.682			
是否参加运动会	−0.154 ***	−3.557			
认知评价	0.356 ***	8.096			

在控制了年级、身体状况、是否参加运动会等人口统计学变量后，以情感体验为自变量，体育行为为因变量，进行回归分析。结果显示（见表 4-14），$\beta =$ 0.531，$p<0.001$，解释力 46.7%，由此可得到回归方程：体育行为 = 情感体验 * 0.531+常量，这个结果可以解释为青少年体育情感体验得分越高，其体育行为得分也越高，情感体验对体育行为有正向预测作用。

表 4-14　　　青少年体育行为对体育态度的情感体验维度的回归分析表

	体育行为		F	R^2	ΔR^2
	β	t			
身体状况 I	0.470 ***	3.601			
身体状况 II	0.429 **	3.207			
身体状况 III	0.194 *	2.198			
年级 I	−0.037	−0.691	43.934 ***	0.478	0.467
年级 II	0.155 **	2.967			
年级 III	−0.044	−0.828			
是否参加运动会	−0.112 *	−2.878			
情感体验	0.531 ***	13.179			

在控制了年级、身体状况、是否参加运动会等人口统计学变量后，以行为意向为自变量，体育行为为因变量，进行回归分析，结果显示（见表 4-15），$\beta = 0.531$，$p < 0.001$，解释力 46.5%。由此可得到回归方程：体育行为 = 行为意向 * 0.531 + 常量，这个结果可以解释为青少年体育行为意向得分越高，其体育行为得分也越高，行为意向对体育行为有正向预测作用。

表 4-15　　青少年体育行为对体育态度的行为意向维度的回归分析表

	体育行为		F	R^2	ΔR^2
	β	t			
身体状况 I	0.483***	3.691			
身体状况 II	0.416**	3.102			
身体状况 III	0.192*	2.170			
年级 I	0.019	0.347			
年级 II	0.161*	3.079	43.551***	0.476	0.465
年级 III	−0.026	−0.482			
是否参加运动会	−0.088*	−2.239			
情感体验	0.531***	13.089			

（三）青少年体育态度对体育核心价值观的回归分析

本书考察青少年体育态度对体育核心价值观的回归，首先进行青少年体育态度对体育核心价值观的回归分析。在控制了年级、身体状况、是否参加运动会等人口统计学变量后，以体育核心价值观为自变量、体育态度为因变量，进行回归分析。结果如表 4-16 所示，$\beta = 0.646$，$p < 0.001$，解释力 51.7%，具有显著性。由此可得到回归方程：体育态度 = 体育核心价值观 * 0.646 + 常量，这个结果可以解释为青少年体育核心价值观得分越高，其态度得分也越高，体育核心价值观对体育态度有正向预测作用，假设（H4-3）成立。

表 4-16 　　　　青少年体育态度对体育核心价值观的回归分析表

	体育态度		F	R^2	ΔR^2
	β	t			
身体状况 I	−0.006	−0.046			
身体状况 II	−0.102	−0.798			
身体状况 III	−0.166*	−1.973			
年级 I	0.129*	2.484	53.444***	0.527	0.517
年级 II	0.066	1.318			
年级 III	0.082	1.602			
是否参加运动会	−0.116**	−3.132			
体育核心价值观	0.646***	16.733			

为更为详细探究青少年体育态度各维度与体育核心价值的关系，分别进行体育态度各维度对体育核心价值观的回归分析。在控制了年级、身体状况、是否参加运动会等人口统计学变量后，以为体育核心价值观自变量、体育态度的认知评价维度为因变量，进行回归分析。结果如表 4-17 所示，$\beta = 0.580$，$p < 0.001$，解释力 39.3%，具有显著性。由此可得到回归方程：认知评价=体育核心价值观 * 0.580+常量，这个结果可以解释为青少年体育核心价值观得分越高，其认知评价得分也越高，体育核心价值观对认知评价有正向预测作用。

表 4-17 　青少年体育态度的认知评价维度对体育核心价值观的回归分析表

	认知评价		F	R^2	ΔR^2
	β	t			
身体状况 I	−0.010	−0.069			
身体状况 II	−0.125	−0.868			
身体状况 III	−0.138	−1.466			
年级 I	0.034	0.581	43.551***	0.406	0.393
年级 II	0.018	0.327			
年级 III	0.074	1.282			
是否参加运动会	−0.062	−1.508			
体育核心价值观	0.580***	13.409			

在控制了年级、身体状况、是否参加运动会等人口统计学变量后，以体育核心价值观为自变量，为体育态度的情感体验维度因变量，进行回归分析。结果显示如表 4-18 所示，$\beta=0.621$，$p<0.001$，解释力 47.2%，具有显著性。由此可得到回归方程：情感体验=体育核心价值观 $*$ 0.621+常量，这个结果可以解释为青少年体育核心价值观得分越高，其情感体验得分也越高，体育核心价值观对情感体验有正向预测作用。

表 4-18 　青少年体育态度的情感体验维度对体育核心价值观的回归分析表

	情感体验		F	R^2	ΔR^2
	β	ι			
身体状况 I	−0.007	−0.056			
身体状况 II	−0.106	−0.795			
身体状况 III	−0.161	−1.837			
年级 I	0.200***	3.677	44.769***	0.483	0.472
年级 II	0.079	1.526			
年级 III	0.098	1.829			
是否参加运动会	−0.095*	−2.451			
体育核心价值观	0.621***	15.383			

在控制了年级、身体状况、是否参加运动会等人口统计学变量后，以体育核心价值观为自变量、体育态度的行为意向维度为因变量进行回归分析。结果如表 4-19 所示，$\beta=0.571$，$p<0.001$，解释力 42.9%，具有显著性。由此可得到回归方程：行为意向=体育核心价值观 $*$ 0.571+常量，这个结果可以解释为青少年体育核心价值观得分越高，其行为意向得分也越高，体育核心价值观对行为意向有正向预测作用。

表 4-19　青少年体育态度的行为意向维度对体育核心价值观的回归分析表

	体育行为		F	R^2	ΔR^2
	β	t			
身体状况 I	0.000	−0.002			
身体状况 II	−0.061	−0.439			
身体状况 III	−0.151	−1.659			
年级 I	0.083	1.476	37.858***	0.441	0.429
年级 II	0.065	1.204			
年级 III	0.055	0.977			
是否参加运动会	−0.145***	−3.618			
体育核心价值观	0.571***	13.611			

四、青少年体育态度各维度在体育核心价值观和体育行为之间的中介作用检验

(一)青少年体育态度在体育核心价值观与体育行为的中介效应分析程序

本书采用 Baron 和 Kenny 提出的中介效应检验程序①，对体育态度的中介效果进行分析，主要步骤如图 4-4 所示。

本书主要是探讨体育态度及其 3 个维度是否在体育核心价值观与体育行为之间发挥中介作用。其检验过程主要有三步，分别是：（1）探究自变量（X，青少年体育核心价值观）是否可以显著影响因变量（Y，青少年体育行为），如两者相关显著则进行下一步；（2）探究自变量（X，青少年体育核心价值观）是否可以显著影响中介变量（M，青少年体育态度）；（3）探究中介变量（M，青少年体育态度）是否可以显著影响因变量（Y，青少年体育行为）。根据上述三个步骤，依次列出三个对应方程，分别是：方程 1：$Y=cX+e1$；方程 2：$M=aX+e2$；方程 3：$Y=c'X+bM+e3$。其中，c 是自变量对因变量的总效应，a 和 b 是中介变量的中介效应，c' 是模型的直接效应。

---

① BARON R M, KENNY D A. The moderator-mediator variable distinction in social psychological research：Conceptual, strategic, and statistical considerations [J]. Journal of Personality and Social Psychology, 1986, 51（6）：1173.

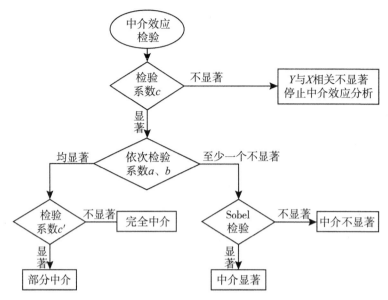

图 4-4　中介效应检验程序

（二）青少年体育态度在体育核心价值观与体育行为的中介效应分析

在控制了年级、身体状况、是否参加运动会等人口学统计变量后，来检验体育态度在体育核心价值观和体育行为之间是否有显著的中介作用（见表 4-20）。

步骤一：检验自变量对因变量的预测作用。在控制了人口统计学变量后，以体育核心价值观为自变量，体育行为为因变量进行方程 1：$Y=cX+e1$ 的检验；其中 $c=0.452$，$p<0.001$，说明有显著影响，接下来可进一步进行方程 2 和方程 3 的显著性检验。

步骤二：检验自变量对中介变量的预测作用。在控制了人口统计学变量后，以体育核心价值观为自变量，体育态度为因变量进行方程 2：$M=aX+e2$ 的检验，结果显示，$a=0.646$，$p<0.001$ 说明有显著影响，可进一步进行方程 3 的检验。

表 4-20　**青少年体育态度在体育核心价值观和体育行为的中介效应检验**

	步骤一：体育行为		步骤二：体育态度		步骤三：体育行为	
	β	t	β	t	β	t
身体状况 I	0.392**	2.796	−0.006	−0.046	0.395**	3.056
身体状况 II	0.321*	2.245	−0.102	−0.798	0.366**	2.778

续表

	步骤一：体育行为		步骤二：体育态度		步骤三：体育行为	
	β	t	β	t	β	t
身体状况 III	0.093	0.992	−0.166*	−1.973	0.166	1.911
年级 I	0.096	1.655	0.129*	2.484	0.039	0.730
年级 II	0.204***	3.673	0.066	1.318	0.175**	3.419
年级 III	0.030	0.523	0.082	1.602	−0.006	−0.116
是否运动会	−0.149***	−3.630	−0.116**	−3.132	−0.099**	−2.573
体育核心价值观	0.452***	10.499	0.646***	16.733	0.169***	3.236
体育态度					0.439***	8.372
F	33.478***		53.444***		42.899***	
R^2	0.411		0.527		0.502	
ΔR^2	0.399		0.517		0.490	

步骤三：检验中介变量对因变量的预测作用。在控制了人口统计学变量后，以体育核心价值观为自变量，体育态度为中介变量，体育行为为因变量，进行方程 3：$Y=c'X+bM+e3$ 的显著性检验。由分析结果可知，方程 3 中的 $b=0.439$，$p<0.001$；$c'=0.169$，$p<0.001$ 均具有显著性意义。由此我们可以得出，体育态度在体育核心价值观和体育行为中具有中介效应。接下来检验中介效应到底是部分中介还是完全中介，由表 4-21 可知，体育核心价值观对体育行为的影响系数由之前的 0.452 下降到了 0.169，$p<0.001$，仍然处于显著性水平。由此可知，体育态度在体育行为与体育核心价值观之间起部分中介效应。

表 4-21　　　　　青少年体育核心价值观对体育行为的效应分解

影 响 路 径	标准化效应值	比例
体育核心价值观→体育行为的（直接效应）	0.169	37.4%
体育核心价值观→体育态度→体育行为（中介效应）	0.283	62.6%
体育核心价值观影响体育行为的总效应	0.452	

根据以上结果可以得知自变量体育核心价值观对因变量体育行为的中介效应

不完全通过中介变量体育态度来达到对其的影响，体育核心价值观对因变量体育行为有部分直接效应，为了使三者关系更加明确，通过以上的分析得出效应分解（见表 4-21）和介作用路径图（见图 4-5）。由结果可知，体育核心价值观对因变量体育行为的总效应为 0.452，直接效应为 0.169，间接效应为 0.283，中介效应对总效应的贡献率为：Effect $M = ab/c = 62.6\%$。

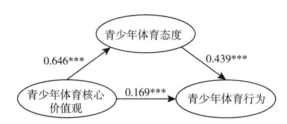

图 4-5 青少年体育态度在体育核心价值观与体育行为中的中介效应模型

（三）青少年体育态度各维度在体育核心价值观和体育行为之间的中介作用检验

为了检验青少年体育态度各维度在青少年体育核心价值观与体育行为是否具有显著的中介作用，以及各维度所占比例，在控制了年级、身体状况、是否参加运动会等人口学统计变量后，采用原中介效应检验程序进行中介效应检验（见表 4-22）。

表 4-22 青少年体育态度各维度在体育核心价值观与体育行为之间的作用

	步骤一 体育行为		步骤二 认知评价		步骤二 情感体验		步骤二 行为意向		步骤三 体育行为	
	β	t	β	t	β	t	β	t	β	t
身体状况 I	0.392**	2.796	−0.010	−0.069	−0.007	−0.056	0.000	−0.002	0.393**	3.090
身体状况 II	0.321*	2.245	−0.125	−0.868	−0.106	−0.795	−0.061	−0.439	0.355**	2.734
身体状况 III	0.093	0.992	−0.138	−1.466	−0.161	−1.837	−0.151	−1.659	0.164	1.921
年级 I	0.096	1.655	0.034	0.581	0.200***	3.677	0.083	1.476	0.024	0.452
年级 II	0.204***	3.673	0.018	0.327	0.079	1.526	0.065	1.204	0.167**	3.312
年级 III	0.030	0.523	0.074	1.282	0.098	1.829	0.055	0.977	−0.004	−0.081
是否参加运动会	−0.149***	−3.630	−0.062	−1.508	−0.095*	−2.451	−0.145***	−3.618	−0.091*	−2.406

续表

	步骤一 体育行为		步骤二 认知评价		步骤二 情感体验		步骤二 行为意向		步骤三 体育行为	
	β	t	β	t	β	t	β	t	β	t
体育核心价值观	0.452 ***	10.499	0.580 ***	13.409	0.621 ***	15.383	0.571 ***	13.611	0.185 ***	3.586
认知评价									−0.080	−1.471
情感体验									0.262 ***	3.541
行为意向									0.264 ***	3.925
F	33.478 ***		43.551 ***		44.769 ***		37.858 ***		37.340 ***	
R^2	0.411		0.406		0.483		0.441		0.519	
ΔR^2	0.399		0.393		0.472		0.429		0.505	

步骤一：检验自变量对因变量的预测作用。在控制了人口统计学变量后，以青少年体育核心价值观为自变量，青少年体育行为为因变量进行方程1：$Y = cX + e1$ 的层次回归检验，结果显示，方程1中的 $c = 0.452$，$p < 0.001$，说明有显著性影响，接下来可进一步进行方程2和方程3的显著性检验。

步骤二：检验自变量对中介变量的预测作用。在控制了人口统计学变量后，（1）以青少年体育核心价值观为自变量，以体育认知评价为因变量进行方程2：$M = aX + e2$ 的检验，结果显示，$a1 = 0.580$，$p < 0.001$ 说明有显著影响；（2）以体育核心价值观为自变量，情感体验为因变量进行方程2：$M = aX + e2$ 的检验，结果显示，$a2 = 0.621$，$p < 0.001$ 说明有显著影响；（3）以体育核心价值观为自变量，行为意向因变量进行方程2：$M = aX + e2$ 的检验，结果显示，$a3 = 0.571$，$p < 0.001$ 说明有显著影响。所以，接下来可进一步进行方程3的检验。

步骤三：检验中介变量对因变量的预测作用。在控制了人口统计学变量后，以体育核心价值观为自变量，体育态度各维度（认知评价、情感体验、行为意向）为中介变量，体育行为为因变量进入方程3：$Y = c'X + bM + e3$ 的显著性检验。由分析结果可知，方程3中的 $c' = 0.185$，$p < 0.001$，同时（认知评价）$b1 = -0.080$，$p = 0.142 > 0.001$；情感体验 $b2 = 0.262$，$p = < 0.001$；行为意向 $b3 = 0.264$，$p = < 0.001$。体育情感体验、行为意向均具有显著性意义。由此我们可以得出，情感体验在体育核心价值观和体育行为中具有中介效应；行为意向在体育行为与体育核心价值观中具有中介效应。

步骤四：因为在步骤三中，在控制了人口统计学变量后，以体育核心价值观为自变量，体育态度各维度（认知评价、情感体验、行为意向）为中介变量，体育行为为因变量，进入回归分析后，最终得出方程3中的 $c' = 0.185$，$p < 0.001$。但是认知评价 $b_1 = -0.080$，$p = 0.142 > 0.001$，出现了不显著现象。根据中介效应检验流程，如果在进行中介检验时，系数 a 和系数 b 一项出现不显著情况，则需要进行 Sobel 检验。根据上文步骤二可以看出，再进行方程2：$M = aX + e2$ 的检验时，结果显示 $a = 0.621$，$p < 0.001$，说明有显著影响，即系数 a_1 是显著的，系数 b_1 不显著。所以需要对其进行 Sobel 检验，来验证体育认知评价是否有中介效应。经过 Sobel 检验（见表4-23），$p = 0.573 > 0.05$，中介效应不显著。所以，体育认知评价在青少年体育行为与体育核心价值观中没有中介效应。

表 4-23 　　　　　　　　　　　**青少年体育认知评价 Sobel test 分析**

参数	值	备注
t	−0.563	
SE	0.082	不显著
p	0.573	

接下来检验体育行为意向与体育情感体验在青少年体育行为与体育核心价值观中是部分中介效应还是完全中介效应，在步骤三中，在控制了人口统计学变量后，体育核心价值观对体育行为的预测系数由 0.452 下降成了 0.185，$p < 0.001$，仍然处于显著性水平。由此可知，体育情感体验、行为意向在体育行为与体育核心价值观之间起部分中介效应。

根据以上结果可以得知自变量青少年体育核心价值观对因变量体育行为有部分直接效应，体育态度的情感体验、行为意向在自变量体育核心价值观与因变量体育行为之间有部分中介效应。为了使三者关系更加明确，通过以上的分析得出表4-24 体育核心价值观对体育行为的效应分解表。发现青少年体育核心价值观对因变量体育行为的总效应为 0.452，直接效应为 0.185，间接效应为 0.267，体育情感体验在体育核心价值观中所占的中介效应贡献率为：Effect $M = ab/c = 36.1\%$；体育行为意向在体育核心价值观中所占的中介效应贡献率为：Effect $M = ab/c = 33.4\%$。从表4-24 中各路径所占比例可以看出，在将体育态度的三个维度代入结构方程模型，进行中介效应检验后，其最终结果与将体育态度代入结构方程模型进行中介效应检验所得出的结果略有不同。从将体育态度的三个维度代入结构方程模型，进行中介效应检验结果来看，直接效应的贡献率为 40.9%，小于中介效应的总贡献率，所以自变量青少年体育核心价值观对因变量体育行为的影响主要是通过中介变量来进行的。而在中介变量的贡献率中，体育情感体验所做的贡献率略高于体育行为意向的贡献率。

表 4-24　　　青少年体育核心价值观对青少年体育行为的效应分解表

影响路径	标准化效应值	比例
青少年体育核心价值观→体育行为（直接效应）	0.185	40.9%
青少年体育核心价值观→认知评价→体育行为	−0.047	−10.4%
青少年体育核心价值观→情感体验→体育行为（中介效应）	0.163	36.1%
青少年体育核心价值观→行为意向→体育行为（中介效应）	0.151	33.4%
青少年体育核心价值观影响体育行为的总效应	0.452	—

　　为了使青少年体育核心价值观，青少年体育认知评价、情感体验、行为意向，青少年体育行为几者关系更加明确，根据以上分析数据，得出体育态度各维度中介效应模型图（见图 4-6）。可知，自变量青少年体育核心价值观对因变量体育行为的中介效应不完全通过中介变量体育态度来达到对其的影响，体育核心价值观对因变量体育行为有部分直接效应。同时体育态度其中 2 个维度体育情感体验、行为意向均对体育核心价值观和体育行为的影响起部分中介作用。

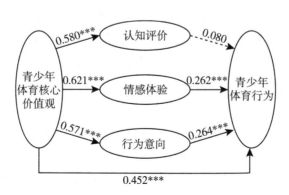

图 4-6　青少年体育态度各维度在体育核心价值观与体育行为之间的中介效应模型图

第四节　青少年体育态度在体育核心价值观与
体育行为之间的中介作用讨论

一、青少年体育态度在体育核心价值观与体育行为间的中介作用

以往研究表明，青少年体育核心价值观会对体育行为产生一定的影响，但是体育核心价值观是否通过其他因素的中介对体育行为产生影响，其作用机制是什么尚不明确。本研究通过纳入青少年体育态度，探讨它在青少年体育核心价值观与体育行为之间的中介效应。通过相关分析、回归分析以及中介效应检验，构建了青少年体育态度中介效应模型，并制作了中介效应所占比例表。从所得出的模型以及比例表中可以看出，体育态度在体育核心价值观与体育行为间起部分中介作用。即青少年体育核心价值观不仅能直接促进体育行为，而且还能通过体育态度来间接促进体育行为。具体而言，即青少年体育核心价值观既可以直接预测体育行为，也能通过体育态度的中介作用来预测体育行为。

然而，尽管青少年体育核心价值观对青少年体育行为有直接影响，其直接效应占37.4%，低于青少年体育核心价值观通过体育态度影响青少年体育行为的间接效应（占62.6%）。换言之，间接作用是青少年体育核心价值观影响体育行为的主要方式，体育核心价值观通过体育态度影响体育行为，即影响关系链条为：青少年体育核心价值观→体育态度→体育行为。该条路径比青少年体育核心价值观直接影响体育行为的路径所得到的效果要好。

此外，关于青少年的体育核心价值观→体育态度→体育行为各方面之间出现不平衡现象。虽然正确的、积极的体育核心价值观对学生生成积极的体育态度具有促进作用。但是并不意味着，学校和家长只注重学生的体育核心价值观的树立，而忽视对于学生运动过程中体育态度的培养。正确积极的青少年体育核心价值观对青少年积极的体育态度具有一定的促进作用，但学生的体育态度并不完全由体育价值观所决定。在研究中发现，学生的终身价值观认同较强，处于较积极的水平；但在青少年体育态度的行为意向中，关于我愿意以后每天参与体育运动的终身体育意愿不是很强烈。由此可知，虽然青少年已经具有积极的终身体育价值观，但是其终身体育的行为倾向并不高。通过提高青少年的体育核心价值观来提高青少年对体育运动态度的积极性，只能作为提高青少年积极体育态度的手段

之一，对于青少年积极体育态度的培养仍需加强。所以，要想提高青少年的体育行为，最终实现终身体育，通过帮助青少年确立正确积极的体育核心价值观还可能无法达到最终的目的，所以，还需要加强青少年积极体育态度的培养。

二、青少年体育态度各维度在体育核心价值观与体育行为间的中介作用

本研究中，将体育态度分为 3 类：体育认知评价、情感体验、行为意向。体育认知评价指：个体参与体育运动导致某种结果的确定认知，以及对这种认知的评价，个体在不同的概括水平上对体育运动的评价。体育情感体验指：个体参与体育运动时所体验到的情感，或想到体育运动时所激发的情感。体育行为意向指：个体是否有参与体育运动的打算，意愿在多大程度上去参与体育运动，计划为此付出多大的努力。

对于青少年体育核心价值观、体育态度是如何影响体育行为的，是否青少年体育核心价值观、体育态度所包含的每一个维度，都会对体育行为产生影响，其作用机制还有待进一步研究。本研究通过将青少年体育态度的三维度作为中介变量，经过回归分析以及中介效应分析，最终构建了中介模型效应图。最终结果显示，在控制了年级、身体状况、是否参加运动会等人口统计学变量后，体育情感体验和行为意向在体育核心价值观与体育行为间都起部分中介作用。即青少年还能通过体育认知评价和体育情感体验来间接促进体育行为。具体而言，即青少年体育核心价值观既可以直接对体育行为正向影响，也能通过体育认知评价和体育情感体验作为中介来提升体育行为。

然而，尽管青少年体育核心价值观对青少年体育行为有直接影响，其直接效应占 40.9%。综合来看，直接效应所占比例低于青少年体育核心价值观通过认知评价和体育情感体验进而影响青少年体育行为的间接效应（占 69.5%）。由此可以看出，青少年体育核心价值观影响体育行为的主要方式是通过间接作用来完成的。在将体育认知评价、情感体验、行为意向纳入自变量与因变量之间后，得出的最终结果显示，体育认知评价的中介效应不显著，情感体验和行为意向的中介效应均显著。

青少年参加体育行为的行为意向就是青少年是否有参加体育运动的倾向，即青少年在内心里是否有参与体育运动的想法，是否有参加体育运动的意愿。青少年对体育的认知评价是表现出青少年对于体育本质的认识，以及对于参与体育运

动所造成的结果的评价。青少年的情感体验是青少年在参与体育运动过程中,体育所带给他的情绪感受,以及在进行体育学习的心理活动。这三者共同作用于学生的体育行为,都对体育行为产生一定的影响。积极的体育态度,有利于青少年产生积极的体育行为。积极的体育态度主要表现为,青少年确立正确的体育认知、建立积极的情感和行为意向,进而促进持久的体育行为的产生;消极的体育态度,对于持久体育行为的产生具有抑制作用。消极的体育态度主要表现为对体育的认知是比较浅、对体育的评价非客观、在参与体育运动时体育情感主要为负面的、有厌恶、排斥等心理;内心对参与体育运动的行为意向是没有的或者是比较少的等,拥有消极体育态度的青少年将无法支持其进行长久的体育行为。所以,在促进青少年进行持久体育行为,最终实现终身体育方面,首先要确保青少年建立正确的体育核心价值观,同时对于体育运动,要激发青少年面对体育的积极态度,同时也要培养青少年养成良好体育运动习惯的意识。即不能仅仅注重对于青少年某一个方面的培养,要全方面、多方位地制定培养计划和方案,确实保证青少年正确体育核心价值观的确立、良好体育态度的养成、良好体育行为的形成,并最终实现终身体育。

第五章　青少年体育核心价值观
对体育行为的影响
——家庭体育支持的调节作用

第一节　本章设计

一、研究目的与调查程序

（一）研究目的

自编《青少年家庭体育支持问卷》，并结合前文所编制的《青少年体育核心价值观问卷》和《青少年体育行为问卷》对青少年学生进行调查，了解青少年学生的家庭体育支持、体育核心价值观及体育行为的现状，分析并检验青少年体育核心价值观与体育行为的关系及家庭体育支持的调节作用。

（二）调查程序

调查工具：（1）自编《青少年家庭体育支持问卷》。（2）前文编制的《青少年体育核心价值观问卷》，该问卷共包含 35 道题目和 2 道测谎题，分属 8 个维度，即安全价值观、交往价值观、健康价值观、道德价值观、能力价值观、终身价值观、竞争价值观、精神价值观。问卷的内部一致性信度 α 系数为 0.95，8 个分维度的内部一致性 α 系数的值均为 0.770 ~ 0.954，重测信度介于 0.763 ~ 0.938；效度分析显示各维度之间以及分维度与总问卷之间相关性显著。（3）前文编制的《青少年体育行为问卷》，该问卷共包含 18 个题目和 1 道测谎题，分属 5 个维度，包括体育学习行为、体育竞技行为、体育道德行为、体育健身行为、体育娱乐行为。该问卷的内部一致性 α 系数为 0.854，5 个分维度的内部一致性 α 系数均在 0.665~0.766，重测信度为 0.637~0.838，具有良好的信度。

调查对象：（1）初测对象：本轮调查对象为华师一附中（初中部）、武钢三中（高中部）和武汉第一初级中学三所中学的学生，共发放问卷299份，回收问卷288份，有效问卷249份，有效回收率83.28%。（2）复测对象：本轮调查对象为武汉市第二十三中学和豹澥中学的学生。共发放问卷255份，回收问卷246份，有效问卷为204份，有效回收率为80%。（3）正式对象：本研究正式调查对象为英格中学、江夏一中、任家路中学、武汉中学、武汉市第十四中学共5所中学的总计490名学生，共回收有效问卷393份，有效回收率为80.2%。其中，男生170人，女生223人；初中221人，高中172人；中心城区243人，远郊城区150人，其他人口学特征分布相对均衡。

二、研究假设与初步模型构建

本书基于对前面研究成果的总结以及研究的理论基础，在此提出本书的相关研究假设。以此来探讨青少年的体育核心价值观、家庭体育支持、体育行为三者之间的关系，本研究主要采用项目分析、探索性因素分析、验证性因素分析、描述性统计分析、独立样本 t 检验、相关分析、回归分析等对所收集到的数据进行分析，来构建青少年体育核心价值观、家庭体育支持与体育行为的关系模型。

（一）青少年体育核心价值观与体育行为关系的研究假设

根据前述文献综述部分对于体育价值观与体育行为关系研究章节，可以发现除个别现象价值观与体育行为出现不一致情形，绝大部分学者认为大多数情况下价值观与行为具有一致性。国内多个调查①②③亦发现价值观与行为高度相关，二者相辅相成，价值观可以直接影响体育行为。甚至，多个学者指出价值观具有规范和禁止功能，是指导行为的决定性因素④⑤⑥⑦。基于此，本书提出关于青

① 马金梁．吉林省高中生体育价值观与体育行为关系研究［D］．长春：吉林大学，2012.

② 胡燕．大学生体育价值观与体育行为的关系研究［D］．昆明：云南师范大学，2015.

③ 于春艳．体育锻炼态度、参与度与体育价值观的相关研究［J］．沈阳体育学院学报，2009，28（3）：53-56.

④ ROKEACH M. The Nature of Human Values［M］. New York：The Free Press, 1973.

⑤ 任海．南京青奥会与我国青少年体育价值观的重塑［J］．体育与科学，2011，32（4）：1-3, 16.

⑥ LEE M J, WHITEHEAD J, NTOUMANIS N, et al. Relationships among values, achievement orientations, and attitudes in youth sport［J］. Journal of Sport and Exercise Psychology, 2008, 30（5）：588-610.

⑦ 唐照华．体育价值观是体育行为的杠杆［J］．成都体育学院学报，1994（4）：67-71.

少年体育核心价值观与体育行为关系的研究假设为：**H5-1：青少年体育核心价值观能显著正向预测体育行为**

（二）家庭体育支持在青少年体育核心价值观与体育行为之间调节作用的研究假设

价值观是文化、社会研究的主要因变量，是态度和行为研究的主要自变量①。体育价值观也普遍被认为是体育行为决定因素，对体育行为具有预测作用。社会生态学理论指出个体行为除受心理因素指导外，外在环境和遗传因素也是行为的促成因素②。勒温公式 $B = f(P, E)$，其中 B 指行为（behavior），P 指人（person），E 指环境（environment），表明个体行为是人与环境的双重作用的结果。家庭是青少年参与体育活动主要场所之一，家庭体育支持在青少年体育扮演重要角色。家庭环境中的家庭体育观念③、家庭成员的体育参与程度④都会影响儿童青少年体育参与行为。总结 Trost S G⑤、Yang⑥ 等学者的研究成果，可知家庭体育支持与青少年的活动行为呈正相关，家长越是支持青少年的体育参与，青少年的体育兴趣就会越高，体育锻炼的次数也会越多。本研究将家庭体育支持设置为调节变量，探究家庭体育支持是否能调节青少年体育核心价值观与体育行为的关系。因此，本研究提出假设为：**假设 H5-2：家庭体育支持在青少年体育核心价值观与体育行为间有调节作用**

根据上述提出的研究假设，可以清晰地整理出本章的研究框架（见图 5-1）：第一个部分是探究青少年体育核心价值观是否能够有效正向地预测体育行为；第二个部分是验证家庭体育支持及各维度在青少年体育核心价值观和体育行为间是否具有调节作用。

---

① ROKEACH M. The Nature of Human Values [M]. Free Press, 1973.

② BRONFENBRENNER U. The Ecology of Human Development: Experiments by Nature and Design [M]. Harvard University Press, 1979.

③ 张凤玲，张兴泉，王亚乒. 家庭影响青少年体育参与的理论模型构建 [J]. 沈阳体育学院学报，2014，33（3）：50-54.

④ 陈金鳌，陆阿明，尹明坤，许玉香. 家庭视域下儿童体育参与影响因素研究 [J]. 南京体育学院学报（社会科学版），2014，28（6）：78-83.

⑤ TROST S G, LOPRINZI P D. Parental influences on physical activity behavior in children and adolescents: A brief review [J]. American Journal of Lifestyle Medicine, 2016, 5 (2): 171-181.

⑥ YANG X L, TELAMA R, LAAKSO L. Parents' physical activity, socioeconomic status and education as predictors of physical activity and sport among children and youths-12-year follow-up study [J]. International Review for the Sociology of Sport, 1996, 31 (3): 273-291.

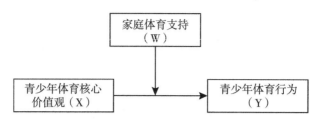

图 5-1　青少年体育核心价值观、青少年体育行为、家庭体育支持理论关系模型

第二节　家庭体育支持问卷编制与检验

一、访谈与初始问卷编制

（一）初步问卷访谈内容

研究者通过归纳整理相关文献资料，结合体育学与心理学教授的指导意见，确定家庭体育支持的访谈提纲，并对 15 名中学生及其对应的 15 名家长进行个别访谈（访谈提纲见附录 5-1）。通过对于访谈结果的归纳与整理，可以得出目前中学生家庭体育支持主要分为以下四个部分：（1）家庭为孩子参与体育锻炼提供一定的物质条件；（2）家长陪伴孩子参与体育锻炼；（3）家长自身有体育锻炼的习惯和爱好；（4）当中学生在体育锻炼中遇到困难时，家长帮助孩子解决问题。

（二）初始问卷编制

依据前文对家庭体育支持的文献回顾，家庭体育支持是家长为达到一定体育教育以及健身锻炼目的，对孩子体育活动提供所需的物质、陪伴、教养和情感等方面的支持。结合 15 位中学生及对应家长的访谈内容，拟定家庭体育支持为 4 个维度，分别为物质支持、陪伴支持、教养支持和情感支持。随后，征求多位专家学者的意见和建议，对问卷进行理解和评价（评价内容见附录 5-2）。初步构建家庭体育支持问卷条目后，将问卷发放给洪山中学的 30 名初二年级的学生，主要目的是通过学生做问卷来反映项目表达的意思是否准确合理，是否符合他们的阅读习惯，对于表达不清的条目进行删除或修改，对于表述不完整的维度添加题项，最终形成了有 4 个维度共 30 个条目的预测问卷（见表 5-1）。在预测问卷中添加了 1 题测谎题（第 24 题），共为 31 个题项，所有条目均采用 Likert 量表 5 级计分，要求被试者据实勾选其中一个选项。

表 5-1 　　　　　　　　　**家庭体育支持预测问卷各维度内容及条目分析表**

维度	主要内容分析	条目	问 卷 条 目
物质支持	家长提供孩子体育物资、资金（包括衣食住行方面）	I1	家长给我买常见的体育器材（如篮球、足球等）
		I2	家长给我买很多运动服、运动鞋等
		I3	家长给我买有关体育健康知识类的书籍
		I4	家长给我补充营养以便参与体育锻炼
		I5	家长给我买专业的体育装备（如轮滑用的护膝、头盔等）
		I6	家长支持我参加各种体育比赛，并提供报名费和食宿费等
		I7	家长会为我办理体育健身卡（如游泳卡等）
		I8	家长把我送至体育培训班学习某项体育运动
教养支持	指家长给孩子讲授体育运动常识，给孩子提供良好的教养，帮助他们形成良好的体育运动习惯。具体表现为家长给孩子提供体育方面的建议、忠告和指导等	I9	家长会给我分享体育锻炼的经验
		I10	家长会给我讲授体育运动常识
		I11	家长在观看体育比赛时给我讲解体育的历史文化背景
		I12	我与家长交流一些关于体育运动方面的意见与看法
		I13	家长在我进行某项体育锻炼时为我提供技术上的指导
		I14	家长教导我如何避免和处理运动损伤
		I15	家长教导我在体育运动中要学会团结同学、互帮互助
		I16	家长教导我在体育运动中要有竞争意识
		I17	家长教导我在体育活动中要尊重对手与裁判
		I18	家长教导我在体育活动中要遵守体育规则
陪伴支持	家长陪伴孩子参与体育锻炼以及家长自身的体育意识与行为，以身作则为孩子树立榜样	I19	我的家长有体育锻炼的习惯
		I20	我的家长会观看各种体育比赛
		I21	我的家长会查阅体育新闻资讯
		I28	家长带我外出旅行、远足
		I29	家长陪伴我一同参与体育运动
		I30	家长在一旁观看我进行体育锻炼
		I31	家长陪我一同观看各种体育比赛

续表

维度	主要内容分析	条目	问 卷 条 目
情感支持	指家长对孩子的关心、理解、爱护，行为表现如：提供尊重、情感、信任、关心和倾听等	I22	家长支持我参与体育锻炼
		I23	在我体育运动遇到挫折时，我的家长会鼓励、安慰我
		I25	家长尊重我对于自己感兴趣的体育运动项目的选择
		I26	在我体育运动取得一定成绩时，我的家长告诉我很棒
		I27	体育运动加深了我与家长的情感交流，促进家庭和睦

二、项目分析

本研究主要采用临界比值法（CR 值）和题总相关法对问卷的各题项的区分度和鉴别度进行分析，并依据相应问卷编制标准删除未达到标准的题项。将初测样本所有被调查者问卷得分总分按降序排列，选前 27% 为高分组，后 27% 为低分组，对高低分的两组在同一条目得分进行独立样本 t 检验，结果表明，除 I14、I16、I29、I30 四个条目得分在高低组间差异不显著之外，其他所有条目的得分均有显著差异，因此，将 I14、I16、I29、I30 四个条目予以删除，余下各条目适合进行进一步的分析。

其次，先计算出问卷中各个维度的克隆巴赫 α 系数和各个题项的题总相关系数（CITC），Nunnally 研究①认为具有较高的克隆巴赫 α 系数和题项间相关系数才能保证变量的测度具有较高的内部一致性，从而满足信度的要求。因此，按照测量标准克隆巴赫 α 系数应大于 0.7，题总相关系数应大于 0.4。经分析（见表 5-2），问卷中各个维度的克隆巴赫 α 系数均超过 0.7，但题项 I3、I7 和 I28 与总分的题总的较低相关系数分别为 0.393、0.357、0.096，其鉴别指数均低于 0.4，因此考虑将这三题删除，剩余 23 个题与题总相关系数均在 0.418~0.723，说明这些题目的区分度很好，适合继续进行下一步分析。

最后，计算各个题项与总分的矫正题总相关性，对于相关系数小于 0.4 的题项进行删除。由表 5-3 可知，家庭体育支持调查问卷的各个题项与总分的相关系数在 0.474~0.746，均高于系数评价标准 0.4，并且均通过了显著性水平检验，

---

① NUNNALLY J C, BERNSTEIN L. Psychometric Theory [M]. Tata McGraw-hill Education, 1994.

说明剩余的 23 个条目与总分具有较高相关性，适合进行探索性因素分析。

表 5-2　　　　家庭体育支持调查问卷一致性系数与题总相关系数表

各维度 α 系数	条目	矫正题总相关	各维度 α 系数	条目	矫正题总相关
物质支持 0.787	I1	0.712***	教养支持 0.796	I9	0.601***
	I2	0.541***		I10	0.525***
	I3	0.397***		I11	0.602***
	I4	0.532***		I12	0.553***
	I5	0.527***		I13	0.637***
	I6	0.724***		I15	0.548***
	I7	0.362***		I17	0.661***
	I8	0.682***		I18	0.710***
情感支持 0.797	I22	0.440***	陪伴支持 0.767	I19	0.632***
	I23	0.418***		I20	0.548***
	I25	0.463***		I21	0.573***
	I26	0.501***		I28	0.096***
	I27	0.640***		I31	0.608***

注：*** 代表 $p<0.001$。

表 5-3　　　　家庭体育支持调查问卷各题项与总分的矫正相关系数表

条目	相关系数	条目	相关系数	条目	相关系数
I1	0.731***	I11	0.615***	I21	0.588***
I2	0.579***	I12	0.587***	I22	0.486***
I4	0.565***	I13	0.666***	I23	0.474***
I5	0.562***	I15	0.567***	I25	0.499***
I6	0.746***	I17	0.657***	I26	0.540***
I8	0.708***	I18	0.711***	I27	0.651***
I9	0.620***	I19	0.643***	I31	0.619***
I10	0.557***	I20	0.559***		

注：*** 代表 $p<0.001$。

三、探索性分析

为确保项目分析后的问卷与之前预想的一致，对项目分析后剩下的 23 个条目进行探索性因素分析。在探索性因素分析之前，首先检验问卷的 Kaiser-Meyer-Olkin（KMO）值并考察 Bartlett's 球形检验的显著性。结果显示 KMO = 0.919，Bartlett's 球形检验结果 $\chi^2 = 3232.754$，$df = 378$，$p = 0.000$，表明观测变量适合做探索性因素分析。

本研究探索性因素分析主要采用主成分分析法和最大方差倾斜旋转法，判别标准选定特征值大于 1，析出因子个数不设限。根据统计学原则，每次因子分析如有因子负荷小于 0.5、共同度小于 0.16、交叉负荷项、因子少于 3 个题目的情况需逐题删除，每次删除一次题目重新进行一次探索性因素分析，直至找出一个较为合理的因子结构。第一次因子分析后依次删去了条目 I21 和 I25，共保留 21 个题目进一步分析。

对剩余的 21 个条目进行因子分析后，各条目探索性因素分析结果见表 5-4，未发现不符合标准情况发生。本轮因子分析青少年体育态度问卷的主成分总共析出 4 个因子，积累解释了 62.936% 的变异量，同时我们利用因子分析碎石图（见图 4-2）进行复查，发现从第 4 个因子开始，碎石图斜率逐渐下降并接近于 1，提示该 4 因子模型较为合理。所有条目共同度详见表 5-4，因子 F1 ~ F4 分别是"教养支持""物质支持""情感支持"和"陪伴支持"。

表 5-4　　　　　　家庭体育支持预测问卷的探索性因素分析结果

条目	F1	F2	F3	F4	共同度
I9	0.758				0.668
I10	0.738				0.584
I11	0.723				0.608
I15	0.718				0.565
I13	0.690				0.648
I17	0.639				0.575
I12	0.630				0.602
I18	0.613				0.629

续表

条目	F1	F2	F3	F4	共同度
I1		0.729			0.744
I8		0.719			0.705
I4		0.655			0.562
I6		0.586			0.646
I5		0.543			0.549
I2		0.502			0.456
I23			0.813		0.669
I22			0.806		0.690
I26			0.621		0.523
I27			0.564		0.610
I20				0.825	0.756
I19				0.785	0.761
I31				0.696	0.665
特征值	8.709	2.122	1.328	1.057	
贡献率（%）	22.621	37.558	50.394	62.936	

在经过上述分析之后，研究人员检验了旋转成分矩阵中可以清晰地看出各个问卷的题项之间存在着明显的因子结构，各个题项的因素负荷值均在 0.5 以上，没有出现交叉负荷，4 个因素结构较为清晰，说明《青少年家庭体育支持调查问卷》中的各个维度具有较好的单维性，由此得出《青少年家庭体育支持调查问卷》的具体题项如表 5-5 所示。

表 5-5 　　　　　　　　　**家庭体育支持正式问卷施测题目**

维度	题目编号	合计
物质支持	I1、I2、I4、I5、I6、I8	6
教养支持	I9、I10、I11、I12、I13、I15、I17、I18	8
陪伴支持	I19、I20、I31	3
情感支持	I22、I23、I26、I27	4

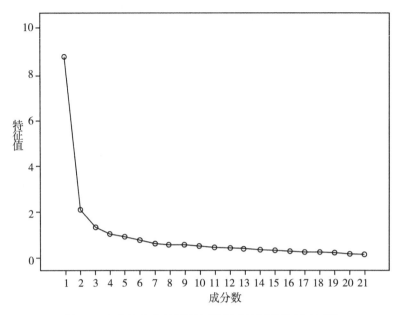

图 5-2　家庭体育支持预测问卷探索性因素分析碎石图

四、验证性分析

为了检验上述探索性因素分析中所得到的结构模型的有效性，本研究将用 AMOS 22.0 对复测调查研究所收集到的 204 份问卷数据进行验证性因素分析，分析结果见表 5-6。表中显示 $\chi^2/\mathrm{d}f = 2.084$，$p < 0.05$，表明模型较好。此外，根据结构模型的各项拟合数据来看，其中 CFI = 0.895、IFI = 0.897、GFI = 0.844、TLI = 0.880，均大于 0.8；RMSEA 为 0.073 小于 0.08。由此可见，构建的青少年体育态度问卷的结构模型的拟合度效果比较好，结构模型图见图 5-3。

表 5-6　　　　　　　家庭体育支持调查问卷 4 因素模型拟合指标

拟合指数	χ^2	df	$\chi^2/\mathrm{d}f$	RMSEA	GFI	IFI	CFI	TLI
4 因素模型	381.428	183	2.084	0.073	0.844	0.897	0.895	0.880

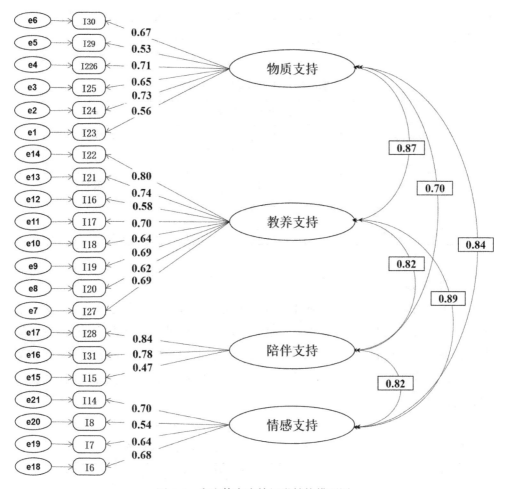

图 5-3 家庭体育支持问卷结构模型图

五、问卷的信效度分析

(一)信度分析

本研究采用内部一致性信度系数,即克隆巴赫 α 系数作为主要检测信度的指标,对复测对象的 204 份有效问卷进行检验,结果显示(见表 5-7),家庭体育支持问卷总 α 系数为 0.930,各分维度为 0.716~0.873。由此可以说明家庭体育支持问卷的信度系数良好,可信度较高。并在时隔一个月之后对华师一附中(初中部）的 40 名学生进行了重测信度的检验，从表 5-7 可以看出各维度的重测信度在 0.700~0.814，家庭体育支持总分的重测信度为 0.828，均达到了较高的水平。说明本研究所编制量表跨时间稳定性较好，问卷整体信度可靠。

表 5-7　　　　　　　　　　家庭体育支持问卷的信度系数

维度	内部一致性 α 系数	重测信度
物质支持	0.804	0.768
教养支持	0.873	0.700
陪伴支持	0.716	0.814
情感支持	0.719	0.782
家庭体育支持	0.930	0.828

（二）效度分析

首先，我们邀请相关专家对本研究所编制量表的内容效度进行评定，保证了本量表具有良好的内容效度。其次，我们对本次编制问卷的分维度与总问卷之间做了相关分析（见表 5-8），家庭体育支持问卷分维度之间以及与总量表的相关性显著，且分维度与总量表相关系数高于分维度间相关系数，这说明本研究编制问卷的内部结构效度良好。

表 5-8　　　　　家庭体育支持问卷各维度及其与总问卷的相关矩阵

维度	物质支持	教养支持	陪伴支持	情感支持	家庭体育支持
物质支持	1				
教养支持	0.730 ***	1			
陪伴支持	0.588 ***	0.670 ***	1		
情感支持	0.644 ***	0.733 ***	0.634 ***	1	
家庭体育支持	0.873 ***	0.937 ***	0.788 ***	0.845 ***	1

注：*** 代表 $p<0.001$。

综上所述，本研究所编制的《青少年家庭体育支持问卷》（见附录 5-3，其中 15 题为测谎题）具有较好的信度和效度，能够为后期深入研究家庭体育支持提供可靠的研究工具。具体的维度及其所对应的条目如下：物质支持包括 I1、I2、I4、I5、I6、I8 题共 6 个题目；教养支持包括 I9、I10、I11、I12、I13、I15、I17、I18 题共 8 个题目；陪伴支持包括 I19、I20、I31 题共 3 个题目；情感支持包含 I22、I23、I26、I27 共 4 个题目。

第三节　家庭体育支持在体育核心价值观与体育行为之间的调节作用分析

一、青少年体育核心价值观、体育行为与家庭体育支持的现状与特征

本书根据前文编制的《青少年体育核心价值观问卷》《青少年体育行为问卷》和《青少年家庭体育支持问卷》作为调查工具，对本章正式对象的 490 名青少年学生进行调查。将调查数据作为本研究中介分析的依据。由于第二章与第三章已对全国范围内青少年体育核心价值观与体育行为的现状与特征做出详细分析，且本章相关调查结果与前文基本一致。为避免叙述冗长，本章节仅对青少年家庭体育支持的现状与特征进行描述。

（一）家庭体育支持整体状况

根据本书所收集到的 393 份青少年家庭体育支持有效问卷，进行家庭体育支持总分以及各维度的平均数和标准差统计分析（见表 5-9）。家庭体育支持单项均值总分为 3.941 分，远高于其中等临界值（3 分）；从各分维度得分来看，物质支持、教养支持、陪伴支持和情感支持分别为 4.044、4.114、3.601 和 3.697 分，均高于其中等临界值（3 分）。这些数据说明我国青少年对体育的核心价值认识处于中等偏上水平，整体呈现积极态势。在各维度排序上，教养支持得分最高，物质支持次之，陪伴支持得分较差，说明家庭对目前青少年体育的支持以教养和物质为主，陪伴和情感的支持相对不足。

表 5-9　　　　　　　　　家庭体育支持整体状况（$N = 393$）

维度	极小值	极大值	单项均值	标准差
物质支持	1.00	5.00	4.044	0.855
教养支持	1.00	5.00	4.114	0.757

续表

维度	极小值	极大值	单项均值	标准差
陪伴支持	1.00	5.00	3.601	0.797
情感支持	1.50	5.00	3.697	0.689
家庭体育支持	1.90	4.95	3.941	0.623

二、青少年体育核心价值观、体育行为与青少年家庭体育支持的相关分析

本研究通过采用 Person 相关分析来考察青少年体育核心价值观、家庭体育支持和体育行为以及各维度上是否存在相关关系。结果如表 5-10 所示，青少年体育核心价值观与体育行为，青少年体育核心价值观与家庭体育支持，家庭体育支持与体育行为均呈现显著正相关，相关系数分别为 0.561、0.485 和 0.568 分。并且自变量青少年体育核心价值观与因变量体育行为的 5 个维度上也呈现显著正相关，相对应的系数分别为 0.472、0.499、0.352、0.400 和 0.285 分；青少年体育核心价值观与家庭体育支持的 4 个测量维度也呈显著正相关，相对应的系数分别是 0.335、0.472、0.402 和 0.296 分；体育行为与家庭体育支持的 4 个维度也均呈显著正相关，相对应的系数分别为 0.343、0.554、0.471、0.431 分。以上 Person 相关分析可以说明青少年体育核心价值观与体育行为存在显著的正相关。

三、青少年体育核心价值观、体育行为与家庭体育支持的回归分析

（一）青少年体育行为对体育核心价值观的回归分析

采用层级回归分析方法，将年级、身体状况等人口统计学变量作为控制变量纳入回归模型，控制变量采用哑变量的方法进行设置，再将因变量（青少年体育行为）和自变量（青少年体育核心价值观）逐步加入回归模型中，探索自变量与因变量之间的关系。结果如表 5-11 所示，自变量青少年体育核心价值观的方差膨胀因子（VIF）数值为 1.209，小于 10，说明青少年体育核心价值观与体育行为间的回归模型不具有多重共线性问题。D-W 值为 1.907 小于 2，表明无序列自相关现象。回归结果表明，控制人口统计学变量后，青少年体育核心价值观对体育行为解释力增加 39.9%（$F = 33.478$，$p < 0.001$），能有效预测体育行为（$\beta = 0.452^{***}$，$t = 10.499$），假设 H5-1 成立。

青少年体育核心价值观、家庭体育支持和体育行为相关分析

表 5-10

	V	V-健康	V-道德	V-能力	V-安全	V-交往	V-竞争	V-精神	V-终身	S	S-物质	S-教养	S-陪伴	S-情感	B	B-学习	B-健身	B-道德	B-竞技	B-娱乐
V	1																			
V-健康	0.706**	1																		
V-道德	0.911**	0.594**	1																	
V-能力	0.605**	0.594**	0.725**	1																
V-安全	0.846**	0.535**	0.780**	0.660**	1															
V-交往	0.806**	0.464**	0.693**	0.590**	0.643**	1														
V-竞争	0.878**	0.525**	0.771**	0.648**	0.712**	0.680**	1													
V-精神	0.893**	0.573**	0.797**	0.691**	0.701**	0.687**	0.804**	1												
V-终身	0.795**	0.563**	0.687**	0.606**	0.580**	0.572**	0.643**	0.695**	1											
S	0.485**	0.313**	0.512**	0.158**	0.419**	0.377**	0.443**	0.465**	0.391**	1										
S-物质	0.335**	0.249**	0.391**	0.135**	0.287**	0.231**	0.284**	0.320**	0.236**	0.848**	1									
S-教养	0.472**	0.331**	0.473**	0.161**	0.391**	0.358**	0.432**	0.448**	0.410**	0.909**	0.693**	1								
S-陪伴	0.402**	0.194**	0.404**	0.106*	0.371**	0.346**	0.354**	0.391**	0.374**	0.715**	0.446**	0.565**	1							
S-情感	0.296**	0.127*	0.316**	0.056	0.274**	0.274**	0.317**	0.291**	0.192**	0.552**	0.256**	0.340**	0.454**	1						

续表

	V	V-健康	V-道德	V-能力	V-安全	V-交往	V-竞争	V-精神	V-终身	S	S-物质	S-教养	S-陪伴	S-情感	B	B-学习	B-健身	B-道德	B-竞技	B-娱乐
B	0.561**	0.291**	0.519**	0.304**	0.476**	0.447**	0.564**	0.500**	0.481**	0.568**	0.343**	0.554**	0.471**	0.431**	1					
B-学习	0.472**	0.253**	0.446**	0.386**	0.411**	0.412**	0.428**	0.442**	0.390**	0.503**	0.302**	0.470**	0.437**	0.415**	0.773**	1				
B-健身	0.499**	0.273**	0.464**	0.359**	0.398**	0.405**	0.510**	0.424**	0.445**	0.476**	0.279**	0.496**	0.380**	0.322**	0.843**	0.555**	1			
B-道德	0.352**	0.256**	0.366**	0.073	0.313**	0.265**	0.318**	0.336**	0.303**	0.810**	0.690**	0.902**	0.437**	0.202**	0.433**	0.364**	0.384**	1		
B-竞技	0.400**	0.197**	0.368**	0.250**	0.298**	0.312**	0.402**	0.370**	0.363**	0.342**	0.239**	0.307**	0.300**	0.244**	0.690**	0.409**	0.535**	0.228**	1	
B-娱乐	0.285**	0.112**	0.240**	0.161**	0.293**	0.211**	0.322**	0.255**	0.235**	0.335**	0.165**	0.323**	0.299**	0.313**	0.709**	0.473**	0.409**	0.238**	0.279**	1

注：V=青少年体育核心价值观；A=青少年体育态度；B=青少年体育行为；V-健康=健康价值观；V-道德=道德价值观；V-能力=能力价值观；V-安全=安全价值观；V-交往=交往价值观；V-竞争=竞争价值观；V-精神=精神价值观；V-终身=终身价值观；T-认知=认知评价；T-情感=情感体验；T-行为=行为意向；B-学习=学习行为；B-健身=健身行为；B-道德=道德行为；B-竞技=竞技行为；B-娱乐=娱乐行为。

* 代表 $p<0.05$，** 代表 $p<0.01$，*** 代表 $p<0.001$。

表 5-11　　　　青少年体育行为对体育核心价值观的回归分析表

变量	体育行为		共性诊断	
	β	t	容忍度	VIF
年级 1	0.096	1.655	0.456	2.191
年级 2	0.204***	3.673	0.499	2.005
年级 3	0.030	0.523	0.466	2.147
身体状况 1	0.392**	2.795	0.078	12.818
身体状况 2	0.321*	2.245	0.075	13.328
身体状况 3	0.093	0.992	0.175	5.725
是否参加过运动会	−0.149***	−3.630	0.905	1.105
青少年体育核心价值观	0.452***	10.499	0.827	1.209
F	33.478***			
R^2	0.411			
ΔR^2	0.399			
D-W	1.907			

四、家庭体育支持在青少年体育核心价值观和体育行为之间的调节作用分析

(一) 调节作用的概念

Baron 和 Kenny[①] 最早对调节作用的概念进行界定。他们认为调节变量不同于中介变量，调节变量的作用是要解释在什么条件下自变量会影响因变量。简单来说，当自变量与因变量的相关大小或正负方向受到其他因素的影响时，而这个其他因素就是该自变量与因变量之间的调节变量。

如图 5-4 所示，调节变量 W 对自变量 X 和因变量 Y 的调节作用可以通过下面

---

① BARON R M, KENNY D A. The moderator-mediator variable distinction in social psychological research: Conceptual, strategic, and statistical considerations [J]. Journal of Personality and Social Psychology, 1986, 51 (6): 1173.

的交互模型来进行判断：如果变量 X 和 Y 的关系受到 W 变量的影响，则称 W 为调节变量。这种调节变量可以是定性的变量，如：性别、年级、种族等，也可以是定量的变量，如：年龄、受教育的年限等。它主要影响因变量 Y 和自变量 X 之间关系的方向正或负和强弱①。

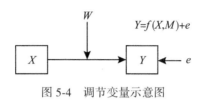

图 5-4　调节变量示意图

（二）家庭体育支持在青少年体育核心价值观与体育行为间的调节作用检验

在上文回归分析中，我们得出青少年体育核心价值观与体育行为存在因果关系。因此，本研究在此基础上继续探究家庭体育支持是否能够调节青少年体育核心价值观与体育行为及各维度间的关系。为了避免自变量与调节变量的相关，需要对各变量进行中心化处理。通过多元回归依次进行分析，第一步（S1）：将控制变量（年级、身体状况和是否参加过运动会）作为第一层变量引入方程；第二步（S2）：将自变量和调节变量作为第二层变量引入回归方程；第三步（S3）：将自变量与调节变量的交互项作为第三层变量引入回归方程，若交互效应项的回归系数达到显著性水平，则说明调节效应显著。

回归结果见表 5-12，青少年体育核心价值观与家庭体育支持乘积项的 VIF 值为 1.181、D-W 值为 1.921，表明该组数据间无序列自相关现象、回归模型各变量间不存在多重共线性问题。回归结果表明，控制人口学统计变量后，以青少年体育核心价值观为自变量，以青少年体育行为为因变量，家庭体育支持能够显著调节青少年体育核心价值观对体育行为的作用（$\beta = 0.902^*$，$t = 2.327$），该变量进入模型对青少年体育行为的解释能力显著增加了 48.3%（$F = 37.549$，$p < 0.001$），假设 H5-2 成立。

① 温忠麟，侯杰泰，张雷．调节效应与中介效应的比较和应用 [J]．心理学报，2005（2）：268-274.

表 5-12　家庭体育支持对青少年体育核心价值观与体育行为间的调节作用分析

		S2		S3		共性诊断	
		β	t	β	t	容忍度	VIF
S1：	年级 1	0.091	1.683	0.094	1.753	0.456	2.193
	年级 2	0.195***	3.760	0.187***	3.620	0.496	2.015
	年级 3	0.076	1.414	0.090	1.665	0.454	2.201
	身体状况 1	0.432**	3.297	0.459***	3.513	0.077	12.943
	身体状况 2	0.371**	2.779	0.413**	3.082	0.074	13.605
	身体状况 3	0.163	1.851	0.183*	2.084	0.171	5.846
	是否参加过运动会	-0.094*	-2.400	-0.096*	-2.466	0.873	1.145
S2：	青少年体育核心价值观	0.317**	7.627	0.342***	7.599	0.652	1.535
	家庭体育支持	0.336***	7.211	0.346***	7.860	0.682	1.466
S3：	青少年体育核心价值观 * 家庭体育支持			0.902*	2.327	0.847	1.181
	F	40.651***		37.549***			
	R^2	0.489		0.496			
	ΔR^2	0.477		0.483			
	D-W	1.921					

为了进一步了解家庭体育支持在青少年体育核心价值观与体育行为之间的机制，本研究采用简单斜率分析来考察家庭体育支持的调节效应，下同。首先，将家庭体育支持得分的前 27% 的被试作为高家庭体育支持组（$N=110$），以家庭体育支持得分的后 27% 的被试作为低家庭体育支持组（$N=108$）；其次，分别对家庭体育支持的高分组、低分组一元线性回归，以青少年体育核心价值观为自变量，以体育行为的得分为因变量。

由表 5-13 可以看出，高家庭体育支持与低家庭体育支持的标准化回归系数 β 分别为 0.520（$t=6.081$，$p<0.01$）和 0.349（$t=3.840$，$p<0.01$）。首先，得出高家庭体育支持的一元回归方程是：体育行为 = 0.637×青少年体育核心价值观 + 1.360，其回归系数在统计学上存在显著性差异；低家庭体育支持的一元回归方程是：体育行为 = 0.324×青少年体育核心价值观 + 1.630，其回归系数在统计学上

存在显著性差异。

表 5-13　　　　　　　　　　家庭体育支持的一元线性回归分析

调节变量	自变量	非标准化回归系数		标准化	t	R^2	F
		β	SE	β			
高分组 （常数项）	青少年体育核心 价值观	0.637	0.105	0.520 **	6.081	0.446	11.715 **
		1.360	0.500				
低分组 （常数项）	青少年体育核心 价值观	0.324	0.084	0.349 **	3.840	0.319	6.695 **
		1.630	0.322				

　　然后，将青少年体育核心价值观这一自变量进行高低分组，青少年体育核心价值观得分高的 27% 为高价值观得分组（ $N=110$ ），得分低的 27% 为低价值观得分组（ $N=109$ ），并计算出高低价值观得分组的均值，即高价值观得分组均值为4.57，低价值观得分组均值为 3.80。最后，分别将高低价值观得分组的均值代入一元回归方程中，同时在 Excel 中分别绘制出高家庭体育支持及低家庭体育支持与青少年体育核心价值观与体育行为之间的回归线，回归线如图 5-5 所示。可以看出：无论家庭体育支持得分高低，青少年体育行为均会随着体育核心价值观的增加而增加，高家庭体育支持增加的幅度大一些，说明家庭体育支持调节了青少年体育核心价值观与体育行为间关系的强度。

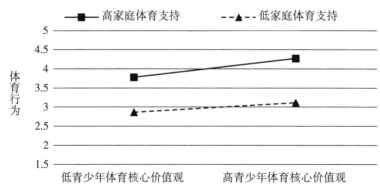

图 5-5　家庭体育支持对青少年体育核心价值观与体育行为间的调节效应图

（三）家庭体育支持各维度在青少年体育核心价值观与体育行为间的调节作用检验

由于上文中家庭体育支持在青少年体育核心价值观与体育行为间的调节作用显著，为进一步探讨调节变量中各维度在青少年体育核心价值观与体育行为间是否具有调节作用，因此将调节变量家庭体育支持的四个维度，即物质支持、教养支持、陪伴支持和情感支持分别代入各自方程中进行检验。

首先，检验物质支持的调节作用，结果如表 5-14 所示：青少年体育核心价值观与物质支持乘积项的 VIF 值为 1.114、D-W 值为 1.909，表明该组数据间无序列自相关现象、各变量间不存在多重共线性问题。回归结果表明，控制人口学统计变量后，以青少年体育核心价值观为自变量，以青少年体育行为为因变量，物质支持能够显著调节青少年体育核心价值观对体育行为的作用（$\beta = 0.751^*$，$t = 2.108$），该变量进入模型对青少年体育行为的解释能力显著增加了 41.3%（$F = 28.606$，$p < 0.001$）。

表 5-14　物质支持对青少年体育核心价值观与体育行为间的调节作用分析

		S2		S3		共性诊断	
		β	t	β	t	容忍度	VIF
S1：	年级 1	0.094	1.628	0.098	1.717	0.456	2.195
	年级 2	0.203^{***}	3.694	0.201^{***}	3.663	0.498	2.006
	年级 3	0.063	1.077	0.076	1.295	0.440	2.272
	身体状况 1	0.410^{**}	2.946	0.420^{**}	3.024	0.078	12.862
	身体状况 2	0.337^{*}	2.374	0.361^{*}	2.548	0.074	13.441
	身体状况 3	0.110	1.184	0.116	1.249	0.174	5.758
	是否参加过运动会	-0.129^{**}	-3.103	-0.130^{**}	-3.138	0.874	1.144
S2：	青少年体育核心价值观	0.422^{***}	9.533	0.072	0.417	0.751	1.331
	物质支持	0.118^{***}	2.656	-0.428	-1.630	0.753	1.329
S3：	青少年体育核心价值观 * 物质支持			0.751^{*}	2.108	0.898	1.114

续表

	S2		S3		共性诊断	
	β	t	β	t	容忍度	VIF
F	31.012***		28.606***			
R^2	0.422		0.428			
ΔR^2	0.408		0.413			
D-W	1.909					

　　为了进一步了解物质支持在青少年体育核心价值观与体育行为之间的机制，将物质支持得分为前 27% 的被试为高物质支持（$N=106$）和后 27% 的被试为低物质支持（$N=104$），因此得出体育核心价值观与体育行为的标准化回归系数 β 在高物质支持与低物质支持分别为 0.508（$t=5.910$，$p<0.01$）和 0.402（$t=4.544$，$p<0.01$）。因此，高物质支持的一元回归方程为：体育行为 $=0.637\times$体育核心价值观 $+1.351$，回归系数存在显著性；低物质支持的一元回归方程是：体育行为 $=0.419\times$体育核心价值观 $+0.571$，回归系数存在显著性。通过 Excel 绘制调节效应图，如图 5-6 所示，无论物质支持得分高低，青少年体育行为均会随着体育核心价值观的增加而增加，高物质支持增加的幅度大一些，说明物质支持调节了青少年体育核心价值观与体育行为间关系的强度。

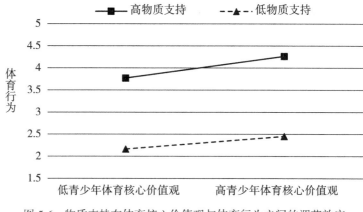

图 5-6　物质支持在体育核心价值观与体育行为之间的调节效应

其次，将家庭体育支持的教养支持维度数据代入方程，结果如表 5-15 所示。青少年体育核心价值观与教养支持乘积项的 VIF 值为 1.189、D-W 值为 1.899，表明该组数据间无序列自相关现象、各变量间不存在多重共线性问题。回归结果表明，控制人口学统计变量后，以青少年体育核心价值观为自变量，以青少年体育行为为因变量，教养支持能够显著调节青少年体育核心价值观对体育行为的作用（$\beta = 0.726^*$，$t = 2.208$），该变量进入模型对青少年体育行为的解释能力显著增加了 48.1%（$F = 37.298$，$p < 0.001$）。

表 5-15　教养支持对青少年体育核心价值观与体育行为间的调节作用分析

		S2		S3		共性诊断	
		β	t	β	t	容忍度	VIF
S1：	年级 1	0.106	1.955	0.108*	2.005	0.456	2.193
	年级 2	0.227***	4.373	0.222***	4.298	0.496	2.016
	年级 3	0.111*	2.025	0.125*	2.278	0.442	2.263
	身体状况 1	0.401**	3.063	0.448***	3.391	0.076	13.153
	身体状况 2	0.342*	2.557	0.400**	2.950	0.072	13.855
	身体状况 3	0.139	1.587	0.174	1.958	0.168	5.937
	是否参加过运动会	−0.095*	−2.417	−0.093*	−2.386	0.874	1.144
S2：	青少年体育核心价值观	0.324***	7.432	−0.030**	−2.182	0.680	1.470
	教养支持	0.335***	7.570	−0.142	−0.645	0.661	1.513
S3：	青少年体育核心价值观 * 教养支持			0.726*	2.208	0.841	1.189
	F	40.490***		37.298***			
	R^2	0.488		0.494			
	ΔR^2	0.476		0.481			
	D-W			1.899			

为了进一步了解教养支持在青少年体育核心价值观与体育行为之间的机制，将教养支持得分为前 27% 的被试为高教养支持（$N = 112$）和后 27% 的被试为低教养支持（$N = 117$），因此得出青少年体育核心价值观与体育行为的标

准化回归系数 β 在高教养支持与低教养支持分别为 0.406（$t=4.607$，$p<0.01$）和 0.276（$t=3.025$，$p<0.01$）。因此，高教养支持的一元回归方程为：体育行为 = 0.497×青少年体育核心价值观+1.528，回归系数存在显著性；低教养支持的一元回归方程是：体育行为 = 0.264×青少年体育核心价值观+1.291，回归系数存在显著性。通过 Excel 进行绘制调节效应图，如图 5-7 所示，无论教养支持得分高低，青少年体育行为均会随着体育核心价值观的增加而增加，高教养支持增加的幅度大一些，说明教养支持调节了青少年体育核心价值观与体育行为间关系的强度。

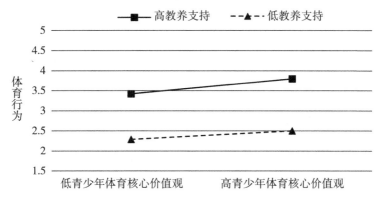

图 5-7 教养支持在青少年体育核心价值观与体育行为之间的调节效应图

然后，将家庭体育支持的陪伴支持维度数据代入方程，结果如表 5-16 所示。青少年体育核心价值观与陪伴支持乘积的 VIF 值为 1.135、D-W 值为 1.920，表明该组数据间无序列自相关现象、各变量间不存在多重共线性问题。人口统计学变量中年级 2、身体状况 1、身体状况 2 和是否参与运动会在体育行为上存在显著性差异（$p<0.05$），然而青少年体育核心价值观与陪伴支持的交互作用不存在显著性差异（$p=0.113>0.05$），因此可以得出陪伴支持在青少年体育核心价值观与体育行为间不存在调节作用。回归结果表明，控制人口学统计变量后，以青少年体育核心价值观为自变量，以青少年体育行为为因变量，陪伴支持未能显著调节青少年体育核心价值观对体育行为的作用（$\beta=0.589$，$t=1.589$）。

表 5-16　　陪伴支持对青少年体育核心价值观与体育行为的调节作用分析

		S2		S3		共性诊断	
		β	t	β	t	容忍度	VIF
S1:	年级 1	0.078	1.418	0.085	1.550	0.452	2.212
	年级 2	0.181**	3.435	0.179**	3.395	0.496	2.016
	年级 3	−0.011	−0.208	−0.002	−0.031	0.454	2.202
	身体状况 1	0.454**	3.409	0.441**	3.312	0.077	12.930
	身体状况 2	0.419**	3.075	0.411**	3.019	0.074	13.504
	身体状况 3	0.168	1.878	0.167	1.873	0.172	5.819
	是否参加过运动会	−0.125**	−3.188	−0.128**	−3.258	0.896	1.116
S2:	青少年体育核心价值观	0.349***	7.991	0.094	0.568	0.677	1.478
	陪伴支持	0.277***	6.677	−0.154	−0.560	0.792	1.262
S3:	青少年体育核心价值观 * 陪伴支持			0.589	1.589	0.881	1.135
	F	38.089***		34.669***			
	R^2	0472		0.476			
	ΔR^2	0.460		0.462			
	D-W			1.920			

最后，将家庭体育支持的情感支持维度数据代入方程，结果如表 5-17 所示。青少年体育核心价值观和情感支持乘积的 VIF 值为 1.094、D-W 值为 1.956，表明该组数据间无序列自相关现象、各变量间不存在多重共线性问题。回归结果表明，控制人口学统计变量后，以青少年体育核心价值观为自变量，以青少年体育行为为因变量，情感支持未能显著调节青少年体育核心价值观对体育行为的作用（$\beta = 0.607$，$t = 1.716$）。

综上，通过多元层级回归分析对家庭体育支持及其各维度：物质支持、教养支持、陪伴支持和情感支持分别在青少年体育核心价值观与体育行为之间调节作用。得出如下结论：家庭体育支持中物质支持和教养支持能显著调节青少年体育核心价值观与体育行为间关系的强度，而陪伴支持和情感支持未能显著调节青少年体育核心价值观与体育行为间的关系。

表 5-17 情感支持对青少年体育核心价值观与体育行为的调节作用分析

		S2		S3		共性诊断	
		β	t	β	t	容忍度	VIF
S1:	年级 1	0.084	1.539	0.079	1.448	0.455	2.199
	年级 2	0.147**	2.778	0.136*	2.556	0.480	2.085
	年级 3	−0.043	−0.787	−0.041	−0.746	0.448	2.232
	身体状况 1	0.396**	2.993	0.405**	3.063	0.078	12.836
	身体状况 2	0.325*	2.406	0.337*	2.500	0.075	13.366
	身体状况 3	0.141	1.590	0.143	1.614	0.174	5.762
	是否参加过运动会	−0.142***	−3.656	−0.145***	−3.745	0.902	1.108
S2:	青少年体育核心价值观	0.377***	8.947	0.066	0.358	0.746	1.340
	情感支持	0.279***	6.910	−0.155	−0.606	0.838	1.196
S3:	青少年体育核心价值观 * 情感支持			0.607	1.716	0.914	1.094
	F	38.688***		35.290***			
	R^2	0.476		0.480			
	ΔR^2	0.464		0.467			
	D-W	1.956					

五、小结

本章采用分层回归分析的方法来考察家庭体育支持在青少年体育核心价值观与体育行为之间的调节作用。研究发现,无论家庭体育支持得分高低,青少年体育行为均会随着体育核心价值观的增加而增加,但对较低家庭体育支持而言,高家庭体育支持情境下青少年体育行为随着体育核心价值观增加的幅度大一些,说明家庭体育支持调节了青少年体育核心价值观与体育行为间关系的强度。进一步探讨家庭体育支持中各维度在青少年体育核心价值观与体育行为之间的调节作用,结果表明物质支持和教养支持调节了青少年体育核心价值观与体育行为间关系的强度,而陪伴支持与情感支持未能调节青少年体育核心价值观与体育行为之间的关系。

物质支持是体育锻炼活动的基础性保障，随着新时代的到来，人们的生活水平得到了不断地提升，青少年身体健康的重要性逐渐被家长们所认识，对于青少年在体育运动时所需的体育器材更是尽可能地满足，正所谓工欲善其事，必先利其器。家长对于孩子在体育物质上的需求总是有求必应，家中的体育器材也是非常多，例如：篮球、羽毛球、乒乓球等，甚至有的家中还给孩子配备了跑步机、跳舞毯等，这些物质为孩子们进行体育锻炼提供了客观条件。教养支持也是家庭体育支持中非常重要的一个环节，它是指家人给孩子讲授体育运动的知识与常识，将自己的运动经验分享给孩子。教养支持在青少年体育核心价值观和体育行为之间有正向调节的作用，说明青少年所获得的教养支持越高，他的体育核心价值观影响体育行为的状况也就越明显。提示在家庭体育的发展过程中，家人可以通过增加对青少年体育运动的教导来促进其体育行为的增加。

而陪伴支持对于青少年体育行为的影响，其中有很大一部分表现为父母自身的体育运动行为习惯。父母自身的体育经历，作为对于体育运动的情感倾向而存在，依然影响着他们现在的体育行为，并且部分家长迄今依然会保持一定的运动习惯。在日常生活中，他们的行为习惯会潜移默化地影响青少年，青少年会对家长的行为展开模仿，并逐渐形成自己的行为习惯。另一方面表现在父母的体育参与，所谓身教胜于言传，父母的体育参与对青少年的体育行为起着引导和榜样示范的作用。身教重于言传是中国家庭教育的优良传统，父母通过自身良好的行为去感染孩子，促使其效法。

而本研究中陪伴支持在青少年体育核心价值观与体育行为间调节效应不显著，当然这也可能反映出当前家庭体育支持中陪伴支持水平不佳。结合对青少年学生及其家长的访谈结果综合分析形成当前结论的原因有以下两点：（1）当前青少年家长自身的体育行为较少，几乎不会主动参与体育锻炼。（2）家长陪伴孩子的时间不多。综上所述，陪伴支持对青少年体育核心价值观和体育行为间的调节作用反映了当前家庭体育发展的现状，同时也反映出了青少年成长过程中的一些特性。当前学校、家庭和社区联动政策的措施使得家庭体育支持的发展正逐步朝着好的方向发展，虽然目前的收效不够明显，但我们期待家庭体育可以与学校体育有效衔接，共同促进青少年健康茁壮成长。

最后，在青少年的家庭体育支持问卷调查中，青少年对于情感支持的均值得分较低，由此说明当前家庭体育支持中情感支持的现状并不理想，这从侧面反映出了当前家庭体育发展正面临的严重问题，即家庭成员在青少年进行体育运动时缺乏情感关怀。情感支持在体育核心价值观与体育行为中的调节作用不显著，其部分原因可能是由于青少年进行体育锻炼的场所大多是在学校或是各种体育培训机构，较少与家人共同参与，因此大多青少年没有明确认识到体育运动可以加深与家人的关系。青少年的身心发展是一个复杂的过程，它不仅仅是孩子们的成长，也是家长们的学习过程，更是一个家庭的体育发展。它需要每一位家长的用心灌溉，需要在家庭支持中的多方面的共同努力。

第六章　青少年体育核心价值观
对体育行为的影响
——学校体育环境的调节作用

第一节　本章设计

一、研究目的与调查程序

（一）研究目的

本书将自编《青少年学校体育环境问卷》，并结合前文所编制的《青少年体育核心价值观问卷》和《青少年体育行为问卷》对青少年学生进行调查，了解青少年学生的学校体育环境现状，分析并检验青少年体育核心价值观与体育行为的关系及家庭体育支持的调节作用。

（二）调查程序

调查工具：（1）自编《青少年学校体育环境问卷》。（2）前文编制的《青少年体育核心价值观问卷》，该问卷共包含 35 道题目和 2 道测谎题，分属 8 个维度，即安全价值观、交往价值观、健康价值观、道德价值观、能力价值观、终身价值观、竞争价值观、精神价值观。问卷的内部一致性信度 α 系数为 0.95，8 个分维度的内部一致性 α 系数的值均在 0.770 ~ 0.954，重测信度介于 0.763 ~ 0.938；效度分析显示各维度之间以及分维度与总问卷之间相关性显著。（3）前文编制的《青少年体育行为问卷》，该问卷共包含 18 个题目和 1 道测谎题，分属 5 个维度，包括体育学习行为、体育竞技行为、体育道德行为、体育健身行为、体育娱乐行为。该问卷的内部一致性 α 系数为 0.854，5 个分维度的内部一致性 α 系数均在 0.665~0.766，重测信度为 0.637~0.838，具有良好的信度。

调查对象：（1）初测对象：本轮调查对象为华中师范大学附属中学光谷分

校、武钢三中和豹澥中学的学生，共发放问卷400份，回收有效问卷313份，有效回收率78.25%。（2）复测对象：本轮调查对象为汉阳第二十三中学、华中师范大学附属中学光谷分校、武钢三中、北京师范大学海口附属学校及大连市第十九中学的学生。共发放问卷433份，回收有效问卷364份，有效回收率为84.06%。（3）正式对象：本研究正式调查对象为英格中学、江夏一中、任家路中学、武汉中学、武汉市第十四中学共5所中学的总计490名学生，共回收有效问卷393份，有效回收率为80.2%。其中，男生170人，女生223人；初中221人，高中111人；中心城区243人，远郊城区150人，其他人口学特征分布相对均衡。

二、研究假设与初步模型构建

本书基于对前面研究成果的总结以及研究的理论基础，在此提出本书的相关研究假设。以此来探讨青少年的体育核心价值观、学校体育环境、体育行为三者之间的关系，本研究主要采用项目分析、探索性因素分析、验证性因素分析、描述性统计分析、独立样本 t 检验、相关分析、回归分析等对所收集到的数据进行分析，来构建青少年体育核心价值观、学校体育环境与体育行为的关系模型。

（一）青少年体育核心价值观与体育行为关系的研究假设

根据前述文献综述部分对于体育价值观与体育行为的关系研究章节，可以发现，绝大部分学者认为大多情况下价值观与行为具有一致性。国内多个调查①②③亦发现价值观与行为高度相关，二者相辅相成，价值观可以直接影响体育行为。此外，多个学者指出价值观具有规范和禁止功能，是指导行为的决定性因素④⑤⑥⑦。基于此，本书提出关于青少年体育核心价值观与体育行为关系的

①　马金梁. 吉林省高中生体育价值观与体育行为关系研究［D］. 长春：吉林大学，2012.

②　胡燕. 大学生体育价值观与体育行为的关系研究［D］. 昆明：云南师范大学，2015.

③　于春艳. 体育锻炼态度、参与度与体育价值观的相关研究［J］. 沈阳体育学院学报，2009，28（3）：53-56.

④　ROKEACH M. The Nature of Human Values［M］. New York：The Free Press，1973.

⑤　任海. 南京青奥会与我国青少年体育价值观的重塑［J］. 体育与科学，2011，32（4）：1-3，16.

⑥　LEE M J，WHITEHEAD J，NTOUMANIS N，et al. Relationships among values，achievement orientations，and attitudes in youth sport［J］. Journal of Sport and Exercise Psychology，2008，30（5）：588-610.

⑦　唐照华. 体育价值观是体育行为的杠杆［J］. 成都体育学院学报，1994（4）：67-71.

研究假设：**H6-1：青少年体育核心价值观能显著正向预测体育行为**

（二）学校体育环境在青少年体育核心价值观与体育行为之间关系的研究假设

价值观是文化、社会研究的主要因变量，是态度和行为研究的主要自变量[1]。体育价值观也普遍被认为是体育行为决定因素，对体育行为具有预测作用。社会生态学理论指出个体行为除受心理因素指导外，外在环境和遗传因素也是行为的促成因素[2]。勒温公式 $B=f(P,E)$，其中 B 指行为（behavior），P 指人（person），E 指环境（environment），表明个体行为是人与环境的双重作用的结果。优越的学校体育环境为学生提供良好的运动基础和氛围，如果环境建设不佳也会限制学生体育行为。另外，即使学校体育环境较好，由于政策限制学生接触和利用学校的体育设施，也同样会阻碍学生的体育参与行为[3]。因此，学校体育环境既可以作为体育行为的影响因素之一，可能促进也可能限制个体的体育行为。据此，本研究提出假设：**假设 H6-2：学校体育环境在青少年体育核心价值观与体育行为间有调节作用**

根据上述提出的研究假设，可以清晰地整理出本书的研究框架（见图6-1）：第一个部分是探究青少年体育核心价值观是否能够有效正向的预测体育行为；第二个部分是验证学校体育环境及各维度在青少年体育核心价值观和体育行为间是否具有调节作用。

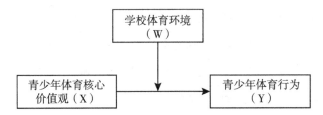

图6-1 学校体育环境在体育核心价值观与体育行为之间调节作用的假设模型图

①　ROKEACH M. The Nature of Human Values［M］. Free Press，1973.

②　BRONFENBRENNER U. The Ecology of Human Development：Experiments by Nature and Design［M］. Harvard University Press，1979.

③　MORTON K，ATKIN A，CORDER K，et al. The school environment and adolescent physical activity and sedentary behaviour：A mixed-studies systematic review［J］. Obesity Reviews，2016，17（2）：142-158.

第二节　青少年学校体育环境问卷编制与检验

一、初始问卷编制与修订

本书参考国内外学者关于青少年学校体育环境的划分和评价指标，通过前期的文献资料，对中小学教职工与学生进行的半结构性访谈（访谈提纲见附录 6-2），并在汇总学校体育学、统计学方面的专家意见的基础上编制初始问卷，随后，征求多位专家学者的意见和建议，对问卷进行理解和评价。初步构建学校体育环境问卷条目后，将问卷发放给武钢三中和豹澥中学的学生进行预调查，主要目的是通过学生做问卷来反映项目表达的意思是否准确合理，是否符合他们的阅读习惯，对于表达不清的题项进行删除或修改，对于表述不完整的维度添加题项，最终形成了涵盖硬件设施、体育教学、体育氛围 3 个维度共 47 个题项的预测问卷（见表 6-1）。所有条目均采用 Likert 量表 5 级计分，要求被试者据实勾选其中一个选项。

表 6-1　　　　　青少年体育环境预测问卷各维度内容及条目分析表

一级指标	二级指标	条目	问卷内容
硬件设施	场地器材水平	I1	学校有足够的场地（馆）供同学们体育锻炼
		I2	学校有田径场、篮球场或乒乓球场等三种以上场地类型
		I3	雨雪沙尘天气，我可以选择室内场地参加体育活动
		I4	学校有充足的体育器材
		I5	我需要自带体育器材到学校
		I6	我在学校能选择不同类型的体育器材
	场地器材管理	I7	我在学校可以借用体育器材进行课外活动
		I8	学校体育场地设施经常检修、翻新、维护
		I9	学校体育器材经常更新

续表

一级指标	二级指标	条目	问 卷 内 容
体育教学	教师素养	I10	我的体育老师态度友善，从不打骂我们
		I11	我的体育老师工作责任心很强，从未迟到早退
		I12	体育老师会平等对待每一个学生
		I13	体育老师会尊重我们的想法
		I14	我的体育老师上课认真，会耐心细致地讲解技术要领
		I15	体育老师会运用视频、PPT 等帮助我们理解和掌握运动技术
	师生关系	I16	我喜欢我的体育老师
		I17	我和体育老师关系融洽
		I18	我愿意配合体育老师的课程安排
		I19	体育课上我学会了坚持不懈，团结协作，尊重同伴、对手和裁判
		I20	室内体育课上，老师经常教我们体育理论、卫生保健、疾病预防或运动损伤知识
	课程组织	I21	体育课上会有 10 分钟左右的体能（速度、耐力、柔韧）训练
		I22	体育课上我至少学会了 1 项运动技能
		I23	体育课上大部分时间我会感觉呼吸心跳明显加快、出汗较多
		I24	课上体能训练时，体育老师能够运用各种器材增加趣味性
		I25	体育老师给我们安排的课堂内容能够有序、高效率地完成
		I26	我的平时测试成绩会作为体育课的平时成绩
		I27	我的本学期进步幅度会作为体育课的平时成绩
		I28	运动技能的展示是我期末考试的一部分
		I29	体能（速度、耐力、柔韧）测试是我期末考试的一部分

续表

一级指标	二级指标	条目	问 卷 内 容
体育氛围	学校支持	I30	班主任经常鼓励我们锻炼身体
		I31	班主任经常组织班级体育活动
		I32	班主任重视运动会或者其他体育比赛成绩
		I33	班主任经常要求我们放学后进行体育练习
		I34	学校会对体育表现突出的同学表彰
		I35	运动成绩突出可以帮助我在期末评优评先
		I36	学校会组织体育文化节（月）、体育比赛或者运动会
		I37	学校经常组织我们参加或观看校际体育活动
	学校支持	I38	学校常通过黑板报、宣传栏、展板、广播、网站等方式宣传体育知识，展现师生运动风采
		I39	学校常开展体育与健康的专题讨论会
		I40	学校每天有计划地组织大课间活动
		I41	学校定期组织多个校队课余训练
		I42	学校体育传统特色项目开展良好
		I43	老师经常与同事或者同学们一起参加体育活动
		I44	我的很多同学经常参加课外体育活动
		I45	我和关系好的同学经常一起参加课上和课外体育活动
		I46	我和同学们常会一起讨论体育比赛、体育明星等话题
		I47	我们班体育成绩好的同学会更受欢迎

二、项目分析

对预测问卷调查所得的数据进行临界比分析（CR 值）。首先，将初测样本所有被调查者问卷得分总分按降序排列，选前 27% 为高分组，后 27% 为低分组，对两组的同一条目得分进行独立样本 t 检验，结果发现除条目 5 未达到显著水平外（Sig. = 0.484>0.05），剩余所有条目均在 0.001 水平上存在差异性，表明这些题项具有较好的鉴别度，适合进行进一步的分析。其次，先计算出问卷中各维度 Cronbach's α 系数和各个题项与问卷总分的题总相关系数。一般认为具有较高的 Cronbach's α 系数和题项间相关系数才能保证变量的测度具有较高的内部一致性，从而满足信度的要求，本书按照测量标准 Cronbach's α 系数应大于 0.7。题总相关系数越高，说明项目区分度越高，相关系数小于 0.3 的条目予以删除。经分析（见表6-2），硬件设施、体育教学与体育氛围 3 个维度的 Cronbach's α 系数分别为 0.781、0.915 和 0.892，均大于 0.7；I2 条目的题总相关系数为 0.276，其鉴别指数均低于 0.3，因此考虑将 I2 删除。剩余 45 个题的题总相关量均在 0.304~0.704，说明这些题目的区分度很好，适合继续进行下一步分析。

表 6-2　　　　　学校体育环境问卷各条目的矫正题总相关系数

条目	题总相关	备注	条目	题总相关	备注	条目	题总相关	备注
I1	0.386**	保留	I18	0.644**	保留	I34	0.316**	保留
I2	0.273**	删除	I19	0.704**	保留	I35	0.552**	保留
I3	0.415**	保留	I20	0.572**	保留	I36	0.523**	保留
I4	0.483**	保留	I21	0.494**	保留	I37	0.569**	保留
I6	0.378**	保留	I22	0.638**	保留	I38	0.602**	保留
I7	0.304**	保留	I23	0.401**	保留	I39	0.627**	保留
I8	0.569**	保留	I24	0.633**	保留	I40	0.433**	保留
I9	0.528**	保留	I25	0.646**	保留	I41	0.551**	保留
I10	0.481**	保留	I26	0.392**	保留	I42	0.618**	保留
I11	0.504**	保留	I27	0.422**	保留	I43	0.581**	保留
I12	0.556**	保留	I28	0.550**	保留	I44	0.576**	保留
I13	0.585**	保留	I29	0.513**	保留	I45	0.519**	保留
I14	0.635**	保留	I30	0.494**	保留	I46	0.482**	保留
I15	0.507**	保留	I31	0.612**	保留	I47	0.402**	保留
I16	0.593**	保留	I32	0.532**	保留			
I17	0.565**	保留	I33	0.604**	保留			

　　最后，计算各个题项与总分的矫正题总相关性，对于相关系数小于 0.3 的题

项进行删除。由表6-3可知，学校体育环境问卷的各个题项与总分的矫正相关系数在 0.309~0.710，均高于系数评价标准 0.3，各条目差异性检验均达到了显著水平，说明剩余的 45 个条目与总分具有较高相关性，适合进行探索性因素分析。

表6-3 　　　　家庭体育支持调查问卷各条目与总分问卷的矫正相关系数

条目	相关系数	条目	相关系数	条目	相关系数	条目	相关系数
I1	0.377**	I15	0.508**	I27	0.421**	I39	0.626**
I3	0.413**	I16	0.598**	I28	0.555**	I40	0.433**
I4	0.477**	I17	0.576**	I29	0.514**	I41	0.548**
I6	0.386**	I18	0.662**	I30	0.504**	I42	0.613**
I7	0.309**	I19	0.710**	I31	0.616**	I43	0.588**
I8	0.574**	I20	0.582**	I32	0.530**	I44	0.587**
I9	0.528**	I21	0.494**	I33	0.603**	I45	0.520**
I10	0.492**	I22	0.646**	I34	0.318**	I46	0.471**
I11	0.513**	I23	0.396**	I35	0.551**	I47	0.382**
I12	0.579**	I24	0.643**	I36	0.536**		
I13	0.598**	I25	0.657**	I37	0.565**		
I14	0.639**	I26	0.399**	I38	0.603**		

三、探索性分析

为确保项目分析后的问卷与之前预想的一致，对项目分析后剩下的 45 个条目进行探索性因素分析。在探索性因素分析之前，首先检验问卷的 Kaiser-Meyer-Olkin（KMO）值并考察 Bartlett's 球形检验的显著性。结果显示 KMO = 0.914，Bartlett's 球形检验结果 $\chi^2 = 4798.733$，df $= 435$，$p = 0.000$，表明观测变量适合做探索性因素分析。

本研究探索性因素分析主要采用主成分分析法和最大方差倾斜旋转法，本书预期为 3 理论维度，因此本研究采用抽取固定因子个数为 "3" 作为抽取标准。根据统计学原则，每次因子分析如有因子负荷小于 0.50、共同度小于 0.16、交叉或无负荷项、因子少于 3 个题目的情况需逐题删除，每次删除一次题目重新进行一次探索性因素分析，直至找出一个较为合理的因子结构。最终因子分析后依次删去了条目 I15、I20、I22、I23、I26~30、I36 和 I40~42，共计 13 个条目，保留 30 个题目进一步分析。

对剩余的 30 个条目进行因子分析后，各条目探索性因素分析结果见表 6-4，未发现不符合标准情况发生。本轮因子分析青少年体育态度问卷的主成分总共析出 3 个因子，积累解释了 50.322% 的变异量，基本符合要求；同时我们利用因子分析碎石图（见图 4-2）进行复查，发现从第 3 个因子开始，碎石图斜率逐渐下降并接近于 1，提示该 3 因子模型较为合理。所有条目共同度详见表 6-4，因子 F1~F3 分别是"体育教学""体育氛围"和"硬件设施"。

表 6-4　　　　　学校体育环境预测问卷的探索性因素分析结果

条目	F1	F2	F3	共同度
I16	0.805			9.912
I13	0.810			3.090
I12	0.810			2.097
I17	0.758			1.276
I14	0.764			1.056
I18	0.748			1.015
I10	0.700			0.975
I11	0.692			0.909
I19	0.651			0.821
I25	0.583			0.743
I21	0.470			0.690
I24	0.485			0.601
I33		0.722		0.569
I39		0.635		0.563
I31		0.648		0.543
I35		0.639		0.510

续表

条目	F1	F2	F3	共同度
I44		0.631		0.502
I46		0.626		0.465
I37		0.597		0.452
I38		0.587		0.405
I47		0.582		0.382
I45		0.578		0.353
I43		0.559		0.335
I32		0.532		0.323
I4			0.786	0.275
I3			0.701	0.269
I1			0.691	0.255
I9			0.631	0.227
I6			0.577	0.207
I8			0.573	0.178
特征值	9.912	3.090	2.097	
贡献率（%）	21.023	39.564	50.332	

在经过上述分析之后，研究人员检验了旋转成分矩阵中可以清晰地看出各个问卷的题项之间存在着明显的因子结构，各个题项的因素负荷值均在 0.50 以上，没有出现交叉负荷，3 个因素结构较为清晰，说明《青少年学校体育环境问卷》中的各个维度具有较好的单维性。

四、验证性分析

为了检验上述探索性因素分析中所得到的结构模型的有效性，本研究将用 AMOS 22.0 对复测调查研究所收集到的 364 份问卷数据进行验证性因素分析，分析结果见表 6-5。表中显示 $\chi^2/\mathrm{d}f = 3.819$，$p < 0.01$，表明模型较好。此外，根据

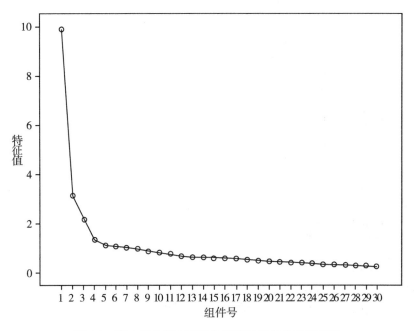

图 6-2　青少年体育态度问卷探索性因素分析碎石图

结构模型的各项拟合数据来看，其中 CFI = 0.806、IFI = 0.807、GFI = 0.757、NFI = 0.756，均接近 0.8；RMSEA 为 0.08，基本在合理范围内。由此可见，构建的青少年学校体育环境的结构模型的拟合度基本可以接受，结构模型图见图 6-3。

表 6-5　　学校体育环境问卷三维度模型拟合指标（$N = 364$，Items = 30）

拟合指数	χ^2	df	χ^2/df	RMSEA	GFI	IFI	CFI	NFI
3 因素模型	1535.502	402	3.819	0.08	0.757	0.807	0.806	0.756

五、问卷的信效度分析

（一）信度分析

本研究采用内部一致性信度系数，即克隆巴赫 α 系数作为主要检测信度的指标，对复测对象的 364 份有效问卷进行检验，学校体育环境问卷内部一致性 α 系数为 0.932，硬件设施、体育教学与体育氛围 3 个维度内部一致性 α 系数分别为 0.857、0.922 和 0.871。由此可以说明学习体育环境问卷的信度系数良好，可信

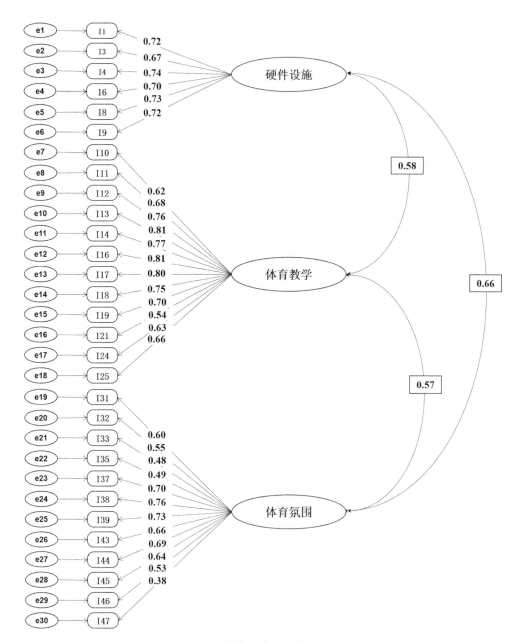

图6-3　学校体育环境三因素结构模型图

度较高。

(二) 效度分析

首先，本问卷参考了前人所编制的相关量表，并结合其他学者对学校体育环境相关方面的研究，又请相关专家教授对本研究所编制学校体育环境问卷进行审核。此外，我们对本次编制问卷的分维度与总问卷之间做了相关分析（见表6-6)，学校体育环境问卷分维度之间以及与总量表的相关性显著，且分维度与总量表相关系数高于分维度间相关系数，这说明本研究编制问卷的内部结构效度良好。

表 6-6　　　　　　　　　学校体育环境问卷总维度及各维度之间相关分析

维度	硬件设施	体育教学	体育氛围	学校体育环境
硬件设施	1			
体育教学	0.546**	1		
体育氛围	0.564**	0.507**	1	
学校体育环境	0.793**	0.832**	0.861**	1

注：** 代表 $p<0.01$。

综上所述，本研究所编制的《青少年学校体育环境问卷》（见附录6-2）具有较好的信度和效度，能够为后期深入研究学校体育环境提供可靠的研究工具。具体的维度及其所对应的条目如表6-7所示：硬件设施I1、I3、I4、I6、I8、I9题共6个题目；体育教学包括I10、I11、I12、I13、I14、I16、I17、I18、I19、I21、I24、I25题共12个题目；体育氛围包括I31、I32、I33、I35、I37、I38、I39、I43、I44、I45、I46、I47题共12个题目。

表 6-7　　　　　　　　　学校体育环境正式问卷施测条目

维度	题　目　编　号	合计
硬件设施	I1、I3、I4、I6、I8、I9	6
体育教学	I10、I11、I12、I13、I14、I16、I17、I18、I19、I21、I24、I25	12
体育氛围	I31、I32、I33、I35、I37、I38、I39、I43、I44、I45、I46、I47	12

第三节 学校体育环境在体育核心价值观与 体育行为之间的调节作用分析

一、青少年体育核心价值观、体育行为与家庭体育支持的现状与特征

本书根据前文编制的《青少年体育核心价值观问卷》《青少年体育行为问卷》和《青少年学校体育环境问卷》作为调查工具，对本章正式对象的 490 名青少年学生进行调查。将调查数据作为本研究调节分析的依据。由于，第二章与第三章已对全国范围内青少年体育核心价值观与体育行为的现状与特征做出详细分析，且本章相关调查结果与前文基本一致。为避免叙述冗长，本章节仅对青少年学校体育环境的现状进行描述。

(一) 青少年学校体育环境整体状况

根据本书所收集到的 393 份青少年学校体育环境有效问卷，进行学校体育环境总分以及各维度的平均数和标准差统计分析（见表 6-8）。如表所示，学校体育环境单项均值总分为 3.9，远高于其中等临界值（3 分）；从各分维度得分来看，硬件设施、体育教学和体育氛围分别为 3.98、4.30 和 3.45 分，均高于其中等临界值（3 分）。这些数据说明我国青少年对学校体育环境的认识处于中等偏上水平，整体呈现积极态势。在各维度排序上，体育教学得分最高，硬件设施次之，体育氛围得分相对较差，说明目前青少年学校体育教学环境较好，硬件设施和体育氛围相对不足。

表 6-8 　　　　　　　　学校体育环境的整体水平 （$N=393$）

维度	极小值	极大值	单项均值	标准差
硬件设施	1.00	5.00	3.98	0.77
体育教学	1.00	5.00	4.30	0.69
体育氛围	1.00	5.00	3.45	0.77
学校体育环境	1.00	5.00	3.90	0.61

二、青少年体育核心价值观、体育行为与家庭体育支持的相关分析

本研究通过采用 Person 相关分析来考察青少年体育核心价值观、体育行为和学校体育环境以及各维度上是否存在相关关系。结果如表 6-9 所示，青少年体育核心价值观与体育行为，青少年体育核心价值观与学校体育环境，学校体育环境与体育行为均呈现显著正相关，其系数分别为 0.561、0.542 和 0.602。并且自变量青少年体育核心价值观与学校体育环境的 3 个分维度相关程度也呈现显著性水平，相关系数分别是 0.263、0.511 和 0.494；体育行为与学校体育环境的 3 个维度相关性也均呈现显著性水平，相关系数分别为 0.277、0.536 和 0.586。以上 Person 相关分析可以说明青少年体育核心价值观与体育行为存在显著的正相关，但并不能说明青少年体育核心价值观对体育行为具有正向影响，因此，本研究在下一节采用多元回归分析对其中的因果关系进行检验。

表 6-9 　　 青少年体育核心价值观、学校体育环境和体育行为相关分析

维度	V	B	E	E-设施	E-教学	E-氛围
V	1					
B	0.561**	1				
E	0.542**	0.602**	1			
E-设施	0.263**	0.277**	0.725**	1		
E-教学	0.511**	0.536**	0.858**	0.509**	1	
E-氛围	0.494**	0.586**	0.871**	0.487**	0.561**	1

注：V=青少年体育核心价值观；B=青少年体育行为；E=学校体育环境；E-设施=硬件设施；E-教学=体育教学；E-氛围=体育氛围。

三、青少年体育核心价值观、体育行为与学校体育环境的回归分析

（一）青少年体育行为对体育核心价值观的回归分析

采用回归分析方法，分别将因变量（体育行为）、人口统计学变量（年级 1、年级 2、年级 3、身体状况 1、身体状况 2、身体状况 3 和是否参加过运动会）以及自变量（青少年体育核心价值观）逐步加入回归模型，探索自变量与因变量是

否具有因果关系。结果如表 6-10 所示，自变量青少年体育核心价值观的方差膨胀因子（VIF）数值为 1.209，小于 10，说明青少年体育核心价值观与体育行为间的回归模型不具有多重共线性问题。D-W 值为 1.856 小于 2，表明无序列自相关现象，说明青少年体育核心价值观与体育行为的回归模型是有效的。此外，青少年体育行为对体育核心价值观总分的回归系数 $\beta = 0.452$，$p<0.001$，解释力为 39.9%，F 值为 33.478，通过显著性检验。综合上述，发现青少年体育核心价值观能有效正向地预测体育行为，即青少年体育核心价值观与体育行为有正向因果关系，假设 H6-1 成立。

表 6-10　　　　　青少年体育行为对体育核心价值观的回归分析表

变量	体育行为		共性诊断	
	β	t	容忍度	VIF
年级 1	0.096	1.655	0.456	2.191
年级 2	0.204***	3.673	0.499	2.005
年级 3	0.030	0.523	0.466	2.147
身体状况 1	0.392**	2.795	0.078	12.818
身体状况 2	0.321*	2.245	0.075	13.328
身体状况 3	0.093	0.992	0.175	5.725
是否参加过运动会	−0.149***	−3.630	0.905	1.105
青少年体育核心价值观	0.452***	10.499	0.827	1.209
F	33.478***			
R^2	0.411			
ΔR^2	0.399			
D-W	1.907			

四、学校体育环境在青少年体育核心价值观和体育行为之间的调节作用分析

（一）学校体育环境在青少年体育核心价值观与体育行为间的调节作用检验

本章在前文（第五章）界定的调节作用的概念与模型基础上，结合上文得出

的青少年体育核心价值观与体育行为存在因果关系。因此，本研究在此基础上继续探究学校体育环境作为调节变量对青少年体育核心价值观与体育行为及各维度间的关系是否有影响。为了避免自变量与调节变量的相关，需要对各变量进行中心化处理。通过多元回归依次进行分析，第一步（S1）：将控制变量（年级1、年级2、年级3、身体状况1、身体状况2、身体状况3和是否参加过运动会）作为第一层变量引入方程；第二步（S2）：将自变量和调节变量作为第二层变量引入回归方程；第三步（S3）：将自变量与调节变量的交互项作为第三层变量引入回归方程，若交互效应项的回归系数达到显著性水平，则说明调节效应显著。

表6-11　学校体育环境对青少年体育核心价值观与体育行为间的调节作用分析

		S2		S3		共性诊断	
		β	t	β	t	容忍度	VIF
S1：	年级1	0.109[*]	2.070	0.113[*]	2.141	0.458	2.181
	年级2	0.204[***]	4.020	0.197[***]	3.911	0.498	2.008
	年级3	0.027	0.524	0.036	0.693	0.464	2.156
	身体状况1	0.415[**]	3.238	0.445[**]	3473	0.077	12.950
	身体状况2	0.364[**]	2.785	0.407[**]	3.100	0.073	13.616
	身体状况3	0.146	1.702	0.170	1.970	0.171	5.845
	是否参加过运动会	-0.102[**]	-2.677	-0.170[**]	-2.826	0.887	1.128
S2：	青少年体育核心价值观	0.258[***]	5.720	0.280[***]	6.080	0.599	1.669
	学校体育环境	0.388[***]	8.855	0.397[***]	9.065	0.663	1.508
S3：	青少年体育核心价值观 * 学校体育环境			0.084[*]	2.178	0.848	1.179
	F	44.353[***]		40.784[*]			
	R^2	0.512		0.518			
	ΔR^2	0.500		0.505			
	D-W			2.108			

　　在探究学校体育环境的调节作用时，依次将控制变量、青少年体育核心价值

观、学校体育环境以及青少年体育核心价值观与家庭体育支持的乘积代入方程。结果如表 6-11 所示，青少年体育核心价值观与学校体育环境乘积的 VIF 值为 1.179、D-W 值为 2.108，表明该组数据间无序列自相关现象、各变量间不存在多重共线性问题。回归结果表明，控制人口学统计变量后，以青少年体育核心价值观为自变量，以青少年体育行为为因变量，学校体育环境能够显著调节青少年体育核心价值观对体育行为的作用（$\beta = 0.084^*$，$t = 2.178$），该变量进入模型对青少年体育行为的解释能力显著增加了 50.5%（$F = 40.784$，$p < 0.05$），假设 H6-2 成立。

为了深入了解学校体育环境在青少年体育核心价值观与体育行为之间的具体情况，本研究采用简单斜率分析来考察家庭体育支持的调节效应，下同。首先，将学校体育环境得分的前 27% 的被试作为高分组，以家庭体育支持得分的后 27% 的被试作为低分组；其次，分别对家庭体育支持的高分组、低分组一元线性回归，体育核心价值观为自变量，分别和学校体育环境高、低分组依次作为因变量带入一元线性回归分析，得到两个一元线性回归方程分别为：体育行为 = 0.661×体育核心价值观总分+0.990、体育行为 = 0.320×体育核心价值观总分+1.784。同理，计算青少年体育核心价值观的高低分组均值分别为 3.309 和 4.634，将体育核心价值观高分组与低分组进行对比，当学校体育环境处于高分组时，体育核心价值观对青少年体育行为的预测作用强，二者之间的关系更强；当学校体育环境处于低分组时，体育核心价值观对青少年体育行为的预测作用弱，二者之间的关系较弱（详见图 6-4）。

（二）学校体育环境各维度在青少年体育核心价值观与体育行为间的调节作用检验

由于上文中体育环境在青少年体育核心价值观与体育行为间的调节作用显著，为进一步验证调节变量中各维度在青少年体育核心价值观与体育行为间是否具有调节作用，因此将调节变量从学校体育环境的硬件设施、体育教学和体育氛围三个维度分别代入各自方程中进行检验。

首先，检验硬件设施的调节作用，结果如表 6-12 所示：青少年体育核心价值观与硬件设施乘积的 VIF 值为 1.056，D-W 值为 1.911，表明该组数据间无序列自相关现象、各变量间不存在多重共线性问题。回归结果表明，控制人口学统计变量后，以青少年体育核心价值观为自变量，以青少年体育行为为因变量，学校的硬件设施能够显著调节青少年体育核心价值观对体育行为的作用（$\beta =$

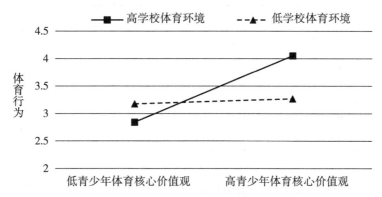

图 6-4　学校体育环境对青少年体育核心价值观与体育行为间的调节效应图

0.108**，$t = 2.753$），该变量进入模型对青少年体育行为的解释能力显著增加为42.7%（$F = 30.221$，$p < 0.01$）。因此，可以得出硬件设施对青少年体育核心价值观与体育行为间具有调节作用。

表 6-12　**硬件设施对青少年体育核心价值观与体育行为间的调节作用分析**

		S2		S3		共性诊断	
		β	t	β	t	容忍度	VIF
S1：	年级 1	0.096	1.682	0.101	1.792	0.456	2.194
	年级 2	0.212***	3.881	0.214***	3.952	0.498	2.009
	年级 3	0.020	0.360	0.033	0.581	0.462	2.166
	身体状况 1	0.419**	3.030	0.399**	2.906	0.078	12.890
	身体状况 2	0.351*	2.486	0.345*	2.468	0.075	13.375
	身体状况 3	0.117	1.267	0.103	1.117	0.173	5.774
	是否参加过运动会	−0.153***	−3.770	−0.159***	−3.959	0.902	1.109
S2：	青少年体育核心价值观	0.409***	9.274	0.427***	9.660	0.749	1.335
	硬件设施	0.147***	3.643	0.148***	3.684	0.910	1.009
S3：	青少年体育核心价值观 * 硬件设施			0.108**	2.753	0.947	1.056

续表

	S2		S3		共性诊断	
	β	t	β	t	容忍度	VIF
F	32.183***		30.221**			
R^2	0.431		0.442			
ΔR^2	0.417		0.427			
D-W	1.922					

　　为了更清楚地揭示硬件设施的调节作用，进行同一操作后，硬件设施高分组和低分组得到的一元线性回归方程分别是：体育行为＝0.697×体育核心价值观总分+0.705、体育行为＝0.324×体育核心价值观总分+1.91。结果如图6-5所示，将体育核心价值观高、低分组进行对比，当硬件设施处于低分组时，体育核心价值观对青少年体育行为的预测作用较弱，斜率较小；而当硬件设施处于高分组时，体育核心价值观对青少年体育行为的预测作用较强，斜率较低硬件设施组大。

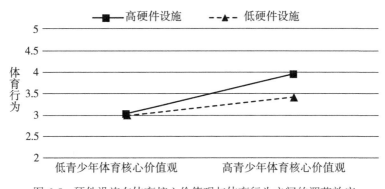

图6-5　硬件设施在体育核心价值观与体育行为之间的调节效应

　　其次，将学校体育环境的体育教学维度数据代入方程，结果如表6-13所示。青少年体育核心价值观与体育教学乘积的 VIF 值为1.277、D-W 值为2.021，表明该组数据间无序列自相关现象、各变量间不存在多重共线性问题。人口统计学变量中年级1、年级2、年级3、身体状况1、身体状况2和是否参与过运动会均在体育行为上存在显著差异（$p>0.05$），然而青少年体育核心价值观与体育教学的交互作用未达到显著结果。因此，体育教学对青少年体育核心价值观与体育行为间的关系有调节作用未通过统计学检验。

表6-13　体育教学对青少年体育核心价值观与体育行为间的调节作用分析

		S2		S3		共性诊断	
		β	t	β	t	容忍度	VIF
S1：	年级 1	0.097	1.792	0.096	1.766	0.459	2.179
	年级 2	0.229***	4.401	0.226***	4.339	0.497	2.014
	年级 3	0.020	0.376	0.026	0.478	0.465	2.151
	身体状况 1	0.397**	3.022	0.419**	3.189	0.078	12.889
	身体状况 2	0.340*	2.537	0.372**	2.765	0.074	13.494
	身体状况 3	0.115	1.312	0.134	1.523	0.172	5.805
	是否参加过运动会	−0.100*	−2.557	−0.104**	−2.653	0.881	1.135
S2：	青少年体育核心价值观	0.292***	6.351	0.304***	6.576	0.626	1.597
	体育教学	0.326***	7.407	0.352***	7.664	0.636	1.573
S3：	青少年体育核心价值观 * 体育教学			0.079	1.908	0.783	1.277
	F	39.910		36.532			
	R^2	0.485		0.490			
	ΔR^2	0.473		0.477			
	D-W	2.021					

最后，将学校体育环境的体育氛围维度数据代入方程，观察其交互项的数值是否具有显著性。结果如表6-14所示：青少年体育核心价值观与体育氛围乘积的 VIF 值为 0.875、D-W 值为 2.114，表明该组数据间无序列自相关现象、各变量间不存在多重共线性问题。回归结果表明，控制人口学统计变量后，以青少年体育核心价值观为自变量，以青少年体育行为为因变量，学校的体育氛围能够显著调节青少年体育核心价值观对体育行为的作用（$\beta = 0.081^*$，$t = 2.116$），该变量进入模型对青少年体育行为的解释能力显著增加至 49.4%（$F = 39.199^*$，$p < 0.05$）。因此，可以得出体育氛围对青少年体育核心价值观与体育行为间的关系

有调节作用。

表 6-14　体育氛围对青少年体育核心价值观与体育行为间的调节作用分析

		S2		S3		共性诊断	
		β	t	β	t	容忍度	VIF
S1：	年级 1	0.119*	2.221	0.125*	2.350	0.454	2.204
	年级 2	0.168**	3.268	0.160**	3.129	0.493	2.029
	年级 3	0.046	0.876	0.054	1.018	0.463	2.160
	身体状况 1	0.395**	3.056	0.442**	3.383	0.076	13.192
	身体状况 2	0.344*	2.606	0.402**	2.997	0.072	13.925
	身体状况 3	0.139	1.608	0.173*	1.972	0.168	5.944
	是否参加过运动会	-0.107**	-2.800	-0.110**	-2.878	0.888	1.126
S2：	青少年体育核心价值观	0.305***	7.000	0.323***	7.308	0.663	1.508
	体育氛围	0.359***	8.299	0.362***	8.414	0.696	1.436
S3：	青少年体育核心价值观 * 体育氛围			0.081*	2.116	0.857	0.875
	F	42.669***		39.199*			
	R^2	0.501		0.506			
	ΔR^2	0.489		0.494			
	D-W	2.114					

　　为了更清晰地揭示体育氛围的调节作用，进行同一操作后得出：体育行为 = 0.696×体育核心价值观总分+0.880、体育行为 = 0.396×体育核心价值观总分+1.487。从图 6-6 可以看出，将体育核心价值观高分组与低分组进行对比，当青少年体育氛围处于低分组时，体育核心价值观对青少年体育行为的预测作用呈现较强的调节作用，而当体育氛围处于高分组时，体育核心价值观对青少年体育行为的预测作用相对较强，说明体育氛围对青少年体育核心价值观与体育行为关系存在调节的作用。

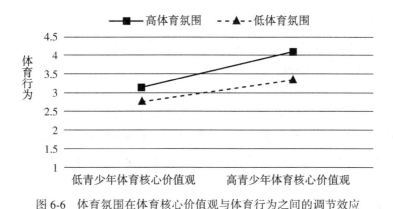

图 6-6 体育氛围在体育核心价值观与体育行为之间的调节效应

五、小结

学校体育环境整体上的调节效应检验结果显示，学校体育环境在体育核心价值观和体育行为之间的关系可以发挥显著的调节作用（$p=0.030<0.05$），能够解释其 50.5% 的变异，具体表现为学校体育环境水平越高，体育核心价值观对体育行为的影响越强；学校体育环境水平越低，体育核心价值观对体育行为的影响越弱。这一结果与本研究所提出的假设相符合，说明高水平的学校体育环境可以使青少年体育核心价值观对其体育行为产生更积极的作用。从调节趋势图中也可以看出：当学校体育环境作为一个整体时，它调节着青少年体育核心价值观和体育行为间的作用关系的强度，学校体育环境水平越高，体育核心价值观对体育行为的作用越强，青少年的体育行为水平也越高。

而在分维度上得到的结果不尽相同，其中硬件设施调节着体育核心价值观与体育行为间关系的强度，硬件设施条件越好，体育核心价值观对体育行为的作用越强，青少年的体育行为水平也越高。这与 Haug[1] 和 Kirby[2] 等学者发现的硬件设施数量、可用性与青少年身体活动显著相关的结果一致。常理而言，硬件设施

---

[1] HAUG E, TORSHEIM T, SALLIS J F, et al. The characteristics of the outdoor school environment associated with physical activity [J]. Health Education Research, 2010, 25 (2): 248-256.

[2] KIRBY J, LEVIN K A, INCHLEY J. Associations between the school environment and adolescent girls' physical activity [J]. Health Education Research, 2012, 27 (1): 101-114.

是体育参与的基本条件。在相当的青少年体育核心价值观支配下，硬件设施越是健全，青少年参与体育的条件越充分，因而青少年的体育行为也越积极；如果硬件设施不完善甚至较为匮乏，即使青少年拥有较为积极的体育核心价值观作为内生动力，但由于外在条件的限制，认知无法付诸实践，因此青少年体育行为表现较为消极。

体育氛围的多元回归分析结果显示，能够解释其 49.4% 的变异，可以显著调节体育核心价值观和体育行为的关系作用（$p = 0.035 < 0.05$），具体表现为体育氛围环境越好，学校和班主任等教师的支持力度越充足，其作用效果越强。而当青少年面临的升学压力时，学校和教师又缺乏对于学生参与体育运动的支持与鼓励，体育核心价值观对青少年体育行为的作用也随之减弱。体育氛围环境能够发挥显著的调节作用的原因可能是：一方面由于中考体育的压力，从体育老师到班主任，从青少年到其家长，对待体育学科的态度都发生了重要转变；另一方面，随着习近平总书记倡导的"五育并举"的实施，体育、美育、劳育受到教育部门及各级学校的更加重视、学校及教师的大力支持、充实多样的校园文化活动，都为青少年提供了更好的体育氛围。

与最初的研究假设不一致的是体育教学的多元回归分析结果：未能在二者作用关系中起显著调节作用（$p = 0.057 > 0.05$）。而青少年对于体育教学的评价是在学校体育环境三个维度中得分最高，由此推测我国对于青少年的体育教学中可能存在一些问题，得分最高的体育教学应当在体育核心价值观对体育行为作用关系上发挥一定的调节作用，而数据分析得到的结果却显示：体育教学在二者作用关系上未能发挥显著调节作用，针对这样的情况结合实际调研发现分析可能出现的原因是：一是体育学科的边缘化，在升学考试中体育学科所占比重较小，因而在教师和学生群体中不能受到应有的关注；二是体育教师对青少年掌握体育知识与技能的要求较为松懈，体育教学趋于形式化；对于高中学业压力较大的学生们，体育教师与学生更多偏重于友伴关系，不会表现得过于严苛增加学生的压力与负担；三是青少年学生自身对于体育学科的学习态度不端正，相比主学科的重视程度，对于体育知识、技能的学习态度表现相对松散，对于体育知识与技能的学习和掌握显得可有可无，故而使体育教学难以调节体育核心价值观对体育行为的影响。

综上，学校体育环境的分维度中，硬件设施和体育氛围在体育核心价值观对体育行为的作用关系上能够发挥显著的调节作用，而体育教学难以发挥显著的调节作用。据此，研究者提出在今后的学校体育环境发展上，一方面应注重体育教学质量的严格把关，真正落实体育的教育教学，通过体育课帮助青少年建立对体育的正确认识，树立多元的体育核心价值观。另一方面，从整体和长远角度出发，学校应从根本上纠正教师、青少年以及家长对待体育学科不重视、无所谓的固有观念，摆正对体育认知，将体育育人于体、育人于心的重要作用能够得到充分发挥。

第七章 青少年体育核心价值观
对体育行为的影响
——社区体育环境的调节作用

第一节 本 章 设 计

一、研究目的与调查程序

（一）研究目的

自编《社区体育环境问卷》，并结合前文所编制的《青少年体育核心价值观问卷》和《青少年体育行为问卷》对青少年学生进行调查，了解青少年学生社区体育环境、体育核心价值观及体育行为的现状，分析并检验社区体育环境在青少年体育核心价值观与体育行为之间调节作用。

（二）调查程序

调查工具：（1）自编《社区体育环境问卷》。（2）前文编制的《青少年体育核心价值观问卷》，该问卷共包含 35 道题目和 2 道测谎题，分属 8 个维度，即安全价值观、交往价值观、健康价值观、道德价值观、能力价值观、终身价值观、竞争价值观、精神价值观。问卷的内部一致性信度 α 系数为 0.95，8 个分维度的内部一致性 α 系数的值均在 0.770~0.954，重测信度介于 0.763~0.938；效度分析显示各维度之间以及分维度与总问卷之间相关性显著。（3）前文编制的《青少年体育行为问卷》，该问卷共包含 18 个题目和 1 道测谎题，分属 5 个维度，包括体育学习行为、体育竞技行为、体育道德行为、体育健身行为、体育娱乐行为。该问卷的内部一致性 α 系数为 0.854，5 个分维度的内部一致性 α 系数均在 0.665~0.795，重测信度为 0.512~0.838，具有良好的信度。

调查对象：（1）初测对象：本轮调查对象为武汉市洪山区、武昌区的部分社区的居民，问卷累计发放 300 份，回收 289 份，有效问卷有 225 份，有效回收率为 75.00% 的学生，其中男性 111 人，女性 114 人；社区管理人员 24 人，其他成员 201 人；学历、健康状况、运动频率等其他人口学特征分布相对均衡。（2）复测对象：本轮调查对象为武汉市的中心城区的部分社区的居民。共发放问卷 278，回收问卷 272，有效问卷为 220 份，有效回收率为 79.14%。其中男性 105 人，女性 115 人；社区管理人员 16 人，其他成员 204 人；学历、健康状况、运动频率等其他人口学特征分布相对均衡。（3）正式对象：本研究为了分析与检验社区体育环境在青少年体育核心价值观与体育行为之间的关系，选取英格中学、江夏一中、任家路中学、武汉中学、武汉市第十四中学共 5 所中学的总计 490 名学生，共回收有效问卷 393 份，有效回收率为 80.20%。其中，男生 170 人，女生 223 人；初中 221 人，高中 172 人；中心城区 243 人，远郊城区 150 人，其他人口学特征分布相对均衡。

二、研究假设与初步模型构建

本书基于对前面研究成果的总结以及相关理论基础，在此提出本书的相关研究假设，以此来探讨青少年的体育核心价值观、社区体育环境、体育行为三者之间的关系。本研究主要采用多层回归统计法来构建青少年体育核心价值观、社区体育环境与体育行为的关系模型。

（一）青少年体育核心价值观与体育行为关系的研究假设

根据前述文献综述部分对于体育价值观与体育行为关系研究章节，可以发现，绝大部分学者认为大多情况下价值观与行为具有一致性。国内多个调查①②③亦发现价值观与行为高度相关，二者相辅相成，价值观可以直接影响体育行为。此外，多个学者指出价值观具有规范和禁止功能，指导行为的决定

① 马金梁. 吉林省高中生体育价值观与体育行为关系研究［D］. 长春：吉林大学，2012.
② 胡燕. 大学生体育价值观与体育行为的关系研究［D］. 昆明：云南师范大学，2015.
③ 于春艳. 体育锻炼态度、参与度与体育价值观的相关研究［J］. 沈阳体育学院学报，2009，28（3）：53-56.

性因素①②③④。基于此，本书提出关于青少年体育核心价值观与体育行为关系的研究假设：**H7-1：青少年体育核心价值观能显著正向预测体育行为**

（二）社区体育环境在青少年体育核心价值观与体育行为之间调节作用的研究假设

价值观是文化、社会研究的主要因变量，是态度和行为研究的主要自变量⑤。体育价值观也普遍被认为是体育行为决定因素，对体育行为具有预测作用。前文所述社会生态学理论与勒温公式均提示个体行为是人与环境的双重作用的结果。社区体育环境是丰富青少年体育参与手段、促进青少年逐步社会化的关键场域⑥，是对家庭和学校的必要补充⑦。社区可以帮助青少年培育良好的体育价值观，而邻里环境是影响青少年体育活动的纽带，良好的社区环境可以为青少年体育活动提供一定保障⑧⑨⑩，一定程度上调节青少年体育行为的发生与发展。基于此，本研究提出如下假设：**假设 H7-2：社区体育环境在青少年体育核心价值观与体育行为间有调节作用**

根据上述提出的研究假设，可以清晰地整理出本章的研究框架（见图 7-1）：第一个部分是探究青少年体育核心价值观是否能够有效正向的预测体育行为；第二个部分是验证社区体育环境及各维度在青少年体育核心价值观和体育行为间是否具有调节作用。

---

① ROKEACH M. The Nature of Human Values ［M］. New York：The Free Press, 1973.

② 任海. 南京青奥会与我国青少年体育价值观的重塑 ［J］. 体育与科学, 2011, 32（4）：1-3, 16.

③ LEE M J, WHITEHEAD J, NTOUMANIS N, et al. Relationships among values, achievement orientations, and attitudes in youth sport ［J］. Journal of Sport and Exercise Psychology, 2008, 30（5）：588-610.

④ 唐照华. 体育价值观是体育行为的杠杆 ［J］. 成都体育学院学报, 1994（4）：67-71.

⑤ ROKEACH M. The Nature of Human Values ［M］. Free Press, 1973.

⑥ 张加林, 唐炎, 陈佩杰, 等. 全球视域下我国城市儿童青少年身体活动研究——以上海市为例 ［J］. 体育科学, 2017, 37（1）：14-27.

⑦ 张加林, 唐炎, 胡月英. 我国儿童青少年体育环境特征与存在问题研究 ［J］. 体育科学, 2017, 37（3）：21-34+97.

⑧ 陈佩杰, 翁锡全, 林文弢. 体力活动促进型的建成环境研究：多学科、跨部门的共同行动 ［J］. 体育与科学, 2014, 35（1）：22-29.

⑨ HAUG E, TORSHEIM T, SALLIS J F, et al. The characteristics of the outdoor school environment associated with physical activity ［J］. Health Education Research, 2010, 25（2）：248-256.

⑩ DING D, SALLIS J F, KERR J, et al. Neighborhood environment and physical activity among youth：A review ［J］. American Journal of Preventive Medicine, 2011, 41（4）：442-455.

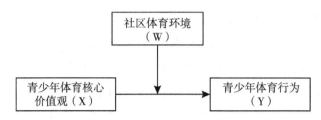

图 7-1 社区体育环境在体育核心价值观与体育行为之间调节作用的假设模型图

第二节 青少年社区体育环境问卷编制与检验

一、初始问卷的理论维度与条目修订

(一) 理论维度的构建

阅读大量的相关文献以寻求与本研究契合的社区体育环境维度构建的研究。其中《社区体育生态化服务体系的构建》[①] 和《城市社区体育评价指标体系的构建研究》[②] 对社区体育环境的研究颇具参考价值，为本研究中的对象社区体育环境评价指标的建立提供了有益的借鉴和依据。研究者把社区体育环境初步确定为社区体育场地设施、社区体育组织、社区体育活动氛围、社区体育文化交流以及社区体育建成环境。其中社区体育场地设施主要体现在体育设施的种类、安全性、场地占用以及场地的配套设施；社区体育组织主要表现在组织经费、组织类别与组织人力资源；社区体育活动氛围主要体现在体育活动开展与居民参与；社区体育文化交流主要表现在体育知识宣传与体育同伴支持；社区体育建成环境主要体现在空间布局以及场地卫生。

(二) 初始条目构建与修订

通过文献梳理和专家调查确定社区体育环境结构，在相关理论和专家访谈的基础之上，通过到社区进行实地观察与走访，访谈社区居民、管理者等来收集与问卷有关的项目（访谈提纲见附录 7-1），在相关专家的指导下，结合课题组内

---

① 宫晓丽. 社区体育生态化服务体系的构建 [J]. 北京体育大学学报，2008（9）：1182-1184.

② 王国红，张文慧. 城市社区体育评价指标体系的构建研究——以上海市为例 [J]. 成都体育学院学报，2010，36（2）：29-32.

的多次讨论、反复推敲对所收集的项目进行整理后根据所收集的项目编写初始问卷。随后，征求多位专家学者的意见和建议，对问卷进行理解和评价（评价内容见附录7-2）。将问卷发放给武昌区南湖街中央花园社区、洪山区珞狮路丽岛花园社区居民进行预调查，主要目的是检验项目表达的意思是否准确合理，是否符合调查对象的阅读习惯，对于表达不清的题项进行删除或修改，对于表述不完整的维度添加题项，最终形成了涉及场地设施、体育组织、体育活动氛围、体育文化交流、体育建成环境5个维度共35个条目的预测问卷（见表7-1）。所有条目均采用Likert量表5级计分，要求被试者据实勾选其中一个选项。

表7-1　　　　　　　　　　　社区体育环境各维度及条目信息

一级维度	二级维度	条目	内　　　容
社区体育场地设施	设施种类	I1	社区的体育场地能满足居民日常锻炼的需求
		I2	社区有适合不同年龄（青少年、老年人等）的运动场地和设施
		I3	社区有现代化的体育场馆（高清摄像头/电子计时器/智能化机器人等）
	安全性	I4	社区运动场地设施无致伤隐患（老化、损坏等）
	场地占用	I5	社区的体育活动场地会被（如商演、停车等）占用
	配套设施	I6	社区体育场馆设有便民洗手间
		I7	社区的体育场馆内有健身宣传画刊
社区体育组织	组织经费	I8	社区的体育活动经费有通过文体局申报
		I9	社区有为居民的体育健身提供经济保障
	组织类型	I10	社区有专门的体育组织（文体服务中心/体育指导中心等）
		I11	社区有健全的体育管理体制
		I12	社区内设有青少年体育社团或体育协会（篮球/羽毛球/乒乓球/游泳等）
		I13	社区有体育培训班，辅导班（舞蹈类/球类/跆拳道/游泳/轮滑等）
	组织人力资源	I14	社区有专门的社区体育指导员
		I15	社区有体育场地设施管理或维护人员
		I16	社区有专门分管体育工作的人员

续表

一级维度	二级维度	条目	内 容
社区体育活动氛围	体育活动开展	I17	社区有定期开展体育活动或比赛
		I18	社区经常组织各种类型（广场舞/太极拳/篮球等）的体育活动或比赛
		I19	社区有跟周边社区联合举办体育活动或比赛
		I20	社区开展体育活动时有企业、广告商等赞助
	活动参与氛围	I21	社区举办体育活动或比赛时有很多人的参加
		I22	社区平时有很多居民进行体育锻炼
		I23	社区有朋友和我一起进行体育活动
社区体育文化交流	体育知识宣传	I24	社区有开展体育健康知识讲座或发放健康知识手册
		I25	社区有通过互联网（微信群/QQ群/直播间）发送、播报体育相关知识/赛事视频等
		I26	社区的宣传栏上有宣传体育健康类的知识
	同伴支持	I27	社区有同伴和我互相借阅过体育类的书籍（个人拥有/社区图书馆）
		I28	社区有同伴教过我体育的知识和技能
		I29	社区居民在体育活动时互相交流（体育知识/技能/赛事/明星等）
		I30	社区有同伴和我一起观看过体育比赛或体育节目
社区体育建成环境	空间布局	I31	社区的体育活动场地很平坦舒适
		I32	社区体育活动场所距居民楼的距离适中
		I33	社区体育场所附近有医疗诊所
	场地卫生	I34	社区的体育场地远离污染区（空气污染/水污染/噪声污染等）
		I35	社区体育场地保持得很干净

二、项目分析

对预测问卷调查所得的数据进行临界比分析（CR 值）。将初测样本所有被调查者问卷得分总分按降序排列，选前 27% 为高分组，后 27% 为低分组，对两组的同一条目得分进行独立样本 T 检验，结果发现除 I5 未达到显著水平外（$p =$

0.484>0.05），剩余所有条目均在 0.001 水平上存在差异性，表明这些题项具有较好的鉴别度，适合进行进一步的分析。

其次，计算各个题项与总分的相关性，对于相关系数小于 0.4 的题项进行删除。由表 7-2 可知，条目 2、4、8 的相关系数分别为 0.288、0.390 和 0.365，均小于 0.4，说明它们与总问卷相关性较低，予以删除。剩余各个题项与总分的相关系数在 0.421~0.681，均高于系数评价标准 0.4，并且均通过了显著性水平检验，适合进行下一步分析。

表 7-2　　　　　《社区体育环境问卷》各条目的题总相关系数

项目	题总相关系数	备注	项目	题总相关系数	备注	项目	题总相关系数	备注
I1	0.472	保留	I14	0.593	保留	I26	0.489	保留
I2	0.288	删除	I15	0.662	保留	I27	0.526	保留
I3	0.515	保留	I16	0.664	保留	I28	0.556	保留
I4	0.390	删除	I17	0.661	保留	I29	0.421	保留
I6	0.559	保留	I18	0.619	保留	I30	0.435	保留
I7	0.620	保留	I19	0.583	保留	I31	0.559	保留
I8	0.365	删除	I20	0.463	保留	I32	0.512	保留
I9	0.457	保留	I21	0.665	保留	I33	0.537	保留
I10	0.623	保留	I22	0.531	保留	I34	0.461	保留
I11	0.655	保留	I23	0.458	保留	I35	0.565	保留
I12	0.587	保留	I24	0.681	保留			
I13	0.537	保留	I25	0.605	保留			

最后，通过计算出问卷中各个题项的 Cronbach's α 系数和矫正题总相关系数（CITC），研究[1]认为具有较高的 Cronbach's α 系数和题项间相关系数才能保证变量的测度具有较高的内部一致性。因此，按照测量标准 Cronbach's α 系数应大于 0.7；如果矫正题总相关系数大于 0.4，说明该条目与其他条目有较高相关性，如

---

[1]　NUNNALLY J C, BERNSTEIN L. Psychometric Theory [M]. Tata McGraw-hill Education, 1994.

果该指标小于0.4，应考虑删除该条目。经分析（见表7-3），I29和I30题矫正题总相关均小于0.4，故考虑删除。本研究将萃取后的共同性值标准设定为0.2，一般情况下如果低于0.2，则因素负荷量小于0.45，说明题项与共同因素的关系松散，I9、I23条目萃取后的共同性值分别为0.186和0.167，均小于0.2，予以删除。剩余的27个条目与总分具有较高相关性，适合进行探索性因素分析。

表 7-3　　《社区体育环境问卷》各条目的矫正题总相关与萃取值

项目	矫正题总相关	删除时 Cronbach's α	萃取值	条目	矫正题总相关	删除时 Cronbach's α	萃取值
I1	0.419	0.924	0.226	I21	0.638	0.923	0.475
I3	0.462	0.925	0.254	I22	0.484	0.925	0.283
I6	0.514	0.925	0.310	I23	0.412	0.925	0.167
I7	0.589	0.924	0.374	I24	0.652	0.923	0.481
I9	0.407	0.925	0.186	I25	0.565	0.924	0.382
I10	0.588	0.924	0.399	I26	0.433	0.924	0.362
I11	0.626	0.923	0.438	I27	0.481	0.925	0.240
I12	0.547	0.924	0.362	I28	0.537	0.924	0.353
I13	0.501	0.925	0.309	I29	9.365	0.927	
I14	0.558	0.924	0.385	I30	9.396	0.926	
I15	0.636	0.923	0.495	I31	0.521	0.925	0.317
I16	0.636	0.923	0.485	I32	0.474	0.925	0.262
I17	0.634	0.923	0.479	I33	0.502	0.925	0.299
I18	0.582	0.924	0.418	I34	0.417	0.924	0.275
I19	0.545	0.924	0.366	I35	0.523	0.925	0.311
I20	0.427	0.925	0.278				

三、探索性分析

为确保项目分析后的问卷与之前预想的一致，对项目分析后剩下的27个条目进行探索性因素分析。在探索性因素分析之前，首先检验问卷的 Kaiser-Meyer-

Olkin（KMO）值并考察 Bartlett's 球形检验的显著性。结果显示 KMO = 0.897，Bartlett's 球形检验结果 $\chi^2 = 2695.43$，$df = 361$，$p = 0.000$，表明观测变量适合做探索性因素分析。

本研究探索性因素分析主要采用主成分分析法和最大方差倾斜旋转法，判别标准选定特征值大于 1，析出因子个数不设限。根据统计学原则，每次因子分析如有因子负荷小于 0.4、共同度小于 0.16、交叉负荷项、因子少于 3 个题目的情况需逐题删除，每次删除一次题目重新进行一次探索性因素分析，直至找出一个较为合理的因子结构。最终因子分析后依次删去了条目 I33、I28、I3、I16、I20 和 I11，共计 6 个条目，保留 21 个题目进一步分析。

对剩余的 21 个条目进行因子分析后，各条目探索性因素分析结果见表 7-4，未发现不符合标准情况发生。本轮因子分析青少年体育态度问卷的主成分总共析出 5 个因子，积累解释了 61.19% 的变异量，同时我们利用因子分析碎石图（见图 7-2）进行复查，发现从第 5 个因子开始，碎石图斜率逐渐下降并接近于 1，提示该 5 因子模型较为合理。所有条目共同度详见表 7-4，因子 F1 ~ F5 分别是"社区体育氛围""社区体育组织""社区建成环境""社区体育场地设施"和"社区体育文化交流"。

表 7-4　　　　社区体育环境预测问卷的探索性因素分析结果

题目	F1	F2	F4	F4	F5	共同度
I18	0.831					0.768
I17	0.819					0.758
I19	0.708					0.582
I22	0.622					0.544
I21	0.532					0.413
I13		0.775				0.663
I12		0.755				0.659
I14		0.668				0.587
I15		0.621				0.583
I10		0.593				0.544

续表

题目	F1	F2	F4	F4	F5	共同度
I32			0.750			0.624
I34			0.718			0.573
I31			0.712			0.642
I35			0.683			0.574
I6				0.757		0.639
I7				0.721		0.665
I1				0.557		0.473
I26					0.850	0.775
I27					0.802	0.735
I24					0.591	0.541
I25					0.485	0.537
特征值	7.349	1.760	1.303	1.269	1.124	
贡献率（%）	35.208	43.588	49.794	55.839	61.190	

在经过上述分析之后，研究人员检验了旋转成分矩阵中可以清晰地看出各个问卷的题项之间存在着明显的因子结构，绝大多数条目的因素负荷值均在 0.5 以上，没有出现交叉负荷，5 个因素结构较为清晰，说明《社区体育环境问卷》中的各个维度具有较好的单维性。

四、验证性分析

为了检验上述探索性因素分析中所得到的结构模型的有效性，本研究将用 AMOS 22.0 对复测调查研究所收集到的 220 份问卷数据进行验证性因素分析，分析结果见表 7-5。表中显示 $X^2/df = 2.28$，$p < 0.01$，表明模型较好。此外，根据结构模型的各项拟合数据来看，其中 IFI = 0.93、NFI = 0.91、NNFI = 0.93、GFI = 0.92 和 CFI = 0.94，数值均大于 0.9；RMSEA 为 0.076 小于 0.08。由此可见，本书构建的社区体育环境问卷的结构模型的拟合度效果比较好，结构模型图见图 7-3。

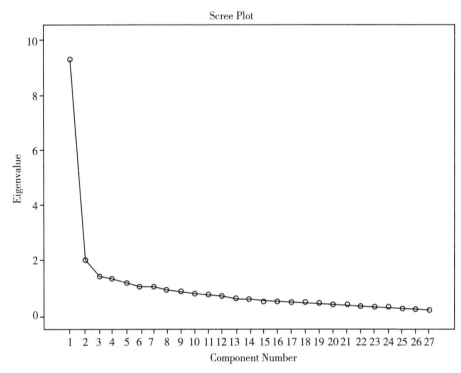

图 7-2 探索性因素分析碎石图

表 7-5 《社区体育环境问卷》的验证性因素分析 ($N=220$, **Items = 21**)

拟合指数	χ^2	df	χ^2/df	RMSEA	GFI	IFI	CFI	NFI	NNFI
3 因素模型	408.07	172	2.28	0.076	0.92	0.93	0.94	0.91	0.93

五、问卷的信效度分析

(一) 信度分析

采用内部一致性信度系数进行信度检验（复测对象，$N=220$），结果显示（见表 7-6），青少年体育态度总量表 α 系数为 0.845，各分量表 α 系数在 0.704~0.806，所有量表内部一致性 α 系数大于 0.7，表明本量表信度较为可靠。为了检验该信度的稳定性，我们在间隔 30 天后对武汉市第二十三中学的 51 名青少年进行了重测信度检验，总问卷 α 系数为 0.899，各维度 α 数在 0.695~0.770，重

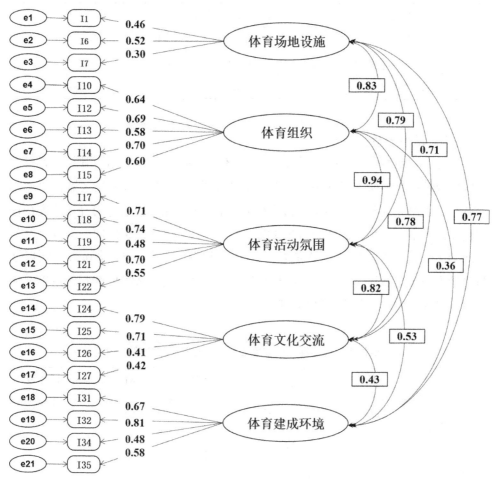

图 7-3 社区体育环境结构模型图

测信度较好，说明本研究所编制量表跨时间稳定性较好，问卷整体信度可靠。

表 7-6 《社区体育环境问卷》的信度系数

维度	内部一致 α 系数	重测信度
社区体育场地设施	0.704	0.695
社区体育组织	0.791	0.770
社区体育活动氛围	0.806	0.760

续表

维度	内部一致 α 系数	重测信度
社区体育文化交流	0.706	0.670
社区体育建成环境	0.773	0.725
社区体育环境	0.845	0.899

(二) 效度分析

首先，本问卷参考了前人所编制的社区体育环境量表，并结合其他学者对于社区体育环境相关研究，又请相关专家教授对本研究所编制《社区体育环境问卷》进行评价。此外，我们邀请相关专家对本研究所编制量表的内容效度进行评定，保证了本量表具有良好的内容效度。其次，我们对本次编制问卷的分维度与总问卷之间做了相关分析（见表7-7），我国社区体育环境问卷分维度之间以及与总量表的相关性显著，且分维度与总量表相关系数高于分维度间相关系数，这说明本研究编制问卷的内部结构效度良好。

表 7-7   《社区体育环境问卷》各维度之同及其与总问卷的相关矩阵

维度	体育场地设施	体育组织	体育活动氛围	体育文化交流	体育建成环境	社区体育环境
体育场地设施	1					
体育组织	0.461**	1				
体育活动氛围	0.527**	0.768**	1			
体育文化交流	0.525**	0.705**	0.745**	1		
体育建成环境	0.452**	0.357**	0.454**	0.417**	1	
社区体育环境	0.561**	0.794**	0.779**	0.783**	0.761**	1

注：** 代表 $p<0.05$。

综上所述，本研究所编制的《社区体育环境问卷》（见附录7-3）具有较好的信度和效度，能够为后期深入研究青少年社区体育环境提供可靠的研究工具。具体的维度及其所对应的条目如表7-8所示：体育场地设施包括条目6、7和1共3个题目；社区体育组织包括条目13、12、14、15和10共5个题目；体育活动氛围包括条目 18、17、19、22 和 21 共 5 个题目；体育文化交流包含条目 26、27、24 和 25 共 4 条目；体育建成环境维度包含条目 32、34、31 和 35 共计 4 个。

表 7-8 　　　　　　　　　　　社区体育环境正式问卷施测条目

维度	条目编号	合计
社区体育活动氛围	I18、I17、I19、I22、I21	5
社区体育组织	I13、I12、I14、I15、I10	5
社区体育建成环境	I32、I34、I31、I35	4
社区体育场地设施	I6、I7、I1	3
社区体育文化交流	I26、I27、I24、I25	4

第三节　社区体育环境在体育核心价值观与体育行为之间的调节作用分析

一、青少年体育核心价值观、体育行为与社区体育环境的现状

本书根据前文编制的《青少年体育核心价值观问卷》《青少年体育行为问卷》和《社区体育环境问卷》作为调查工具，对本章正式对象的 490 名青少年学生进行调查。由于前文所编制《社区体育环境问卷》是依据社区居民为调查对象进行编制，在对青少年进行调查前需对原问卷进行检验与修缮。经调查，发现青少年对社区体育组织维度内容不了解，考虑到青少年学生实际，可能确实接触不到社区体育组织的相关内容，故本研究中将此维度内容进行删减，最终选取体育场地设施、体育活动氛围、体育文化交流和体育建成环境 4 个维度作为青少年社区体育环境内容来考察。为确保修改后的问卷有效性和可靠性，本研究再次对其进行了信度检验，发现 4 个维度的内部一致性 α 系数分别为 0.891、0.868、0.876 和 0.900，总问卷的 α 系数为 0.83，均大于 0.8，说明修缮后的《社区体育环境问卷》具有较高的信度（问卷见附件 7-4）。

此外，本书第二章与第三章已对全国范围内青少年体育核心价值观与体育行为的现状与特征做出详细分析，且本章相关调查结果与前文基本一致。为避免叙

述冗长，本章节仅对青少年社区体育环境的现状进行描述。

根据本书所收集到的 393 份社区体育环境有效问卷，进行社区体育环境总分以及各维度的平均数和标准差统计分析（见表 7-9）。如表所示，社区体育环境单项均值总分为 3.02，接近其中等临界值（3 分）；从各分维度得分来看，体育场地设施、体育活动氛围、体育文化交流和体育建成环境分别为 3.43、2.71、2.70 和 3.58 分，均在其中等临界值（3 分）附近。这些数据说明我国青少年对社区体育环境的认识处于中等水平，整体现状一般。在各维度排序上，体育建成环境得分最高，体育场地设施次之，体育活动氛围和文化交流得分相对较差，说明目前青少年认为建成环境和硬件设施相对较好，体育的活动氛围和文化交流环境相对较差。

表 7-9   社区体育环境及各维度的整体情况

问卷维度	极小值	极大值	单项均值	标准差
体育场地设施	1.00	5.00	3.43	1.06
体育活动氛围	1.00	5.00	2.71	1.10
体育文化交流	1.00	5.00	2.70	1.15
体育建成环境	1.00	5.00	3.58	1.04
社区体育环境	1.00	5.00	3.02	0.91

二、青少年体育核心价值观、体育行为与社区体育环境的相关分析

为验证社区体育环境在青少年体育核心价值观与体育行为之间存在调节效应，本研究首先通过采用 Person 相关分析来考察青少年体育核心价值观、社区体育环境和体育行为以及各维度上是否存在相关关系。结果如表 7-10 所示，青少年体育核心价值观与体育行为，青少年体育核心价值观与社区体育环境，社区体育环境与体育行为均呈现显著正相关，相关系数分别为 0.546、0.307 和 0.494。并且自变量青少年体育核心价值观与因变量体育行为的五个维度上也呈现显著正相关，相关系数分别为 0.458、0.483、0.365、0.388 和 0.284；青少年体育核心价值观与社区体育环境的四个测量维度也呈现显著性水平，相关系数分别是

青少年体育核心价值观、社区体育环境和体育行为相关分析

表 7-10

	V-健康	V-道德	V-能力	V-安全	V-交往	V-竞争	V-精神	V-终身	V	B-学习	B-健身	B-道德	B-竞技	B-娱乐	B	E-场地	E-氛围	E-文化	E-建成	E
V-健康	1																			
V-道德	0.729**	1																		
V-能力	0.717**	0.686**	1																	
V-安全	0.477**	0.544**	0.517**	1																
V-交往	0.591**	0.558**	0.602**	0.498**	1															
V-竞争	0.517**	0.526**	0.499**	0.564**	0.511**	1														
V-精神	0.643**	0.646**	0.633**	0.542**	0.661**	0.655**	1													
V-终身	0.565**	0.615**	0.584**	0.467**	0.577**	0.594**	0.763**	1												
V	0.825**	0.832**	0.800**	0.695**	0.790**	0.751**	0.880**	0.816**	1											
B-学习	0.430**	0.391**	0.380**	0.294**	0.339**	0.287**	0.422**	0.365**	0.458**	1										
B-健身	0.417**	0.455**	0.368**	0.286**	0.378**	0.322**	0.447**	0.378**	0.483**	0.555**	1									
B-道德	0.352**	0.389**	0.344**	0.169**	0.229**	0.245**	0.301**	0.292**	0.365**	0.242**	0.384**	1								
B-竞技	0.321**	0.377**	0.326**	0.208**	0.297**	0.299**	0.349**	0.285**	0.388**	0.409**	0.535**	0.433**	1							
B-娱乐	0.219**	0.254**	0.187**	0.171**	0.257**	0.218**	0.246**	0.238**	0.284**	0.473**	0.409**	0.104**	0.279**	1						
B	0.474**	0.508**	0.431**	0.318**	0.424**	0.377**	0.491**	0.431**	0.546**	0.773**	0.843**	0.495**	0.690**	0.709**	1					
E-场地	0.272**	0.270**	0.275**	0.160**	0.216**	0.187**	0.217**	0.246**	0.288**	0.365**	0.330**	0.179**	0.265**	0.291**	0.410**	1				

续表

	V-健康	V-道德	V-能力	V-安全	V-交往	V-竞争	V-精神	V-终身	V	B-学习	B-健身	B-道德	B-竞技	B-娱乐	B	E-场地	E-氛围	E-文化	E-建成	E
E-氛围	0.185**	0.223**	0.201**	0.129*	0.146**	0.183**	0.177**	0.196**	0.224**	0.406**	0.281**	0.085	0.134**	0.323**	0.372**	0.547**	1			
E-文化	0.212**	0.207**	0.203**	0.156**	0.217**	0.181**	0.222**	0.200**	0.252**	0.466**	0.339**	0.169**	0.177**	0.418**	0.466**	0.497**	0.740**	1		
E-建成	0.254**	0.303**	0.269**	0.167**	0.239**	0.239**	0.236**	0.233**	0.304**	0.297**	0.289**	0.321**	0.223**	0.257**	0.377**	0.553**	0.466**	0.485**	1	
E	0.271**	0.286**	0.268**	0.170**	0.223**	0.227**	0.251**	0.261**	0.307**	0.477**	0.367**	0.219**	0.226**	0.409**	0.494**	0.748**	0.883**	0.837**	0.707**	1

注：V＝青少年体育核心价值观；B＝青少年体育行为；E＝社区体育环境；V-健康＝健康价值观；V-道德＝道德价值观；V-能力＝能力价值观；V-安全＝安全价值观；V-交往＝交往价值观；V-竞争＝竞争价值观；V-精神＝精神价值观；V-终身＝终身价值观；E-场地＝体育场地设施；E-氛围＝体育活动氛围；E-文化＝体育文化交流；E-建成＝体育建成环境；B-学习＝学习行为；B-健身＝健身行为；B-道德＝道德行为；B-竞技＝竞技行为；B-娱乐＝娱乐行为。

0.288、0.224、0.252 和 0.304；体育行为与社区体育环境的四个维度也均呈现显著性水平，相关系数分别为 0.410、0.372、0.466、0.377。以上 Person 相关分析可以说明青少年体育核心价值观与体育行为存在显著的正相关，但并不能说明青少年体育核心价值观对体育行为具有正向影响，因此，本研究在下一节采用多元回归分析对其中的因果关系进行检验。

三、青少年体育行为对体育核心价值观的回归分析

采用回归分析方法，分别将因变量（体育行为）、人口统计学变量（年级 1、年级 2、年级 3、身体状况 1、身体状况 2、身体状况 3 和是否参与运动会）以及自变量（青少年体育核心价值观）逐步加入回归模型，探索自变量与因变量是否具有因果关系。结果如表 7-11 所示，自变量青少年体育核心价值观的方差膨胀因子（VIF）数值为 1.209，小于 10，说明青少年体育核心价值观与体育行为间的回归模型不具有多重共线性问题。D-W 值为 1.907 小于 2，表明无序列自相关现象，说明青少年体育核心价值观与体育行为的回归模型是有效的。此外，青少年体育行为对体育核心价值观总体的回归系数 $\beta = 0.452$，$p < 0.001$，解释力为 39.9%，F 值为 33.478，通过显著性检验。综合上述，发现青少年体育核心价值观能有效正向地预测体育行为，即青少年体育核心价值观与体育行为有正向因果关系，假设 H7-1 成立。

表 7-11　　　　青少年体育行为对体育核心价值观的回归分析表

变量	体育行为		共性诊断	
	β	t	容忍度	VIF
年级 1	0.096	1.655	0.456	2.191
年级 2	0.204***	3.673	0.499	2.005
年级 3	0.030	0.523	0.466	2.147
身体状况 1	0.392**	2.795	0.078	12.818
身体状况 2	0.321*	2.245	0.075	13.328
身体状况 3	0.093	0.992	0.175	5.725
是否参加过运动会	−0.149***	−3.630	0.905	1.105

续表

变量	体育行为		共性诊断	
	β	t	容忍度	VIF
青少年体育核心价值观	0.452***	10.499	0.827	1.209
F	33.478***			
R^2	0.411			
ΔR^2	0.399			
D-W	1.907			

四、社区体育环境在青少年体育核心价值观和体育行为之间的调节作用分析

（一）社区体育环境在青少年体育核心价值观与体育行为间的调节作用检验

本章在前文（第五章）界定的调节作用的概念与模型基础上，结合上文得出的青少年体育核心价值观与体育行为存在因果关系。因此，本研究在此基础上继续探究社区体育环境作为调节变量对青少年体育核心价值观与体育行为及各维度间的关系是否有影响。首先，对各变量进行中心化处理，通过多元回归依次进行分析，第一步（S1）：将控制变量（年级、社区类型、身体状况和是否参加过运动会）作为第一层变量引入方程；第二步（S2）：将自变量和调节变量作为第二层变量引入回归方程；第三步（S3）：将自变量与调节变量的交互项作为第三层变量引入回归方程，若交互效应项的回归系数达到显著性水平，则说明调节效应显著。

如表 7-12 所示，在控制了人口学变量对青少年体育行为的影响之后，青少年体育核心价值观（$\beta = 0.348$，$p < 0.001$）和社区体育环境（$\beta = .325$，$p < 0.001$）的主效应均显著，模型中加入青少年体育核心价值观与社区体育环境交互项后，交互效应不显著（$\beta = 0.021$，$p > 0.05$）。说明青少年体育核心价值观能有效正向预测体育行为，社区体育环境能有效正向预测体育行为，但社区体育环境在青少年体育核心价值观与体育行为间的调节效应不显著，假设 H7-2 未被验证。

表 7-12　　社区体育环境对青少年体育核心价值观与体育行为间的调节作用分析

		M2		M3		共性诊断	
		β	t	β	t	容忍度	VIF
M1：	年级 1	0.113*	2.543	0.111*	2.494	0.674	1.483
	年级 2	-0.065	-1.425	-0.063	-1.380	0.647	1.546
	年级 3	-0.056	-1.310	-0.056	-1.298	0.729	1.372
	社区类别 1	-0.065	-0.745	-0.063	-0.712	0.173	5.769
	社区类别 2	-0.094	-1.064	-0.090	-1.023	0.171	5.856
	身体状况 1	-0.085*	-2.027	-0.083*	-1.986	0.760	1.316
	身体状况 2	-0.143**	-3.345	-0.142**	-3.322	0.729	1.372
	身体状况 3	-0.114**	-2.926	-0.115**	-2.953	0.880	1.136
	是否参加过运动会	-0.121**	-3.113	-0.122**	-3.132	0.887	1.128
M2：	青少年体育核心价值观	0.348***	8.395	0.354***	8.254	0.727	1.376
	社区体育环境	0.325***	8.334	0.322***	8.122	0.852	1.173
M3：	青少年体育核心价值观*社区体育环境			0.021	0.545	0.894	1.119
	F	33.638***		30.802***			
	R^2	0.493		0.494			
	ΔR^2	0.479		0.478			
	D-W			1.845			

（二）社区体育环境各维度在青少年体育核心价值观与体育行为间的调节作用检验

虽然上文检验发现社区体育环境总维度在青少年体育核心价值观与体育行为之间不存在调节作用，但为了进一步细致探究社区体育环境在青少年体育核心价值观对体育行为之间的作用，在调节作用检验过程中，依次以社区体育环境的体育场地设施、体育活动氛围、体育活动交流和体育建成环境 4 个维度为自变量分别进行而来回归分析。经检验，青少年体育核心价值观与社区体育环境的 4 个分维度的交互项对体育行为均未达到显著水平（表略）。因此，本研究认为社区体育环境的 4 个维度在青少年体育核心价值观与体育行为之间不存在显著的调节行为。

（三）社区体育环境在青少年体育核心价值观与体育行为各维度间的调节作用检验

为再进一步探索社区体育环境在青少年体育核心价值观与体育行为的关系，我们将体育行为的学习行为、健身行为、道德行为、竞技行为、娱乐行为 5 个维度分别为因变量代入方程，以检验社区体育环境在青少年体育核心价值观与体育行为各分维度的效果。经检验，青少年体育核心价值观与社区体育环境交互项对体育行为的学习行为、健身行为、道德行为、娱乐行为等维度的效应均不显著（表略），而对体育行为中的竞技行为的效应是显著的（$p = 0.02 < 0.05$）。因此，社区体育环境在青少年体育核心价值观与体育行为的学习行为、健身行为、道德行为、娱乐行为间关系上未能起到调节作用，而在青少年体育核心价值观与体育竞技行为之间关系上起到了调节作用。

随后，本书将体育竞技行为作为因变量，检验不同社区体育环境维度在青少年体育核心价值观与体育竞技行为的调节作用。第一，本书检验了社区体育环境中的体育场地设施维度的调节作用，结果如表 7-13 所示，在控制了人口学变量对青少年体育竞技行为的影响之后，青少年体育核心价值观（$\beta = 0.265$，$p < 0.001$）和体育场地设施（$\beta = 0.139$，$p < 0.01$）的主效应均显著，模型中加入青少年体育核心价值观与体育场地设施交互项后，交互效应不显著（$\beta = 0.008$，$p > 0.05$），表明体育场地设施未能调节青少年体育核心价值观与体育竞技行为间的关系。

表 7-13 体育场地设施在青少年体育核心价值观与体育竞技行为之间的调节作用分析

		M2		M3		共性诊断	
		β	t	β	t	容忍度	VIF
M1：	年级 1	0.122*	2.307	0.122*	2.295	0.676	1.480
	年级 2	−0.004	−0.072	−0.003	−0.052	0.639	1.564
	年级 3	−0.129*	−2.533	−0.129*	−2.515	0.728	1.374
	社区类别 1	−0.072	−0.685	−0.071	−0.668	0.172	5.805
	社区类别 2	−0.133	−1.258	−0.131	−1.237	0.170	5.897

续表

		M2		M3		共性诊断	
		β	t	β	t	容忍度	VIF
	身体状况1	-0.092*	-1.837	-0.091	-1.819	0.759	1.317
	身体状况2	-0.114*	-2.240	-0.114*	-2.237	0.730	1.369
	身体状况3	-0.113***	-2.425	-0.113*	-2.426	0.873	1.146
	是否参加过运动会	-0.167***	-3.621	-0.167***	-3.620	0.893	1.120
M2:	青少年体育核心价值观	0.265***	5.352	0.267***	5.218	0.731	1.369
	体育场地设施	0.139**	3.023	0.138**	2.987	0.884	1.131
M3:	青少年体育核心价值观 * 体育场地设施			0.008	0.170	0.885	1.130
	F	13.150***		12.026***			
	R^2	0.275		0.275			
	ΔR^2	0.254		0.252			
	D-W			2.014			

第二，将社区体育环境的体育活动氛围维度数据代入方程，结果如表7-14所示。在控制了人口学变量对青少年体育竞技行为的影响之后，青少年体育核心价值观的主效应显著（$\beta = 0.298$，$p < 0.001$）、社区体育活动氛围主效应不显著（$\beta = 0.014$，$p > 0.05$），模型中加入青少年体育核心价值观与社区体育环境交互项后，交互效应也不显著（$\beta = 0.027$，$p > 0.05$），表明社区体育活动氛围未能调节青少年体育核心价值观与体育竞技行为间的关系。

第三，将社区体育环境的体育文化交流维度数据代入方程，结果如表7-15所示。在控制了人口学变量对青少年体育竞技行为的影响之后，青少年体育核心价值观的主效应显著（$\beta = 0.292$，$p < 0.001$）、社区体育文化交流主效应不显著（$\beta = 0.039$，$p > 0.05$），模型中加入青少年体育核心价值观与社区体育文化交流交互项后，交互效应也不显著（$\beta = 0.019$，$p > 0.05$），表明社区体育文化交流未能调节青少年体育核心价值观与体育竞技行为间的关系。

表 7-14　体育活动氛围在青少年体育核心价值观与体育竞技行为之间的调节作用分析

		M2		M3		共性诊断	
		β	t	β	t	容忍度	VIF
M1：	年级 1	0.126*	2.356	0.125*	2.335	0.676	1.480
	年级 2	0.001	0.024	0.003	0.056	0.646	1.548
	年级 3	−0.134*	−2.593	−0.132*	−2.548	0.728	1.374
	社区类别 1	−0.068	−0.638	−0.066	−0.619	0.173	5.769
	社区类别 2	−0.116	−1.089	−0.114	−1.066	0.171	5.842
	身体状况 1	−0.090	−1.789	−0.089	−1.760	0.761	1.314
	身体状况 2	−0.125*	−2.418	−0.123*	−2.377	0.731	1.368
	身体状况 3	−0.120***	−2.558	−0.122***	−2.591	0.879	1.137
	是否参加过运动会	−0.171***	−3.651	−0.172***	−3.662	0.883	1.133
M2：	青少年体育核心价值观	0.298***	6.040	0.303***	6.035	0.772	1.295
	体育活动氛围	0.014	0.310	0.009	0.200	0.895	1.117
M3：	青少年体育核心价值观*体育活动氛围			0.027	0.584	0.916	1.091
	F	12.043***		11.049***			
	R^2	0.258		0.259			
	ΔR^2	0.237		0.235			
	D-W	2.006					

表 7-15　体育文化交流在青少年体育核心价值观与体育竞技行为之间的调节作用分析

		M2		M3		共性诊断	
		β	t	β	t	容忍度	VIF
M1：	年级 1	0.126*	2.343	0.124*	2.299	0.672	1.488
	年级 2	0.003	0.053	0.004	0.069	0.646	1.547
	年级 3	−0.130*	−2.510	−0.131*	−2.517	0.724	1.382
	社区类别 1	−0.069	−0.648	−0.066	−0.618	0.173	5.792
	社区类别 2	−0.118	−1.108	−0.115	−1.073	0.170	5.871

续表

		M2		M3		共性诊断	
		β	t	β	t	容忍度	VIF
	身体状况 1	−0.089	−1.754	−0.087	−1.715	0.758	1.319
	身体状况 2	−0.123*	−2.392	−0.122*	−2.363	0.731	1.369
	身体状况 3	−0.120*	−2.567	−0.121*	−2.571	0.883	1.132
	是否参加过运动会	−0.170***	−3.627	−0.170***	−3.635	0.888	1.127
M2：	青少年体育核心价值观	0.292***	5.883	0.297***	5.778	0.737	1.356
	体育文化交流	0.039	0.851	0.036	0.752	0.870	1.149
M3：	青少年体育核心价值观 * 体育文化交流			0.019	0.402	0.892	1.122
	F	12.120***		11.099***			
	R^2	0.259		0.260			
	ΔR^2	0.238		0.236			
	D-W	2.005					

第四，将社区体育环境的体育建成环境维度数据代入方程，结果如表 7-16 所示。在控制了人口学变量对青少年体育竞技行为的影响之后，青少年体育核心价值观（$\beta = 0.272$，$p < 0.001$）和社区体育建成环境（$\beta = 0.102$，$p < 0.05$）的主效应均显著，模型中加入青少年体育核心价值观与社区体育建成环境交互项后，交互效应显著（$\beta = 0.078$，$p < 0.05$），表明社区体育建成环境调节了青少年体育核心价值观与体育竞技行为间的关系。

表 7-16　体育建成环境在青少年体育核心价值观与体育竞技行为之间的调节作用分析

		M2		M3		共性诊断	
		β	t	β	t	容忍度	VIF
M1：	年级 1	0.131*	2.458	0.123*	2.297	0.671	1.491
	年级 2	0.000	0.006	0.005	0.094	0.647	1.545
	年级 3	−0.126*	−2.454	−0.129*	−2.507	0.727	1.376
	社区类别 1	−0.067	−0.637	−0.063	−0.597	0.173	5.767

续表

		M2		M3		共性诊断	
		β	t	β	t	容忍度	VIF
	社区类别 2	−0.132	−1.245	−0.125	−1.174	0.170	5.874
	身体状况 1	−0.085	−1.700	−0.083	−1.657	0.761	1.314
	身体状况 2	−0.117*	−2.274	−0.115*	−2.252	0.730	1.370
	身体状况 3	−0.118*	−2.520	−0.119*	−2.553	0.883	1.132
	是否参加过运动会	−0.169*	−3.644	−0.171***	−3.697	0.894	1.119
M2：	青少年体育核心价值观	0.272***	5.431	0.292***	5.696	0.726	1.377
	体育建成环境	0.102***	2.159	0.090***	1.899	0.848	1.179
M3：	青少年体育核心价值观 * 体育建成环境			0.078*	1.716	0.923	1.083
F		12.602***		11.856***			
R^2		0.267		0.272			
ΔR^2		0.246		0.249			
D-W		1.997					

　　为了深入了解社区体育环境在青少年体育核心价值观与体育竞技行为之间的具体情况，本研究采用简单斜率分析来考察社区体育环境的调节效应，下同。首先，将社区体育环境中建成环境的得分前 27% 的被试作为高建成环境组（$N=$106），得分后 27% 的被试作为低建成环境组（$N=106$）。其次，分别对建成环境的高分组、低分组一元线性回归，以青少年体育核心价值观为自变量，以体育行为竞技行为的得分为因变量。得出高建成环境的一元回归方程是：体育竞技行为 = 0.804×青少年体育核心价值观+0.781，其回归系数在统计学上存在显著性差异；低建成环境的一元回归方程是：体育竞技行为 = 0.330×青少年体育核心价值观+2.464，其回归系数在统计学上存在显著性差异。

　　然后，将青少年体育核心价值观这一自变量进行高低分为组，青少年体育核心价值观得分高的 27% 为高价值观得分组（$N=106$），得分低的 27% 为低价值观得分组（$N=106$），并计算出高低价值观得分组的均值，即高价值观得分组均值为 4.634，低价值观得分组均值为 3.309。最后，分别将高低价值观得分组的均值代入一元回归方程中，同时在 Excel 中分别绘制出高建成环境及低建成环境与青少年体育核心价值观与体育竞技行为之间的回归线，回归线如图 7-4 所示。可以看出：在不同建成环境情景下，体育竞技行为均会随着青少年体育核心价值观的增加而增加，高建成环境情境下的增长率明显高于低建成环境的增长率，说明体育建成环境调节了青少年体育核心价值观与体育经济行为间关系的强度。

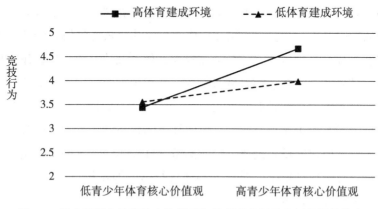

图 7-4　建成环境在体育核心价值观与体育竞技行为之间的调节效应

五、小结

本研究根据研究需要编制《社区体育环境问卷》，该问卷共包含 21 个题目，分属 5 个维度，分别是社区体育场地设施、社区体育组织、社区体育活动氛围、社区体育文化环境、社区体育建成环境。该问卷的内部一致性 α 系数为 0.899，5 个分维度的内部一致性 α 系数均在 0.704~0.806，重测信度为 0.695~0.770，具有良好的信度。

本研究通过建立调节效应模型来探讨青少年体育核心价值观与体育行为之间的关系，并进一步探讨体育核心价值观影响体育行为的形成机制。相关分析表明，青少年体育核心价值观与体育行为及二者各维度间均存在显著正相关，即青少年体育核心价值观水平越高，体育行为越好。回归分析的结果进一步表明，青少年体育核心价值观对体育行为具有显著的正向预测作用，假设 H7-1 成立。这与以往的相关研究相一致，体育价值观是属于精神层面，体育行为属于实践层面，人的体育精神层面决定体育实践，体育实践又反作用于人的精神，其体育价值观与体育行为是相互作用的，价值观对行为有促进效应，行为也影响价值观的形成，两者互为因果关系。

社区体育环境所有维度与体育行为所有维度（体育道德行为除外）具有显著正相关；青少年体育核心价值观所有维度与社区体育环境所有维度均有显著相关。这些结果与以往研究结果基本一致，符合我们的研究预期。说明社区体育环境影响青少年体育核心价值观与体育行为，三者之间基本具有一致性。

在调节效应分析中，控制了性别、年级、社区类别人口学变量对青少年体育竞技行为的影响之后，检验了各路径中由青少年体育核心价值观到社区体育环境的四个维度（体育场地资源、体育活动氛围、体育文化交流、体育建成环境）到体育行为（体育学习行为、体育健身行为、体育道德行为、体育竞技行为、体育娱乐行为）路径的总效应情况。发现青少年体育核心价值观与社区体育环境交互项对体育行为没有产生显著的影响，说明社区体育环境在青少年体育核心价值观对体育行为总维度之间没有调节作用（$p = 0.384 > 0.05$）。进一步检验发现，社区体育环境中仅有建成环境维度对青少年体育行为中的竞技行为有显著调节作用，其他维度调节效应不显著。

以上研究结果未能有效验证本书研究假设，与以往研究结果也存在一些差别。反复梳理后我们认为可能有以下几点原因：第一，社区是丰富儿童青少年体育参与的关键场所，一般而言其体育环境应如何与体育核心价值观、体育行为存在高度相关。但调节作用显示，仅有建成环境在青少年体育核心价值观与体育竞技行为存在显著作用，这可能与当前的青少年对体育行为片面认知有关。体育学习、道德行为较为隐蔽，在现阶段的青少年体育教育中，接触较少；而健身、娱乐行为虽被广泛提及，但学生对其了解和实践较少；体育竞技行为是传统的体育行为之一，学生除学校接触的教育，在各大传媒普遍认为体育是争金夺银的竞技比赛，这可能是出现本研究结果的原因之一。第二，当下的社区体育是体育活动场域的短板，本研究社区体育环境调查中，体育文化交流、体育活动氛围均低于临界值（3分），社区体育环境总维度得分3.02，建成环境得分最高为3.58，可知当下的青少年对社区体育环境的了解和认同较低，而在本研究中建成环境得分最高，在调节检验中得到了验证，说明可能社区体育环境得分较低所造成调节作用不显著。第三，本研究所采用的《社区体育环境问卷》原设计对象针对社区居民，在本研究应用于青少年调查中，虽然前期进行了修正与信度检验，但研究设计上的这种情况也可能是造成本研究结果的原因之一。

　　综上，社区体育建成环境调节着青少年体育核心价值观影响体育竞技行为的强度。当前的社区体育环境建设仍存在较大不足，各方面应重视社区体育不足对青少年体育发展的限制，应积极探索社区体育的发展路径。未来应将社区体育环境建设作为青少年体育核心价值观培养与体育行为促进的重要场所之一，全面促进青少年体育的发展。

第八章　青少年体育核心价值观培育与体育行为促进策略

第一节　我国青少年体育核心价值观的培育策略

本研究显示，我国青少年对体育核心价值的认识整体较为积极，但终身、道德、安全以及交往价值观得分排序较低，而且女性、高年级学生，身体状况较差、生源地来自村镇或父母文化程度较低的青少年对体育核心价值的认识相对较差。为此，我们将在社会主义核心价值体系的指导下，依据青少年体育核心价值观的具体表现，结合体育强国的建设要求，进一步探讨我国青少年体育核心价值观的培育策略。

一、打造政府主导有力、多方协同联动的培育格局

形成政府主导有力，多方协同联动的体育发展局面是建设体育强国的战略目标与总体要求①。首先，制定培育青少年体育核心价值观的体育政策是形成政府主导有力的保障。各级教育、体育及健康卫生等相关政府部门应积极探寻我国青少年对体育核心价值的需求，明确现状与困境，从政府治理层面明确青少年体育核心价值观的培养目标、计划与要求。如：明确青少年体育核心价值观在体育发展中的重要地位；制定针对女性青少年、高年级学生，身体状况较差学生、村镇青少年等特殊群体的体育核心价值观培育计划等。

其次，培育我国青少年体育核心价值观需要政府各部门、各级社会团体、家庭、社区以及个人的积极参与。因此，充分调动各级力量，构建多方协同联动的

---

① 国务院办公厅. 国务院办公厅关于印发体育强国建设纲要的通知［EB/OL］. http：//www. gov. cn/zhengce/content/2019-09/02/content_5426485. htm. ［2019-08-10］.

体育发展新模式是我国青少年体育核心价值观培育的必由之路。国务院等多部门要求大力促进学校、家庭、社区联动，构建学校、家庭、社区三位一体的青少年教育模式①②。其中，学校为青少年集中提供了系统全面的体育教育，如科学的体育知识、丰富的体育资源及浓厚的体育氛围等，具有其他场所无法比拟的优势，因此学校应该成为青少年体育核心价值观培育的核心阵营。

此外，本研究发现家长受教育程度对部分青少年体育核心价值观有显著影响，另有些学者指出家长示范和经济支持也是影响家庭教育的重要因素③，家庭成员的体育素养较低④，部分家长对孩子体育参与支持不足、缺少实际表率⑤等因素都限制着家庭教育对孩子体育的发展。从价值观培育的角度，应呼吁家长主动提升自己的体育素养，积极参与体育活动，以身作则并注意言传身教，带动子女参与体育的同时注意孩子的体育价值观教育。

社区体育教育是三位一体健康教育模式中的短板，主要可能由于社区体育场馆匮乏⑥⑦、社会体育指导员专业资质不全且缺口重大⑧⑨等原因造成。今后的三位一体教育模式中，应重视社区体育发展，鼓励、引导学生走出"学校与家庭两点一线"的生活状态，积极参加校外社区体育活动，不断地提高青少年体育兴

---

① 国家体育总局，中央文明办，发展改革委，等 . 青少年体育活动促进计划［EB/OL］.［2020-07-25］. http：//www. sport. gov. cn/n321/n372/c844024/content. html.［2018-01-17］.

② 国务院办公厅 . 国务院办公厅关于强化学校体育促进学生身心健康全面发展的意见［EB/OL］. http：//www. gov. cn/zhengce/content/2016-05/06/content_5070778. htm.［2016-05-06］.

③ 任杰，平杰，舒盛芳，等 . 青少年体育健康教育模式的构建与干预策略——基于上海地区中、小学生的调查［J］. 体育科学，2012，32（9）：31-36.

④ 王先茂，王健，鲁长芬，等 . 学校、社区、家庭体育一体化发展困局、域外经验与发展对策研究［J］. 成都体育学院学报，2019，45（3）：112-118，126.

⑤ 张加林，唐炎，陈佩杰，等 . 全球视域下我国城市儿童青少年身体活动研究——以上海市为例［J］. 体育科学，2017，37（1）：14-27.

⑥ 冯剑 . 我国公共体育场地流失的法律规制［J］. 西安体育学院学报，2017，34（1）：14-18.

⑦ 李国，孙庆祝 . 新世纪以来我国体育场地发展变化的实证研究——基于第 5 次与第 6 次全国体育场地普查数据的统计分析［J］. 西安体育学院学报，2016，33（2）：164-171.

⑧ 夏树花，张铁军，王清梅，等 . 我国城市社区体育志愿者队伍现状及建设路径研究［J］. 首都体育学院学报，2016，28（2）：122-127.

⑨ 邹本旭，孙永生，张睿，等 . 国家级社会体育指导员培训体系现存问题与对策［J］. 成都体育学院学报，2010，36（1）：28-30，35.

趣，促使青少年逐步形成并践行正确的体育核心价值观。

二、坚持全面推进、重点突出的培育原则

"全面推进"体现在两个方面：一指在培育内容上，推动价值观多元化；二指在培育对象上，涵盖全体青少年。培育内容方面，本研究所采用的自制量表包括 35 个条目，分属 8 个体育价值观维度。通过调查发现，虽然我国青少年已经形成了以能力和健康价值观为主导，以精神、竞争、终身、道德、安全以及交往价值观为辅助的多元价值观体系，但是他们对体育的交往、安全等价值观的认同感却相对较差。因此，全面推进体育核心价值观培育，首先要弥补现有不足，加强引导青少年对体育交往、安全等价值观的认识，并着手推动青少年体育核心价值观向全面均衡的多元化方向发展。培育对象方面，本研究调查发现：不同人口学特征的青少年的体育核心价值观呈现不同程度的差异。体育核心价值培育的目的是增强个体对体育价值的认识与认同，强化他们的体育行为，并最终为增进健康服务。我国幅员辽阔、人口众多。因此，当前在青少年体育核心价值观培育对象上，应兼顾到全国各地、各种类型的青少年，以实现真正意义的全面推进。

全面推进还要突出重点，特殊人群重点关注。本研究调查发现，女性青少年、高年级学生、身体状况较差学生、生源地来自村镇或父母文化程度较低的青少年，对体育核心价值观认同相对较差。因此，在体育核心价值观培育中，要重点关注并着力提高这几类人群的体育核心价值观水平，如：对体育价值观较低的女性，应进一步解放他们的体育思想，引进或开发适合女性的体育项目[1]以增强她们对体育的参与热情；对高年级学生，应减轻他们的学习和升学压力，适度增加他们的体育活动时间，家、校、社联合加强青少年体育价值观教育，帮助他们重拾体育激情；值得关注的是，身体状况较差的青少年对体育价值认识不足，体育价值认同感低，大大限制了他们的体育参与行为和体质增强，长此以往易形成恶性循环，这应引起相关部门和责任人的重视。

三、明确关键期，尽早培育

有学者基于生命周期理论研究发现，随着学生年龄增长，其体育价值观存在

---

[1]　钱红胜，刘江山，张晓玲，等．投球运动在我国推广的价值及策略［J］．体育文化导刊，2018（3）：59-63.

着不稳定状态且波动较大，需要在培养过程中加以稳固和务实。因此，他们指出全社会应在学生成长的黄金期大力营造体育价值观培养氛围，奠定正确体育价值观①。青少年处于心理生理的不断成熟期，年纪越小的青少年越容易接受各种教育，而年纪越大其独立性越强，越不易受到外在的影响。因此，低年级学生应是开展各种教育的关键时期②，也正是体育核心价值观培育的关键时期。本研究发现，我国青少年体育核心价值观随着年级的增长，总体呈现"增龄递减"的状态。这说明我国青少年在低年级时对体育价值的认同感较强，对体育的渴望较强烈；而到了高中时，可能由于学生升学压力变大，较多的精力被文化课分担，加之高中生的个性可塑性降低③，使高中生对体育价值的认同感降低，显然到高年级再开展学生的体育核心价值观培育已不是最佳时机。因此，对青少年开展体育核心价值观培育，应该依据青少年生长发育规律尽早开展，使他们在低年级时就形成正确的体育核心价值观，为步入高中，乃至成年时期奠定基础。

四、强化体育参与，促进知行合一的良性循环

个体价值观与行为之间具有一致性是普遍共识，如著名心理学家 Rokeach 提出价值观具有动机功能，是行为和态度的指导③。另有研究指出，体育态度会影响体育行为，而习惯化的体育行为也会对体育态度的转变产生积极影响④。体育核心价值观是体育行为的指导因素，习惯化的体育行为也必然会对体育核心价值观的养成与发展产生积极影响。本研究发现我国青少年对体育的核心价值认识较高，总体呈现较积极态势，然而我国青少年体育参与行为却有待进一步提升。前人研究亦指出体育认知与体育行为之间存在"知行脱节"的矛盾⑤⑥。因此，通

①　元文学，侯金凤．生命周期视域下学生体育价值观理论探讨：影响因素与培养策略[J]．沈阳体育学院学报，2019，38（1）：52-57．

②　任杰，平杰，舒盛芳，等．青少年体育健康教育模式的构建与干预策略——基于上海地区中、小学生的调查[J]．体育科学，2012，32（9）：31-36．

③　ROKEACH M. The Nature of human Values [M]. Free Press, 1973.

④　邹敏．青少年体育态度与体育行为的关系[J]．教育测量与评价（理论版），2015（9）：47-51．

⑤　任杰，平杰，舒盛芳，等．青少年体育健康教育模式的构建与干预策略——基于上海地区中、小学生的调查[J]．体育科学，2012，32（9）：31-36．

⑥　夏祥伟，黄金玲，刘单．高校研究生体育锻炼行为影响因素的调查研究[J]．体育学刊，2018，25（5）：102-108．

过促进学生的体育行为、让学生体验运动带来的成功与快乐，从而对体育核心价值观产生积极影响，这是干预过程的重要一步。在青少年未来的体育核心价值观培育实践中，建议以强化青少年体育参与为主要抓手，切实贯彻教育部关于推进中小学健康的"一增一减"方针，加强体育与健康课和课外锻炼时间，并减轻青少年不必要的负担①。只有如此，才能使得青少年在实际参与过程中不断体会到行为本身的乐趣和价值，在参与过程中不断培养他们对体育的正确认识，并逐步养成正确的体育核心价值观，最终形成知行合一的良性循环。

第二节　我国青少年体育行为的促进策略

本书研究发现，我国青少年对体育行为整体处于中下水平，体育道德行为、竞技行为、健身行为、学习行为、娱乐行为总体积极协调，展现了当下青少年体育行为的多元一体化特征。然而，通过调查我们也发现体育娱乐行为和学习行为水平相对较低，而且女性、高年级学生、身体状况较差、无运动会经历、生源地来自村镇或父母文化程度较低的青少年其体育行为相对较差。另外，通过作用机制的研究，我们得出青少年体育核心价值观与体育行为存在一致性，即积极的体育核心价值观会促使积极体育行为产生，而且体育态度在二者间具有重要的中介作用；家庭体育支持、学校体育环境和社区体育环境与体育行为具有高度相关，家庭体育支持和学校体育环境在青少年体育核心价值观与体育行为之间具有调节作用，虽然社区体育环境的调节作用不显著，但这可能与当前的社区体育环境水平发展有一定关系。为此，我们将在体育强国与健康中国的战略背景下，紧密结合本研究结果，进一步探讨我国青少年体育行为的强化策略。

一、建立健全青少年体育行为组织实施体系

强化青少年体育行为必须有健全的组织实施体系作为前提。从体育强国要求建立政府主导有力，多方联动的体育发展格局；到推动体育治理体系和治理能力现代化，强调多主体协同治理。本研究中关注了家庭体育支持、学校和社区体育

①　国家卫生健康委员会. 健康中国行动推进委员会办公室 2019 年 7 月 26 日新闻发布会文字实录［EB/OL］.［2019-07-26］. http：//www. nhc. gov. cn/xcs/s7847/201907/2a1c0967832c4a1ebaa1be483c25568b. shtml.

环境对体育行为的影响，这其实与多方联动、多主体协同治理的基本理念一脉相承。研究发现，高家庭体育支持较低家庭体育支持、高学校体育环境较低学校体育环境的青少年体育行为在相同体育核心价值观引导下表现得更为积极；高社区体育建成环境较低社区体育建成环境的青少年体育行为在相同体育核心价值观引导下表现得更为积极。这说明家庭、学校和社区作为青少年体育活动的 3 个关键场域，对青少年体育行为均存在显著影响。然而，当下青少年的体育行为强化仅仅站在家庭、学校和社区"三位一体"的体系可能仍显不足。本研究发现青少年体育核心价值观与体育行为存在显著相关，说明青少年体育核心价值观作为体育行为发生发展的原动力，对青少年体育行为的影响也十分关键。而且体育态度作为青少年的关键心理因素，在体育核心价值观与体育行为中存在显著中介作用。这些研究结果提示我们强化青少年体育行为也要关注青少年个人自身因素对行为的影响。此外，在当下政府—社会关系由管制、依附向合作、独立转变的背景下，体育社会组织发展为治理主体已是社会治理的重要内容。因此，强化青少年体育行为的组织实施体系中，应最少兼顾政府、家庭、学校、社区、社会组织及个人的"五位一体"的多元协同，共建共享。

"五位一体"的青少年体育行为强化体系是需要在政府的主导下实施的，这是该体系运转的前提。青少年体育行为的强化工作是一项长期、复杂的工作，没有强有力的政府领导，各主体间存在目标不一、协调混乱、监管不力、效率低下的问题；然而，强政府领导并非意味着全盘接受或全面管制，新时代政务改革要求政府执政过程中要简政放权，明确政府在青少年体育发展中的职权边界，强化政府对青少年体育发展的调控型服务治理。

家庭、学校、社区是青少年体育活动的直接场所，国务院等多部门曾多次发文要求促进家庭、学校、社区联动，构建家庭、学校、社区"三位一体"的青少年体育教育模式。学校是学生接受全面规律的体育教育的主要场所，在本研究中学校体育环境的各个维度均对体育行为有正向的促进作用；然而，我们也发现学校的体育氛围环境相对较差。此外，长期受人才选拔制度的历史原因影响，学校体育一直处于被边缘化和淡化的境地；学校体育师资、器材设施不足、不均衡也是由来已久；"三无体育课"所折射出来的学校体育现实困境在一定程度上说明学校体育仍需进一步完善。家庭作为青少年体育另一重要场所，在本研究中发现家庭体育支持亦对体育行为有正向的预测作用，但家庭对青少年体育的物质和家养支持较多，而对陪伴和情感支持稍显不足，这可能是家庭成员体育素养较低，家长对孩子体育认识不足所致①②。从青少年体育行为促进的角度，应呼吁家长提升自身体育素养，发挥家庭体育在青少年体育发展中的重要作用。

社区在当下的青少年体育发展中的贡献稍显乏力。在本研究中，社区体育环境虽然与青少年体育行为存在相关关系，但在体育核心价值观与体育行为中未发现显著的调节作用，当然这可能与当下社区体育环境水平普遍较低有关。而且诸多研究已报道社区体育场地匮乏、社会体育指导员专业资质不全且缺口较大等③④⑤⑥。因此，今后的青少年体育发展中，应重视社区体育的发展，鼓励、引导学生从事社区体育活动。

社会组织在本研究初期未被纳为研究变量考虑，以往多数研究也并未重视体育社会组织在青少年体育发展中的重要地位与价值。党的十八大以来，国家高度重视社会建设，改革社会组织管理制度，在体育社会组织中，广东、上海、江浙等一些先行试点地区积极探索体育社团与行政部门脱钩，体育社会组织直接登记，通过政府购买公共体育服务转移职能等⑦。管理制度改革有助于体育社会组织的繁荣，满足公众多样化的公共体育服务诉求。加强青少年体育行为，青少年体育不断发展壮大，青少年体育的美好多样化需求必将不断加深，仅依靠政府、家庭、学校和社区提供的体育服务必将难以满足现实需求。需要各级各类体育社会组织，如独立后的各级单项体育协会、体育俱乐部、体育培训班以及其他体育传媒公司等积极参与青少年体育行为促进的建设，完善青少年体育发展体系。

确立"五位一体"的青少年体育行为组织实施体系，就现实情况而言，五位

---

① 王先茂，王健，鲁长芬，等．学校、社区、家庭体育一体化发展困局、域外经验与发展对策研究［J］．成都体育学院学报，2019，45（3）：112-118+126.

② 张加林，唐炎，陈佩杰，等．全球视域下我国城市儿童青少年身体活动研究——以上海市为例［J］．体育科学，2017，37（1）：14-27.

③ 冯剑．我国公共体育场地流失的法律规制［J］．西安体育学院学报，2017，34（1）：14-18.

④ 李国，孙庆祝．新世纪以来我国体育场地发展变化的实证研究——基于第5次与第6次全国体育场地普查数据的统计分析［J］．西安体育学院学报，2016，33（2）：164-171.

⑤ 夏树花，张铁军，王清梅，等．我国城市社区体育志愿者队伍现状及建设路径研究［J］．首都体育学院学报，2016，28（2）：122-127.

⑥ 邹本旭，孙永生，张睿，等．国家级社会体育指导员培训体系现存问题与对策［J］．成都体育学院学报，2010，36（1）：28-30，35.

⑦ 张小航．我国体育社会组织治理制度改革的学理分析与实践探讨［J］．天津体育学院学报，2020，35（2）：175-182.

主体的协同能力存在困境。首先体育发展涉及多个政府部门，易出现政出多门、政令不一的困境；而且我国政府职能一般为垂直的下级服从上级，底层政府执政难，甚至难以下沉基层，这是目前政府治理能力现代化亟须破解的现实困境。而家庭、学校、社区和社会组织分属不同的时空场域，各主体间缺乏沟通，出现碎片化管理，易造成的各主体间目标不统一、力量不凝聚，所得收益也大大缩水。为此，应当在推进国家治理体系和治理能力现代化的背景下，努力克服以上实施过程的困境，建立并健全政府领导下的青少年体育行为"五位一体"组织实施体系，确保各主体间协调统一，共建共治共享。

二、刺激体育行为需求侧优化升级

刺激体育行为需求侧优化，从根本上讲，首先要大力宣传、普及各体育需求主体对体育的认知提升。早在 20 世纪国内学者就已经关注到体育价值的追求与探索，曾引起对体育本质、功能和价值的大讨论，逐步确立"健康第一"的体育价值观念。然而，时至今日无论是个人、社会或是政府对体育的认知可能仍不够深刻或不够普遍；另外，随着时代发展体育价值功能亦不断变化和演进，本书对青少年体育核心价值观进行探索，发现当前青少年普遍认同的体育价值有健康、道德、能力、安全、竞争、精神和终身等，随着体育入考逐步加深和经济的发展，体育的应试价值和经济价值也将逐步显现。为此，应加大体育基础原理的研究和推广，加深各主体对体育的价值认识和认同，激活各主体主动的体育需求。

值得注意的是，体育需求的主体并不仅仅是"人"本身，还包括人的衍生的所有主体（政府、家庭、学校、社区、社会组织及相关责任人）主动需求体育，在加快建设体育强国战略背景下，营造一个全方位多场域的体育需求市场，从而刺激青少年对体育的主动需要，促进他们的体育行为。

三、完善青少年体育行为保障体系

完善青少年体育行为的保障体系，从法律政策保障、人力资源保障和财力物力保障三个方面着力实施。第一，强调法律政策保障，是要确保青少年体育在法律政策的指引下发展，充分发挥法律政策的规范、引导和保障作用，提高青少年体育发展水平。近年来，各级政府从不同方面颁布实施青少年体育的发展政策法规，极大地保障了青少年体育的快速发展。第二，加强人力资源保障，当前配齐、配足体育教师已得到极大完善，而随着健康问题日趋严峻和多样化，当前的体育师资健康教育能力可能还仍显不足，因此，应当从根本上重视学校体育与健康教师培养与保障。此外，青少年体育的发展，也需要社会体育指导员、社会体育工作者、家长等多方面指引，我们前文调查中也发现社区体育组织、家庭的体育支持等存在不足，比如，家庭的对青少年的体育情感支持、社区的体育文化交流在青少年体育核心价值观与体育行为之间调节作用不显著，这可能也侧面映射了相关场域的人力资源水平有限。因此，一是加强体育院校对相关专业人才的培养，二是呼吁相关责任人主动学习，提升自身业务水平，从而确保各主体的人力资源保障。

最后，公共财政支持一直是我国体育发展的重要财力物力来源，随着体育发展其需求将更加多元，缺口将进一步增大，届时单一的财政支持恐将独木难支。因此，完善公共财政对青少年体育的投入机制，多渠道筹措资金支持是建设和发展青少年体育的必然选择。进一步增加政府公共财政对青少年体育发展的预算，并加大政府对体育发展的统筹力度，完善财政税法体系，建立公共资源向体育发展的倾斜。其次，引导社会资金融入体育事业发展，鼓励体育企业发展，以体育产业自身产值带动体育事业进一步发展，促进体育事业内循环发展壮大。

四、建立合理的青少年体育行为评价体系

本研究在两大政策背景下，运用多种方法，编制了青少年体育核心价值观、体育行为、体育态度、家庭体育支持、学校体育环境和社区体育环境 6 个问卷，一定程度上发展和丰富了青少年体育的测评体系理论研究，为实践提供了有力工具。然而，青少年体育评价体系中仍出现较多困境，如主观自评与客观他评的矛盾、单向度与全方位的矛盾、过程评价与终结评价的矛盾等。另外，现阶段全国所有地区体育已经纳入中考，分值为 30~100，从 2021 年起，绝大多数省份体育中考分值将会继续增加，体育高考问题也逐步被重视，且已有付诸实践的迹象。体育入考无疑为青少年体育评价体系改革和发展提供了良好的契机和动力，但评价体系中的现实矛盾也将在体育入考中不断凸显。

因此，青少年体育行为的评价体系研究和建设将亟待完善。在加拿大等其他国家，身体素养（Physical literacy）测评体系作为评价青少年身体活动的良好工具已被广泛认可和应用；以上海体育学院牵头研制的青少年运动技能等级标准也涵盖了大多数常见的体育项目，在部分省份开始试点，反馈意见较好；另外，依托于华东师范大学体育与健康学院的国家社会科学重大项目《中国儿童青少年体

育健身大数据平台建设研究》中，以国内外体力活动、体质测试、医学体检等相关理论为基础，通过归纳和专家访谈，确立既符合中国国情又具有可操作性的中国儿童青少年体育健身监控与评价指标体系；再基于该指标体系研发中国儿童青少年大数据分析与共享平台，以实现体育健身数据预处理、管理及可视化、体育健身数据分析（相关性分析、聚类、预测等）、健康报告等适用不同用户角色的丰富功能。

以上各案例的基本目的均是通过构建完善的评价体系实现对青少年体育与健康的评价，极大地丰富了相关研究与实践的发展。后期应当切实根据现实需求，在政府的领导下，对相关问卷、测评体系、大数据平台进行再整合与发展，构建一套全面多元的，既有结果评价又有过程跟踪，既有主观报告又有客观测量的评价体系，促进青少年体育行为的科学健康可持续发展。

五、积极应用新兴技术服务青少年体育行为发展

近年来，可穿戴设备、5G、VR、人工智能、大数据、物联网、区块链等新型信息技术快速发展，世界正在进入以信息产业为主导的新发展时期。随之而来的体育发展也应积极应对信息技术的变革浪潮，搭乘新一代信息技术的发展快车。如前文所述，我国体育发展的政府、学校、家庭、社区和社会组织各主体间协调困难，有碎片化的治理困境；刺激体育需求改革需要新兴媒介的加速传播；各种青少年体育评价工具存在不同的短板。在信息技术变革的当下，积极应用新型技术可以合理地规避青少年体育发展的不少难题，如：可穿戴设备可以做到跟踪测量和实时数据收集；大数据可以做到对个体和群体的行为特征和动态进行分析；VR与物联网可以做到虚拟现实，提升效率；区块链可以去中心化，降低信任成本等。综上，新一代信息技术必将为青少年体育的发展带来诸多机遇，在新时代的青少年体育发展背景下，我们应当厘清发展需求与现实状况，合理应用各种信息技术服务于青少年体育发展，促进青少年体育行为的提升。

参 考 文 献

［1］AHLSTROM D, BRUTON G D. Rapid institutional shifts and the co-evolution of entrepreneurial firms in transition economies ［J］. Entrepreneurship Theory & Practice, 2010, 34 (3): 531-54.

［2］AJZEN I. The theory of planned behavior ［J］. Organizational Behavior and Human Decision Processes, 1991, 50 (2): 179-211.

［3］AJZEN I. Attitudes, Personality, and Behavior (2nd edition) ［M］. Milton-Keynes, England: Open University Press / McGraw-Hill, 2005.

［4］ANDREW SMITH R, BIDDLE S J. Attitudes and exercise adherence: Test of the theories of reasoned action and planned behaviour ［J］. Journal of Sports Sciences, 1999, 17 (4): 269-81.

［5］ANSELM S, JULIET C. Basics of qualitative research: Grounded Theory Procedures and Techniques ［M］. New bury Park, CA: Sage, 1990.

［6］BALISH S, CT J. The influence of community on athletic development: an integrated case study ［J］. Qualitiative Research in Sport, 2014, 6 (1): 98-120.

［7］BARDI A, LEE J A, HOFMANN-TOWFIGH N, et al. The structure of intraindividual value change ［J］. Journal of Personality and Social Psychology, 2009, 97 (5): 913-29.

［8］BARDI A, SCHWARTZ S H. Values and behavior: Strength and structure of relations ［J］. Personality and Social Psychology Bulletin, 2003, 29 (10): 1207-20.

［9］BARNETT T A, O'LOUGHLIN J, GAUVIN L, et al. Opportunities for student physical activity in elementary schools: a cross-sectional survey of frequency and correlates ［J］. Health Education & Behavior, 2006, 33 (2): 215-32.

［10］BARON R M, KENNY D A. The moderator-mediator variable distinction in social psychological research: Conceptual, strategic, and statistical considerations [J]. Journal of Personality and Social Psychology, 1986, 51 (6): 1173.

[11] BREDEMEIER B J. Athletic Aggression: A Moral Concern [M]. Springer New York, 1983.

[12] BRINBERG D, AXELSON M L, PRICE S. Changing food knowledge, food choice, and dietary fiber consumption by using tailored messages [J]. Appetite, 2000, 35 (1): 35-43.

[13] BRUNS K, SCHOLDERER J, GRUNERT K G. Closing the gap between values and behavior—a means-end theory of lifestyle [J]. Journal of Business Research, 2004, 57 (6): 665-670.

[14] CAI Y, ZHU X, WU X. Overweight, obesity, and screen-time viewing among Chinese school-aged children: National prevalence estimates from the 2016 Physical Activity and Fitness in China-The Youth Study [J]. J Sport Health Sci, 2017, 6 (4): 404-409.

[15] CHELLADURAI P, SALEH S D. Dimensions of Leader Behavior in Sports: Development of a Leadership Scale [J]. Journal of Sport Psychology, 1980, 2 (1): 34-45.

[16] COHEN S, WILLS T A. Stress, social support, and the buffering hypothesis [J]. Psychological Bulletin, 1985, 98 (2): 310-357.

[17] CRUZ J, BOIXAD S M, VALIENTE L, et al. Prevalent values in young Spanish soccer players [J]. International Review for the Sociology of Sport, 1995, 30 (3-4): 353-371.

[18] DAVISON K K, LAWSON C T. Do attributes in the physical environment influence children's physical activity? A review of the literature [J]. International Journal of Behavioral Nutrition and Physical Activity, 2006, 3 (1): 19.

[19] DECI E L, RYAN R M. Intrinsic Motivation and Self-determination in Human Behavior [M]. New York: Plenum Press, 1985.

[20] DESSING D, PIERIK F H, STERKENBURG R P, et al. Schoolyard physical activity of 6-11 year old children assessed by GPS and accelerometry [J]. International Journal of Behavioral Nutrition and Physical Activity, 2013, 10

（1）：1-9.

［21］ DING D, SALLIS J F, KERR J, et al. Neighborhood environment and physical activity among youth: a review ［J］. American Journal of Preventive Medicine, 2011, 41 （4）: 442-455.

［22］ ECCLES J S, HAROLD R D. Gender differences in sport involvement: Applying the Eccles' expectancy-value model ［J］. Journal of Applied Sport Psychology, 1991, 3 （1）: 7-35.

［23］ FAIRCLOUGH S, BUTCHER Z, STRATTON G. Primary school children's health-enhancing physical activity patterns: the school as a significant environment? ［J］. Education 3-13, 2008, 36 （4）: 371-381.

［24］ FAN X, CAO Z B. Physical activity among Chinese school-aged children: National prevalence estimates from the 2016 Physical Activity and Fitness in China-The Youth Study ［J］. J Sport Health Sci, 2017, 6 （4）: 388-394.

［25］ FASSINGER R E. Paradigms, Praxis, Problems, and Promise: Grounded Theory in Counseling Psychology Research ［J］. Journal of Counseling Psychology, 2005, 52 （2）: 156-166.

［26］ FEIN A J, PLOTNIKOFF R C, WILD T C, et al. Perceived environment and physical activity in youth ［J］. International Journal of Behavioral Medicine, 2004, 11 （3）: 135-142.

［27］ FISHBEIN M, AJZEN I. Belief, attitude, intention, and behavior: An introduction to theory and research ［M］. Reading, MA: Addison-Wesley. 1975.

［28］ GIBBONS S L, EBBECK V, WEISS M R. Fair Play for Kids: effects on the moral development of children in physical education ［J］. Res Q Exerc Sport, 1995, 66 （3）: 247-255.

［29］ GLASER B, STRAUSS A. The discovery of grounded theory: Strategies for qualitative research ［M］. Chicago: Aldine Publishing Company, 1967.

［30］ GLASER B, STRAUSS A. The Discovery of Grounded Theory: Strategies for Qualitative Research ［M］. Chicago: Aldine Publishing Company, 1967.

［31］ GLASER B G. Basics of grounded theory analysis ［M］. Mill Valley, CA: Sociology Press, 1992.

［32］ GRACE J B, SCHOOLMASTER D R, GUNTENSPERGEN G R, et al. Guidelines for a graph-theoretic implementation of structural equation modeling ［J］. Ecosphere, 2012, 3 （8）.

［33］ HASSANDRA M, GOUDAS M, THEODORAKIS H Y. A fair play intervention program in school Olympic education ［J］. European Journal of Psychology of Education, 2007, 22 （2）: 99-114.

［34］ HASTAD D, SEGRAVE J, PANGRAZI R, et al. Causal factors of deviant behavior among youth sport participants and nonparticipants ［J］. Psychology and Sociology of Sport: Current Selected Research, 1986, 14 （2）: 149-166.

［35］ HAUG E, TORSHEIM T, SALLIS J F, et al. The characteristics of the outdoor school environment associated with physical activity ［J］. Health Education Research, 2010, 25 （2）: 248-256.

［36］ HILLAND T A, RIDGERS N D, STRATTON G, et al. Associations between selected demographic, biological, school environmental and physical education based correlates, and adolescent physical activity ［J］. Pediatric Exercise Ence, 2011, 23 （1）: 61-71.

［37］ HITLIN S, PILIAVIN J A. Values: Reviving a Dormant Concept ［J］. Annual Review of Sociology, 2004, 30 （1）: 359-393.

［38］ HOAGWOOD K E, CAVALERI M A, OLIN S S, et al. Family support in children's mental health: A review and synthesis ［J］. Clinical Child and Family Psychology Review, 2010, 13 （1）: 1-45.

［39］ HUNTER F, STEPHEN F, HEATH M D, et al. Are sport consumers unique? Consumer behavior within crowded sport markets ［J］. Journal of Sport Management, 2018, 32 （4）: 1-14.

［40］ HUPPERTZ C, BARTELS M, DE GEUS E J, et al. The effects of parental education on exercise behavior in childhood and youth: a study in Dutch and Finnish twins ［J］. Scandinavian Journal of Medicine & Science in Sports, 2017, 27 （10）: 1143-1156.

［41］ KARREMANS J C. Considering reasons for a value influences behaviour that expresses related values : an extension of the value-as-truisms hypothesis ［J］. European Journal of Social Psychology, 2010, 37 （3）: 508-523.

[42] KENYON G S. Six scales for assessing attitude toward physical activity [J]. Research Quarterly, 1968, 39 (3): 566-574.

[43] KLUCKHOHN C. Values and value-orientations in the theory of action: An exploration in definition and classification [M]. Cambridge, MA: Harvard University Press, 1951.

[44] KRISTIANSEN C M, HOTTE A M. Morality and the self: Implications for the when and how of value-attitude-behavior relations; proceedings of the The psychology of values: The Ontario symposium, F, 1996 [C]. Lawrence Erlbaum Associates Mahwah, New Jersey.

[45] LEE M J, COCKMAN M. Values in children's sport: Spontaneously expressed values among young athletes [J]. International Review for the Sociology of Sport, 1995, 30 (3-4): 337-350.

[46] LEE M J, WHITEHEAD J, BALCHIN N. The Measurement of Values in Youth Sport: Development of the Youth Sport Values Questionnaire [J]. Journal of Sport & Exercise Psychology, 2000, 22 (4): 307-326.

[47] LEE M J, WHITEHEAD J, BALCHIN N. The measurement of values in youth sport: Development of the Youth Sport Values Questionnaire [J]. Journal of Sport and Exercise Psychology, 2000, 22 (4): 307-326.

[48] LEE M J, WHITEHEAD J, NTOUMANIS N, et al. Relationships among values, achievement orientations, and attitudes in youth sport [J]. Journal of Sport and Exercise Psychology, 2008, 30 (5): 588-610.

[49] LIU H, YU S, COTTRELL L, et al. Personal values and involvement in problem behaviors among Bahamian early adolescents: a cross-sectional study [J]. BMC Public Health, 2007, 7 (1): 135-139.

[50] LUMSDEN C J, WILSON E O. Genes, Mind, and Culture—The Coevolutionary Process (25th Anniversary Edition) [M]. World Scientific, 2005.

[51] LYKKEN D T. Research with twins: The concept of emergenesis [J]. Psychophysiology, 1982, 19 (4): 361-372.

[52] MARTIN K, BREMNER A, SALMON J, et al. Physical, policy, and sociocultural characteristics of the primary school environment are positively associated with children's physical activity during class time [J]. Journal of

Physical Activity and Health, 2014, 11 (3): 553-563.

[53] MISENER K, HARMAN A, DOHERTY A. Understanding the local sports council as a mechanism for community sport development [J]. Managing Leisure, 2013, 18 (4): 300-315.

[54] NUNNALLY J C, BERNSTEIN L. Psychometric Theory [M]. Tata McGraw-hill education, 1994.

[55] ROBERTSON-WILSON J, L VESQUE L, HOLDEN R R. Development of a Questionnaire Assessing School Physical Activity Environment [J]. Measurement in Physical Education & Exercise Ence, 2007, 11 (2): 93-107.

[56] ROKEACH M. The Nature of Human Values [M]. New York: The Free Press, 1973.

[57] SALLIS J F, CONWAY T L, PROCHASKA J J, et al. The association of school environments with youth physical activity [J]. American Journal of Public Health, 2001, 91 (4): 618.

[58] SCHWARTZ S H, BILSKY W. Toward a universal psychological structure of human values [J]. Journal of Personality and Social Psychology, 1987, 53 (3): 550.

[59] SIMMONS D D, DICKINSON R V. Measurement of values expression in sports and athletics [J]. Perceptual and Motor Skills, 1986, 62 (2): 651-658.

[60] STANGER N, BACKHOUSE S H, JENNINGS A, et al. Linking Motivational Climate With Moral Behavior in Youth Sport: The Role of Social Support, Perspective Taking, and Moral Disengagement [J]. Sport, Exercise, and Performance Psychology, 2018, 7 (4): 394.

[61] STORNES T, BRU E. Sportspersonship and perceptions of leadership. An investigation of adolescent handball players' perceptions of sportspersonship and relations with perceived leadership [J]. European Journal of Sport Ence, 2002, 2 (6): 1-15.

[62] STORY M, NANNEY M S, SCHWARTZ M B. Schools and obesity prevention: creating school environments and policies to promote healthy eating and physical activity [J]. The Milbank Quarterly, 2009, 87 (1): 71-100.

[63] STRAUSS A, CORBIN J. Basics Of Qualitative Research: Grounded Theory

Procedures And Techniques [M]. New bury Park, CA: Sage, 1990.

[64] TROST S G, LOPRINZI P D. Parental Influences on Physical Activity Behavior in Children and Adolescents: A Brief Review [J]. American Journal of Lifestyle Medicine, 2016, 5 (2): 171-181.

[65] WANG L, TANG Y, LUO J. School and community physical activity characteristics and moderate-to-vigorous physical activity among Chinese school-aged children: A multilevel path model analysis [J]. J Sport Health Sci, 2017, 6 (4).

[66] WATKINS L, GNOTH J. Methodological issues in using Kahle's list of values scale for Japanese tourism behaviour [J]. Journal of Vacation Marketing, 2005, 11 (3): 225-233.

[67] WATSON G G, COLLIS R. Adolescent Values in Sport: A Case of Conflicting Interests [J]. International Review of Sport Sociology, 1982, 17 (3): 73-90.

[68] WEAR C L. The Evaluation of Attitude toward Physical Education as an Activity Course [J]. Research Quarterly for Exercise & Sport, 1951, 22 (1): 114-126.

[69] WELLS M S, ELLIS G, ARTHUR-BANNING K, et al. Effect of staged practices and motivational climate on goal orientation and sportsmanship in community youth sport experiences [J]. Journal of Park & Recreation Administration, 2006, 24 (4): 64-84.

[70] WONG S L, LEATHERDALE S T, MANSKE S R. Reliability and validity of a school-based physical activity questionnaire [J]. Medicine & Science in Sports & Exercise, 2006, 38 (9): 1593-1600.

[71] YANG X L, TELAMA R, LAAKSO L. Parents' physical activity, socioeconomic status and education as predictors of physical activity and sport among children and youths-A 12-year follow-up study [J]. International Review for the Sociology of Sport, 1996, 31 (3): 273-291.

[72] ZAJONC R. On the primacy of affect [J]. The American Psychologist, 1984, 39 (2): 117-123.

[73] ZAJONC R B. Feeling and thinking: Preferences need no inferences [J]. American Psychologist, 1980, 35 (2): 151.

[74] ZHU Z, YANG Y, KONG Z, et al. Prevalence of physical fitness in Chinese

school-aged children：Findings from the 2016 Physical Activity and Fitness in China-The Youth Study［J］. J Sport Health Sci, 2017, 6（4）：395-403.

［75］ 班杜拉. 社会学习心理学［M］. 长春：吉林教育出版社, 1988.

［76］ 鲍冠文. 体育概论［M］. 北京：高等教育出版社, 1995：38-40.

［77］ 卜令恩. 云南省鹤庆县九年级学生体育态度与体育中考成绩相关研究［D］. 昆明：云南师范大学, 2017.

［78］ 曹瑞平. 高中独生子女的性格缺陷和教育对策［D］. 沈阳：辽宁师范大学, 2011.

［79］ 曹湘君. 体育概论 第2版［M］. 北京：北京体育学院出版社, 1988：142.

［80］ 陈成文. 社会学［M］. 长沙：湖南师范大学出版社, 2005.

［81］ 陈丹萍. 中学生体育态度的跨文化研究［J］. 上海体育学院学报, 1994,（2）：89-94.

［82］ 陈国明, 胡惠闵. 教研员工作投入：结构、现状与影响因素的研究［J］. 全球教育展望, 2019, 48（3）：60-77.

［83］ 陈洁, 宋文利. 体育教育学［M］. 北京：北京师范大学出版社, 2012：12-40.

［84］ 陈金鳌, 陆阿明, 尹明坤, 等. 家庭视域下儿童体育参与影响因素研究［J］. 南京体育学院学报（社会科学版）, 2014, 28（6）：78-83.

［85］ 陈开梅, 杨威, 董磊. 大学生体育价值观心理结构研究［J］. 南京体育学院学报（社会科学版）, 2010, 24（3）：124-128.

［86］ 陈佩杰, 翁锡全, 林文弢. 体力活动促进型的建成环境研究：多学科、跨部门的共同行动［J］. 体育与科学, 2014, 35（1）：22-29.

［87］ 陈琦. 从终身体育思想审视我国学校体育的改革与发展［J］. 体育科学, 2004（1）：40-43.

［88］ 陈琦, 杨文轩, 刘海元, 等. 我国当代体育价值观的研究［J］. 体育科学, 2006（8）：3-9, 74.

［89］ 陈炜. 大学生体育价值观与高校体育环境关系的初步研究［D］. 苏州：苏州大学, 2008.

［90］ 陈莹, 郑涌. 价值观与行为的一致性争议［J］. 心理科学进展, 2010, 18（10）：1612-1619.

［91］ 陈长洲, 王红英, 项贤林, 等. 改革开放40年我国青少年体质健康政策的

回顾、反思与展望 [J]. 体育科学，2019，39（3）：38-47，97.

[92] 陈子莹. 昆明市女大学生不同体育生活方式体育价值观、体育锻炼态度的对比研究 [D]. 昆明：云南师范大学，2017.

[93] 程诺. 不同成长环境的独生子女与非独生子女心理健康的比较研究 [D]. 天津：天津大学，2018.

[94] 代俊，陈瀚. 社会生态学视角下青少年校外身体活动行为的影响因素研究 [J]. 首都体育学院学报，2018，30（4）：371-377.

[95] 戴海崎，张锋，陈雪枫. 心理与教育测量. 修订版 [M]. 广州：暨南大学出版社，2007.

[96] 戴晶斌. 中日大学生体育态度的跨文化研究 [J]. 山东体育科技，1996（2）：52-56.

[97] 丹豫晋，刘映海. 家庭体育支持与青少年体质的关系研究 [J]. 教育理论与实践，2015，35（34）：30-33.

[98] 邓跃宁. 论学校体育环境及建设 [J]. 四川体育科学，1995（1）：36-40.

[99] 董彦会，刘慧彬，王政和，等. 2005—2014 年中国 7～18 岁儿童青少年近视流行状况与变化趋势 [J]. 中华预防医学杂志，2017，51（4）：285-289.

[100] 范卉颖，唐炎，张加林，等. 我国青少年运动意愿及影响因素研究 [J]. 中国体育科技，2019，55（6）：35-45，58.

[101] 范泽斌. 校园体育文化对大学生体育行为的影响研究 [D]. 济南：山东大学，2016.

[102] 冯剑. 我国公共体育场地流失的法律规制 [J]. 西安体育学院学报，2017，34（1）：14-18.

[103] 冯维胜，丁树哲. 体育价值观对体育锻炼影响的探讨 [J]. 南京体育学院学报（社会科学版），2003（4）：18-21.

[104] 葛见珠，阚妮妮，王盛琳. 江苏省体育专业 "90 后" 大学生价值观调查与干预策略探究 [J]. 南京体育学院学报（自然科学版），2014，13（4）.

[105] 耿桢. 高中生体育态度成因及对策分析 [D]. 沈阳：辽宁师范大学，2014.

[106] 公立政. 西南地区中小学 "阳光体育运动" 开展现状与制约因素研究 [D]. 成都：西南大学，2013.

[107] 宫晓丽. 社区体育生态化服务体系的构建 [J]. 北京体育大学学报，2008（9）：1182-1184.

［108］龚玭．上海市初级中学学校体育环境现状的调查研究［D］．上海：上海体育学院，2010.

［109］郭可雷．学校体育环境、锻炼意向与初中生身体活动的关系研究［D］．上海：上海体育学院，2019.

［110］国家体育总局．体育总局关于印发《青少年体育"十三五"规划》的通知［Z］．2016.

［111］国家体育总局，中央文明办，发展改革委，等．青少年体育活动促进计划［Z］．2018.

［112］国家卫生健康委员会．健康中国行动推进委员会办公室2019年7月26日新闻发布会文字实录［Z］．2019.

［113］国务院．国务院关于实施健康中国行动的意见［Z］．2019.

［114］国务院办公厅．国务院办公厅关于强化学校体育促进学生身心健康全面发展的意见［Z］．2016.

［115］国务院办公厅．国务院办公厅关于强化学校体育促进学生身心健康全面发展的意见［Z］．中华人民共和国国务院公报．2016：37-40.

［116］国务院办公厅．国务院办公厅关于印发体育强国建设纲要的通知［Z］．2019.

［117］韩会君，陈建华．生态系统理论视域下青少年体育参与的影响因素分析［J］．广州体育学院学报，2010，30（6）：16-20.

［118］何艳君．论社区体育与学校体育的协调发展［D］．桂林：广西师范大学，2005.

［119］侯乐荣．体育行为学初探［J］．体育科学，1992（6）：12.

［120］侯悦．北京市海淀区高中一、二年级女生体育态度和体育参与的研究［D］．北京：北京体育大学，2014.

［121］胡燕．大学生体育价值观与体育行为的关系研究［D］．昆明：云南师范大学，2015.

［122］黄荣洲．大学生参加体育活动研究［J］．天津体育学院学报，1995（4）：78-79.

［123］黄世勋，蔡福全．北京市东城区高中学生体育价值观现状的调查研究［J］．教育科学研究，1990（6）：21-25.

［124］黄希庭，张进辅，李红，等．当代中国青年价值观与教育［M］．成都：四

川教育出版社,1994.

[125] 黄亚妹.福建省大学生体育观赏行为特征的调查与分析[D].福州:福建师范大学,2007.

[126] 黄志坚.青年学[M].北京:中国青年出版社,1988.

[127] 活力健康儿童全球联盟.儿童青少年身体活动评价体系指标含义及评价方法[Z].2016.

[128] 季浏.《体育与健康课程标准》实施过程中应注意的几个问题[J].上海体育学院学报,2006(4):76-79,91.

[129] 季浏.论面向学生的中国体育与健康新课程[J].体育科学,2013,33(11):28-36,74.

[130] 季浏.我国《普通高中体育与健康课程标准(2017年版)》解读[J].体育科学,2018,38(2):3-20.

[131] 贾旭东,谭新辉.经典扎根理论及其精神对中国管理研究的现实价值[J].管理学报,2010,7(5):656-665.

[132] 贾英健.核心价值观及其功能[N].光明日报(理论版),2007-10-23.

[133] 蒋宁.云南省彝、汉族大学生体育态度特征的研究[D].北京:北京体育大学,2007.

[134] 焦莹莹.家庭支持、家庭控制与初中生健康危险行为的关系研究[D].重庆:重庆大学,2009.

[135] 金健秋,徐国宏,尹海立.大学生体育行为探析[J].中国体育科技,2001(7):34-36.

[136] 金盛华,孙娜,史清敏,等.当代中学生价值取向现状的调查研究[J].心理学探新,2003(2):30-34.

[137] 柯江林,孙健敏,李永瑞.心理资本:本土量表的开发及中西比较[J].心理学报,2009,41(9):875-888.

[138] 李爱贞.生态环境保护概念[M].北京:气象出版社,2001.

[139] 李丰祥,宋杰.山东半岛城市群社区健身环境评价体系及标准的研究[J].武汉体育学院学报,2006(5):40.

[140] 李国,孙庆祝.新世纪以来我国体育场地发展变化的实证研究——基于第5次与第6次全国体育场地普查数据的统计分析[J].西安体育学院学报,2016,33(2):164-171.

［141］李华, 杨闯建, 王鑫. 当代体育价值观基础理论研究［J］. 武汉体育学院学报, 2004（6）: 30-32.

［142］李英. 湖南省部分地区农村中学生体育态度和体育行为的现状调查［J］. 广州体育学院学报, 2006（6）: 111-114.

［143］李跃年. 体育行为学［M］. 哈尔滨: 哈尔滨工业大学出版社, 2004.

［144］梁建平, 么广会, 常金栋, 等. 我国西南地区城乡中学生体育价值观认知差异性研究［J］. 中国体育科技, 2011, 47（6）: 99-111, 20.

［145］刘丹萍. 社会 行为与健康［M］. 成都: 四川大学出版社, 2019: 1-2.

［146］刘刚. 浅议体育行为学［J］. 昭乌达蒙族师专学报（自然科学版）, 2001（6）: 51-52.

［147］刘松涛, 张晓娟, 芦珊, 等. 独生子女与非独生子女中学生心理健康状况和人格特点［J］. 中国健康心理学杂志, 2018, 26（9）: 1433-1435.

［148］刘学津. 关于建立体育环境学的探讨［J］. 浙江体育科学, 1987（2）: 71-73.

［149］刘一民. 关于创建体育行为学的构想［J］. 体育科学, 1990（2）: 82-83, 1, 96.

［150］刘一民. 体育行为学［M］. 北京: 人民体育出版社, 1993.

［151］刘一民, 孙波. 论体育行为的多维特征［J］. 山东体育学院学报, 2002（4）: 6-9.

［152］刘一民, 孙庆祝, 孙月霞. 我国大学生体育态度和体育行为的调查研究［J］. 中国体育科技, 2001（1）: 29-32, 9.

［153］鲁飞. 论体育的核心价值观［J］. 成都体育学院学报, 2006（5）: 27-29.

［154］鲁长芬, 胡婷, 罗小兵, 等. 青少年体育核心价值观问卷编制与检验［J］. 武汉体育学院学报, 2019, 53（8）: 89-95.

［155］骆秉全, 兰馨, 李开颖. 首都城乡体育发展一体化研究［J］. 体育科学, 2010, 30（2）: 20-27.

［156］马金梁. 吉林省高中生体育价值观与体育行为关系研究［D］. 长春: 吉林大学, 2012.

［157］毛荣建. 青少年学生锻炼态度-行为九因素模型的建立及检验［D］. 北京: 北京体育大学, 2003.

［158］孟磊. 学校体育环境及其与学生体质健康的关系研究［D］. 南京: 南京师

范大学，2014.

[159] 潘维．论现代社会的核心价值观 [J]．电影艺术，2007（3）：5-14.

[160] 彭聪．青少年体育参与行为促进的影响因素研究 [D]．济南：山东体育学院，2018.

[161] 彭说龙．广州东京两地大学生体育价值观的比较 [J]．广州体育学院学报，1997（4）：15-19，7.

[162] 钱红胜，刘江山，张晓玲，等．投球运动在我国推广的价值及策略 [J]．体育文化导刊，2018（3）：59-63.

[163] 钱汇宗．体育新学科介绍（三）[J]．上海体育学院学报，1987（2）：87-88.

[164] 秦明昆．大学生体育行为与部分心理学指标的相关性研究 [D]．淮北：淮北师范大学，2018.

[165] 邱亚君，梁名洋，许娇．中国女性休闲体育行为限制因素的质性研究——基于社会性别理论的视角 [J]．体育科学，2012，32（8）：9，25-33.

[166] 任海．南京青奥会与我国青少年体育价值观的重塑 [J]．体育与科学，2011，32（4）：1-3，16.

[167] 任杰，平杰，舒盛芳，等．青少年体育健康教育模式的构建与干预策略——基于上海地区中、小学生的调查 [J]．体育科学，2012，32（9）：31-36.

[168] 荣泰生．AMOS 与研究方法 [M]．重庆：重庆大学出版社，2010.

[169] 佘晶晶．学校环境对儿童青少年身体活动的影响 [D]．上海：上海体育学院，2019.

[170] 宋杰．社区健身环境评价的若干理论问题探讨 [J]．上海体育学院学报，2006（4）：18-22.

[171] 宋杰．对城市社区健身环境评价基本理论问题的探讨 [J]．北京体育大学学报，2007（10）：1328-1330.

[172] 宋杰，孟伟．淄博市城镇居民小区健身环境评价体系的构建 [J]．山东理工大学学报（自然科学版），2006（6）：73-77.

[173] 苏晓红，李炳光，田英．基于社会生态学模型的青少年体育锻炼行为相关因素分析 [J]．沈阳体育学院学报，2017，36（4）：70-76.

[174] 孙辉．论体育环境 [J]．上海体育学院学报，1993（2）：14-20.

[175] 孙建刚, 柯友枝, 洪金涛, 等. 利器还是噱头: 可穿戴设备在身体活动测量中的信效度 [J]. 上海体育学院学报, 2019, 43 (6): 29-38.

[176] 孙妍. 体育赛事媒介传播对青少年体育态度、体育行为的影响 [D]. 上海: 上海体育学院, 2016.

[177] 孙月霞. 社会转型期中国体育价值观重构 [J]. 北京体育大学学报, 2014, 37 (5): 16-21.

[178] 谭劲松. 关于中国管理学科发展的讨论 [J]. 管理世界, 2007 (1): 81-91, 104.

[179] 唐宏贵. 体育价值观念的嬗变与社会体育发展 [J]. 武汉体育学院学报, 1996 (2): 9-12.

[180] 唐照华. 体育价值观是体育行为的杠杆 [J]. 成都体育学院学报, 1994 (4): 67-71.

[181] 田海舰. 社会主义核心价值观研究 [D]. 北京: 中共中央党校, 2008.

[182] 田慧生. 教学环境论 [J]. 教育研究, 1995 (6): 47-51, 8.

[183] 田野. 吉林省城市中学生体育价值观的现状研究 [D]. 长春: 吉林大学, 2008.

[184] 王桂华, 肖焕禹, 陈玉忠. 上海市中学生体育价值观现状及影响其形成因素社会学分析 [J]. 体育科研, 2005 (6): 77-81.

[185] 王国红, 张文慧. 城市社区体育评价指标体系的构建研究——以上海市为例 [J]. 成都体育学院学报, 2010, 36 (2): 29-32.

[186] 王海明. 行为概念辩难 [J]. 北京大学学报 (哲学社会科学版), 1999 (6): 3-5.

[187] 王宏, 郑薇娜, 沈克印. 社会主义核心价值观视域下体育价值特征探析 [J]. 武汉体育学院学报, 2015, 49 (9): 43-45, 56.

[188] 王健. 对培养大学生体育意识的研究 [J]. 哈尔滨体育学院学报, 2002 (3): 15-16, 8.

[189] 王久高. 社会主义核心价值观的生成与内涵 [J]. 中国特色社会主义研究, 2014 (4): 69-73.

[190] 王凯珍, 任海, 王渡, 等. 我国城市社区体育的现状及发展趋势 [J]. 体育科学, 1997 (5): 6-10.

[191] 王丽萍. 政治心理学中的态度研究 [J]. 北京大学学报 (哲学社会科学

版)，2006（1）：132-141.

[192] 王思斌．社会学教程（第 2 版）[M]．北京：北京大学出版社，2003.

[193] 王先茂，王健，鲁长芬，等．学校、社区、家庭体育一体化发展困局、域
外经验与发展对策研究 [J]．成都体育学院学报，2019，45（3）：112-118，
26.

[194] 魏钧，张勉，杨百寅．组织认同受传统文化影响吗——中国员工认同感知
途径分析 [J]．中国工业经济，2008（6）：118-126.

[195] 魏万磊，刘黎．政治心理学中的态度研究 [J]．湖北社会科学，2011（4）：
40-42.

[196] 温忠麟，侯杰泰，张雷．调节效应与中介效应的比较和应用 [J]．心理学
报，2005（2）：268-274.

[197] 吴明隆．问卷统计分析实务：SPSS 操作与应用 [M]．重庆：重庆大学出
版社，2010.

[198] 夏树花，张铁军，王清梅，等．我国城市社区体育志愿者队伍现状及建设
路径研究 [J]．首都体育学院学报，2016，28（2）：122-127.

[199] 夏祥伟，黄金玲，刘单．高校研究生体育锻炼行为影响因素的调查研究
[J]．体育学刊，2018，25（5）：102-108.

[200] 熊茂湘．体育环境导论 [M]．北京：北京体育大学出版社，2003.

[201] 阳家鹏．家庭体育环境、锻炼动机与青少年身体活动的关系研究 [D]．上
海：上海体育学院，2017.

[202] 杨闯建．河南省城市中学生体育价值观现状及培养问题研究 [D]．开封：
河南大学，2003.

[203] 杨文轩，陈琦．体育原理 [M]．北京：高等教育出版社，2004.

[204] 杨文轩，陈琦．体育概论（第 2 版）[M]．北京：高等教育出版社，2015：
35-39.

[205] 杨秀兰，方新普，朱西龙，陈彦．大学生体育生活初探 [J]．西安体育学
院学报，1995（1）：54-56.

[206] 杨宜音．社会心理领域的价值观研究述要 [J]．中国社会科学，1998（2）：
3-5.

[207] 姚志强．社区体育环境对儿童青少年身体活动的影响 [D]．上海：上海外
国语大学，2019.

［208］叶玉霞．基于态度理论的高职教师科研倦怠探因及对策［J］.职教论坛，2012（36）：21-23.

［209］于春艳．体育锻炼态度、参与度与体育价值观的相关研究［J］.沈阳体育学院学报，2009，28（3）：53-56.

［210］元文学，侯金凤．生命周期视域下学生体育价值观理论探讨：影响因素与培养策略［J］.沈阳体育学院学报，2019，38（1）：52-57.

［211］张东军，王斌．我国当代运动员核心价值观的构建［J］.上海体育学院学报，2013，37（1）：81-85.

［212］张恩泰．我国大学生体育价值观现状的初步研究［D］.重庆：西南大学，2006.

［213］张丰涛．高校研究生体育态度与行为的研究［J］.山东体育学院学报，2000（3）：63-65，78.

［214］张凤玲，张兴泉，王亚乒．家庭影响青少年体育参与的理论模型构建［J］.沈阳体育学院学报，2014，33（3）：50-54.

［215］张凤民．家庭因素对小学生体育参与影响的研究［D］.长春：东北师范大学，2005.

［216］张加林，唐炎，陈佩杰，等．全球视域下我国城市儿童青少年身体活动研究——以上海市为例［J］.体育科学，2017，37（1）：14-27.

［217］张力文．山西省初中生体育学习兴趣与体育行为的相关研究［D］.太原：山西师范大学，2015.

［218］张立顺．体育精神与社会主义核心价值观培育路径的探索［J］.山东体育学院学报，2016，32（3）：59-62.

［219］张闽涛．北京市残障高中生体育价值观研究［D］.北京：首都体育学院，2008.

［220］张荣．西宁市中学生体育意识和体育行为的调查研究［D］.西宁：青海师范大学，2011.

［221］张素霞．大学生体育态度和体育行为的因果关系［J］.体育学刊，2003（3）：50-51.

［222］张小航．我国体育社会组织治理制度改革的学理分析与实践探讨［J］.天津体育学院学报，2020，35（2）：175-182.

［223］张永保，田雨普．"家庭体育"新释义［J］.北京体育大学学报，2010，33

(6)：9-12.
[224] 张兆芙，寇玲．关于体育专业大学生体育价值观的初步研究［J］．天津体育学院学报，1991（3）：80-84.
[225] 章宏智．国家运动选手训练中心选手运动价值观及其相关因素之影响［J］．运动与游戏研究（台湾），2007，1（3）：103-118.
[226] 赵静，严保平．高中生独生与非独生子女父母教养方式、成就动机的差异［J］．中国健康心理学杂志，2018，26（10）：1598-1600.
[227] 赵立，杨智学，李芾，等．我国城市新型社区体育场地设施配套建设法律规制及执行状况探讨：以北京市为例［J］．首都体育学院学报，2012，24（4）：346-349.
[228] 赵立军．体育伦理学［M］．北京：北京体育大学出版社，2007.
[229] 周登嵩．新世纪我国学校体育改革与发展研究综览［J］．首都体育学院学报，2005（3）：1-7.
[230] 周登嵩．学校体育学［M］．北京：人民体育出版社，2005.
[231] 周丽君，张泽，张雷．青少年体育行为的性别差异社会学分析［J］．北京体育大学学报，2009，32（11）：28-30.
[232] 周西宽．体育基本理论［M］．北京：人民体育出版社，2007：103.
[233] 周晓东，汪焱，彭雪涵．论我国城市社区体育健身环境［J］．福建体育科技，2005（1）：1-8.
[234] 朱卫红．初中生家庭社会支持问卷的初步编制［J］．曲靖师范学院学报，2003（3）：98-101.
[235] 朱卫红．初中生家庭社会支持问卷的初步编制［J］．曲靖师范学院学报，2003，22（3）：98-101.
[236] 祝蓓里，季浏．体育心理学［M］．北京：高等教育出版社，2000：40-45.
[237] 祝涛．大学生体育行为影响因素的研究［J］．教育与职业，2010（5）：189-190.
[238] 邹本旭，孙永生，张睿，等．国家级社会体育指导员培训体系现存问题与对策［J］．成都体育学院学报，2010，36（1）：28-30，5.
[239] 邹敏．青少年体育态度与体育行为的关系［J］．教育测量与评价（理论版），2015（9）：47-51.
[240] 邹宁．长春市与波士顿高校学生体育态度及影响因素的比较研究［D］．长

春：东北师范大学，2008.

[241] 共产党员网. 中共中央关于制定国民经济和社会发展第十三个五年规划的建议［Z］. 2015.

[242] 李克强. 政府工作报告——2015 年 3 月 5 日在第十二届全国人民代表大会第三次会议上［Z］. 2015.

[243] 马冠生. 中国儿童肥胖报告［M］. 北京：人民卫生出版社，2017.

[244] 习近平. 坚定文化自信，推动社会主义文化繁荣兴盛［Z］. 2017.

[245] 习近平. 决胜全面建成小康社会夺取新时代中国特色社会主义伟大胜利——在中国共产党第十九次全国代表大会上的报告［Z］. 2017.

[246] 中共中央，国务院. 中共中央　国务院关于加强青少年体育增强青少年体质的意见［Z］. 2007.

[247] 中共中央，国务院. "健康中国 2030" 规划纲要［Z］. 2016.

[248] 中共中央办公厅. 关于培育和践行社会主义核心价值观的意见［Z］. 2013.

附　　录

附录 2-1　青少年体育核心价值观访谈提纲

背景介绍：

体育是通过人类自身行为，改变其自身的自然属性和社会属性的一种社会实践活动，它在青少年的全面发展过程中起着重要的作用。《国家中长期教育改革和发展规划纲要（2010—2020 年）》提出：全面加强和改进德育、智育、体育、美育，……加强体育，牢固树立健康第一的思想，确保学生体育课程和课余活动时间，加强心理健康教育，促进学生身心健康、体魄强健、意志坚强，……促进德育、智育、体育、美育有机融合，提高学生综合素质，使学生成为德智体美全面发展的社会主义建设者和接班人。

体育价值观是人们在从事体育活动的过程中，逐渐形成的对体育总价值的看法，它支配着青少年运动参与的意识与行为。但在多元价值观并存的时代，要避免青少年因价值观碰撞而导致紊乱，就必须有核心价值观作为主导。

提纲 1　大学体育教师访谈提纲

导语：

尊敬的专家：

您好！我们正在做我国当代青少年体育核心价值观的研究。为了取得客观、科学的研究成果，我们根据研究目的对您进行访谈，请允许我对此次访谈进行录音，访谈内容将严格保密，访谈结果将进行整体分析，不作个案研究。您的回答对我们的研究十分重要，感谢您的帮助与合作！

访谈问题：

1. 现如今，国家正在大力提倡全民健身运动，并强调要将青少年作为实施全民健身计划的重点人群，您是如何看待这个问题的？您认为国家这么做最主要的目的是什么？

2. 在您看来，青少年在个人发展中具有哪些作用？您觉得最重要的作用是什么？

3. 在您看来，现在的大学生是否认识到体育的这些作用？他们更多认识到的是体育在哪方面的作用？

4. 根据您平时在体育教学和训练中的观察，您认为当前青少年所表现出来的体育价值观有哪些？

5. 作为体育领域的专家，您在平时的体育教学和训练中，最注重培养青少年哪方面的体育价值观？

6. 您为什么认为这个或这些体育价值观对青少年的培养是重要的？请尽可能说出您的观点。

7. 您所在的单位是否重视这些体育价值观的培养？除此之外，单位还重视其他方面体育价值观的培养吗？

8. 您认为目前青少年最缺少哪方面的体育价值观？您觉得是什么原因导致当代青少年缺少这个或这些体育价值观？

9. 在以上所谈到的这些体育价值观中，您觉得哪些可作为青少年的体育核心价值观？

提纲 2　中学体育教师访谈提纲

导语：

尊敬的专家：

您好！我们正在做我国当代青少年体育核心价值观的研究。为了取得客观、科学的研究成果，我们根据研究目的对您进行访谈，请允许我对此次访谈进行录音，访谈内容将严格保密，访谈结果将进行整体分析，不作个案研究。您的回答对我们的研究十分重要，感谢您的帮助与合作！

访谈问题：

1. 现如今，国家正在大力提倡全民健身运动，并强调要将青少年作为实施全民健身计划的重点人群，您是如何看待这个问题的？您认为国家这么做最主要的目的是什么？

2. 在您看来，体育在青少年个人发展中具有哪些作用？您觉得最重要的作用是什么？

3. 在您看来，现在的中学生是否认识到体育的这些作用？他们更多认识到的是体育在哪方面的作用？

4. 您在平时的体育教学中，对体育知识、道德素质、能力和兴趣培养这四个方面，您最注重培养的是哪个方面？为什么？

5. 除此之外，您认为还有哪些方面是体育教师在教学中应该加重培养的？

6. 在贵校举办的运动会中，学生体现最为明显的体育精神有哪些？在这些精神中，您觉得可作为核心精神的有哪些？

7. 除了运动会，我了解到贵校还会组织篮球联赛等一系列的体育活动。那么，在您看来，学校举办这些体育活动的最根本目的是什么？

8. 在以上所谈到的这些体育价值观中，您觉得哪些可作为青少年的体育核心价值观？

提纲3　大学生访谈提纲

导语：

尊敬的同学：

您好！我们正在做我国当代青少年体育核心价值观的研究。为了取得客观、科学的研究成果，我们根据研究目的对您进行访谈，请允许我对此次访谈进行录音，访谈内容将严格保密，访谈结果将进行整体分析，不作个案研究。您的回答对我们的研究十分重要，感谢您的帮助与合作！

访谈问题：

1. 你平时会参加体育锻炼吗？主要是哪些运动项目？参加该运动对你最大的好处是什么？

2. 你现在所选的体育公选课是什么？你现在最想学习的运动项目是什么？选择此项目的原因是什么？

3. 你有通过运动而认识新的朋友吗？在你看来体育锻炼对他/她有什么影响？

4. 你在平时的体育锻炼中会穿运动服或者购买相应的运动器械吗？为什么？

5. 你有参加体育比赛或者运动会的经历吗？你是如何看待比赛结果的？

6. 作为一名运动员/非运动员，你觉得在运动场上有哪些规则是我们应该遵守的？

7. 在这些规则中，你觉得哪个或哪些是最核心的？

8. 你能说出几个优秀运动员的名字吗？

9. 在你看来这些优秀的运动员身上有哪些东西值得你去学习？

10. 在你看来，体育锻炼是否应该是一个长期坚持的运动？为什么？

11. 你觉得青少年体育冬令营、夏令营广泛开展的意义是什么？

12. 你觉得中国健儿夺冠对社会或国家会产生哪些影响？

提纲4　中学生访谈提纲

导语：

尊敬的同学：

你好！我们正在做我国当代青少年体育核心价值观的研究。为了取得客观、科学的研究成果，我们根据研究目的对您进行访谈，请允许我对此次访谈进行录音，访谈内容将严格保密，访谈结果将进行整体分析，不作个案研究。您的回答对我们的研究十分重要，感谢您的帮助与合作！

访谈问题：

1. 在你看来，参加武术操锻炼有哪些好处？

2. 你平时会进行其他项目的体育锻炼吗？

3. 你是从什么时候开始接触这项运动的？当时主要是什么原因吸引你去学习该项运动？

4. 在你看来，参加此项运动对你最大的好处是什么？

5. 你有通过运动而认识新的朋友吗？在你看来体育锻炼对他/她有什么影响？

6. 你在平时的体育锻炼中会穿运动服或者购买相应的运动器械吗？为什么？

7. 你有参加体育比赛或者运动会的经历吗？你是如何看待比赛结果的？

8. 你觉得在体育中应该遵守的道德规范有哪些？比如说，作为一名运动员，你应该怎么做？作为一名观众，你应该怎么做？

9. 你能说出几个优秀运动员的名字吗？

10. 在你看来这些优秀的运动员身上有哪些东西值得你去学习？

11. 在你看来，体育锻炼是否应该是一个长期坚持的运动？为什么？

12. 你如何理解"体育的强盛，代表着一个国家的强大"这句话？

附录 2-2　青少年体育核心价值观问卷编制的专家访谈提纲

尊敬的专家：

　　您好！我们是华中师范大学 2015 级硕士研究生，我们正在进行我国青少年体育核心价值观研究，为了取得客观、科学的研究成果，我们根据研究需要对您进行访谈，请允许我对此次访谈进行录音，访谈内容我们会进行严格的保密，我们会对访谈结果进行整体的分析，不做个案研究，您的回答对我们研究十分重要，非常感谢您的支持与合作！

　　访谈问题：

　　1. 您认为体育对青少年的健康有哪些作用？

　　2. 您认为青少年参加体育活动对他们的道德价值有什么样的影响？

　　3. 您认为青少年在体育课中他们的能力是否得到了培养？如果是您觉得他们具体哪方面的能力得到了锻炼和提升呢？

　　4. 您在课堂是如何灌输安全第一这个思想的？具体体现在哪些方面？

　　5. 您认为青少年参加体育活动对他们的人际交往有哪方面的作用？

　　6. 您在体育课中是否强调竞争？如何权衡竞争和友谊？

　　7. 您认为参加体育运动对青少年的精神方面有什么样的影响呢？

　　8. 您认为青少在体育活动中是否有攀比心理？他们在体育方面的消费主要有哪些？

　　9. 您认为青少年是否具有终身体育意识？您平时上课中是如何灌输终身体育这个思想的？

附录 2-3　青少年体育核心价值观问卷设置专家意见表

尊敬的专家：

　　您好！久仰您在体育界的威望和名声，非常感谢您能够在百忙之中抽出时间对本问卷进行评阅，衷心感谢您的帮助！我是华中师范大学的 2015 级硕士研究生，正在做关于我国青少年体育核心价值观研究。请您根据本人对体育价值观的维度构建和理解提出宝贵的意见。再次表示衷心的感谢！

我国青少年体育核心价值观维度构建及内涵：

内　　容		内　　涵
个人层面	健康价值观	主要指生理健康、心理健康与社会适应能力
	道德价值观	指个体对社会道德规范的同意程度
	能力价值观	指个体通过参与运动所带来的自身各方面体育能力的提升
	安全价值观	指个体为了达到自身的生理和心理等方面的安全，而采取的具体方式或手段
社会层面	交往价值观	指个体人际交往的目的、标准、态度、道德等各个方面的价值取向和行为方法
	竞争价值观	指个体对体育竞争价值所持有的基本观点和看法（公平、遵守规则和道德）
	精神价值观	指个体的美好愿望和价值追求，承载着个体的价值判断与意识追求
	消费价值观	指个体对体育消费各个方面重要性的基本看法或认识评价的一种心理倾向性
人类层面	终身价值观	指贯穿一个人终身进行体育活动和接受体育教育过程的基本观点和看法。

您对本问卷内容效度的意见为：

十分满意（　） 满意（　） 一般（　） 不满意（　） 很不满意（　）

您的建议和意见：_____

_____

附录 2-4　青少年体育核心价值观开放式问卷

亲爱的同学：

您好！我是华中师范大学体育学院的硕士研究生，现在想邀请您参加一项关于我国青少年体育核心价值观的调查研究，希望能得到您的支持，下面有一些问题，请根据您的实际情况和想法来回答，答案越多越好，我们会为您的回答保密，因此请您放心作答，由于您的回答对我们的科研工作十分重要，因此请您认真、严谨地回答，感谢您的热心帮助与合作！

　　性别：　　　年龄：　　　　年级：　　　　就读学校名称：

1. 您认为参加体育运动对您的健康有什么影响？

2. 您认为参加体育活动对您的道德价值有什么样的影响？

3. 您认为在体育课中您哪些方面的能力得到了锻炼和提升呢？

4. 您在体育课中学到了哪些安全方面的知识？

5. 您认为参加体育活动对您的人际交往有哪些方面的作用？

6. 在体育竞赛中（校运会）您是如何看待竞争的？

7. 您认为在体育运动中您学到什么样的精神？

8. 您在体育方面的消费主要有哪些？

9. 您是如何看待终身体育这个思想的？

附录2-5　青少年体育核心价值观正式问卷

亲爱的同学：

　　您好！我是华中师范大学的硕士研究生，这是一份旨在了解目前我国青少年体育核心价值观现状的调查问卷，研究结果仅为本人硕士毕业论文提供参考。本问卷不记姓名，答案无对错好坏之分，您的回答仅供学术研究之用，所以请您仔细阅读题目，选择最符合您情况的答案。填写说明：无特殊说明的，每题只选一项，个人信息部分请在选项口后打"√"，问题部分评价分数的含义为：5 = "完全同意"，4 = "基本同意" 3 = "不确定"，2 = "基本不同意"，1 = "完全不同意"，请在相应的数字上打"√"。谢谢您的配合！

学生个人基本信息

（1）性别：男 □　　　女 □

（2）年龄：（　　　　　）岁

（3）年级：初一 □　初二 □　初三 □　高一 □　高二 □　高三 □

（4）生源地：大城市（省会以上城市）□　中小城市（地、县级城市）□

　　　　　　城镇 □　农村 □

（5）是否独生子女：是 □　　否 □

（6）您目前的身体状况：优秀 □　良好 □　一般 □　较差 □

（7）您平均一周锻炼几次：几乎没有 □　1 次 □　2~3 次 □　4 次以上 □

（8）您每次锻炼时间为：30 分钟 □　30 分钟~1 小时 □　1~2 小时 □　2 小时以上 □

（9）您每次锻炼强度为：低强度 □　中低强度 □　中高强度 □　高强度 □

（10）您父母一周锻炼几次：几乎没有 □　1 次 □　2~3 次 □　4 次以上 □

（11）您父母的受教育程度为：硕士及以上 □　本科 □　大专 □　高中 □　初中及以下 □

（12）就读学校名称为（　　　　）学校所在省份是（　　　省　　　市）

题号	题　目	非常不同意	基本不同意	不确定	基本同意	完全同意
1	体育运动可以强身健体，放松身心	1	2	3	4	5
2	体育运动让我学会了遵守规则	1	2	3	4	5
3	体育运动有利于提高我的生存能力	1	2	3	4	5
4	体育与健康教育让我意识到安全的重要性	1	2	3	4	5
5	体育运动可以改善我的人际关系	1	2	3	4	5
6	体育竞赛能激发我的竞争意识	1	2	3	4	5
7	体育运动可以培养集体主义精神	1	2	3	4	5
8	参加体育锻炼可以培养终身体育意识	1	2	3	4	5
9	体育运动可以提高身体免疫力	1	2	3	4	5
10	体育运动让我学会了尊重裁判、对手和观众	1	2	3	4	5
11	体育运动有利于发展运动素质，提高运动能力	1	2	3	4	5
12	体育与健康教育让我了解了很多安全卫生知识	1	2	3	4	5
13	体育运动中可以与人交往，开阔眼界	1	2	3	4	5
14	体育竞赛能让我学会公平、公正、公开的竞争	1	2	3	4	5
15	体育运动可以培养团队协作精神	1	2	3	4	5
16	我愿意终身参与体育锻炼	1	2	3	4	5
17	体育运动不利于强身健体，放松身心	1	2	3	4	5
18	体育运动可以减肥控制体重	1	2	3	4	5
19	体育运动可以培养文明行为	1	2	3	4	5

题号	题　目	非常不同意	基本不同意	不确定	基本同意	完全同意
20	体育运动有利于提高运动技术，发展运动技能	1	2	3	4	5
21	体育与健康教育让我掌握了运动损伤的处理方法	1	2	3	4	5
22	体育运动中可以交更多的朋友	1	2	3	4	5
23	体育竞赛能让我学会如何积极参与竞争	1	2	3	4	5
24	体育运动可以培养顽强拼搏精神	1	2	3	4	5
25	体育运动应该伴随人的一生	1	2	3	4	5
26	体育运动可以预防疾病发生	1	2	3	4	5
27	体育运动可以培养我健康的人格和美好的心灵	1	2	3	4	5
28	体育运动不利于培养团队协作精神	1	2	3	4	5
29	体育与健康教育让我掌握了保护自身安全的途径	1	2	3	4	5
30	体育运动能增加人与人之间的交流和沟通	1	2	3	4	5
31	体育竞赛能让我灵活运用竞争技巧	1	2	3	4	5
32	体育运动可以培养吃苦耐劳精神	1	2	3	4	5
33	科学锻炼让我的生活更精彩，生命更长久	1	2	3	4	5
34	体育运动可以使我保持体形健美	1	2	3	4	5
35	体育运动可以培养追求卓越的意志品质	1	2	3	4	5
36	体育竞赛能让我学会如何正确对待竞争结果	1	2	3	4	5
37	体育运动可以培养无私奉献精神	1	2	3	4	5

问卷到此结束，再次感谢您的配合，祝您生活愉快！

附录 3-1　青少年体育行为专家访谈提纲

尊敬的专家：

您好！我们是华中师范大学 2017 级的硕士研究生，我们正在进行我国青少年体育行为研究，本次访谈的目的是希望了解青少年的体育行为。访谈的内容想请您谈谈您所见到的青少年体育行为和体育现象。为了取得客观、科学的研究成果，我们根据研究需要对您进行访谈，将对您的谈话进行记录，访谈内容我们会进行严格的保密，我们会对访谈结果进行整体分析，不做个案研究，您的回答对我们研究十分重要，非常感谢您的支持与合作！

访谈问题：

1. 您认为青少年的体育现象有哪些？

2. 您见到青少年经常进行哪些体育项目？

3. 您的工作单位有哪些体育社团或体育俱乐部？

4. 您的工作单位举办过哪些体育活动或比赛及有关体育的讲座？

5. 在您的课堂当中，学生要模仿或练习较困难体育项目的反映如何，他们是如何克服的？

6. 您在课堂上如何促进学生之间的交流？学生之间有哪些交流？

7. 您的学生与您探讨过体育课上新学的运动知识和技能吗？如果有，请具体说明探讨过哪些？

8. 您认为青少年在体育方面的消费主要有哪些？

9. 您认为青少年体育道德行为是否规范？您在平时上课中如何具体规范学生的体育道德行为？

10. 您认为青少年有哪些体育行为？

附录 3-2 青少年体育行为问卷设置专家意见表

尊敬的专家：

您好！久仰您在体育界的威望和名声，非常感谢您能够在百忙之中抽出时间对本问卷进行评阅，衷心感谢您的帮助！我是华中师范大学 2017 级的硕士研究生，正在做关于青少年体育行为研究。请您根据本人对体育行为的维度构建和理解提出宝贵的意见。再次表示衷心的感谢！

青少年体育行为维度构建及内涵：

维度	内涵
体育学习行为	指学生学习体育知识、基本技术、基本技能，在体育活动中学会与同学、老师之间进行沟通与交流所表现出来的学习行为

续表

维度	内　涵
体育道德行为	指学生在体育运动和体育课堂上所表现出来的亲社会行为（服从、文明行为、善始善终）
体育竞技行为	指以比赛项目为内容、以运动规则为尺度，在竞赛前、竞赛中和竞赛后所表现出的体育竞赛行为和体育意志行为
体育健身行为	指为了身体健康而进行的体育锻炼，通过锻炼的时间、锻炼的频率、锻炼的强度、锻炼的项目来测量体育健身行为
体育娱乐行为	指学生直接参与体育游戏或观看他人比赛所表现出来的观赏行为和消费行为

您对本问卷内容效度的意见为：

十分满意（　）　　满意（　）　　一般（　）　　不满意（　）　　很不满意（　）

您的建议和意见：＿＿＿＿＿＿＿＿＿＿＿＿＿＿＿＿＿＿＿＿＿＿＿＿＿

＿＿＿＿＿＿＿＿＿＿＿＿＿＿＿＿＿＿＿＿＿＿＿＿＿

附录3-3　青少年体育行为开放式问卷

亲爱的同学：

您好！我是华中师范大学体育学院的硕士研究生，现在想邀请您参加一项关于我国青少年体育行为的调查研究，希望能得到您的支持，下面有一些问题，请根据您的实际情况和想法来回答，答案越多越好，我们会为您的回答保密，因此请您放心作答，由于您的回答对我们的科研工作十分重要，因此请您认真、严谨地回答，感谢您的热心帮助与合作！

性别：　　年龄：　　　年级：　　　就读学校名称：

1. 您进行过哪些体育活动？

2. 您的学校有哪些体育社团？您参加过哪些社团？

3. 您的学校举办过哪些体育活动或比赛？

4. 遇到下雨天气，您们以怎样的形式上体育课的？

5. 您在上体育课时，要模仿或练习较困难体育项目时，你的反应如何？

6. 在体育课堂中，您与同学有哪些交流？

7. 您与老师或者同学探讨过体育课上新学的运动知识和技能吗？如果有，请具体说明探讨过哪些？

8. 您在体育方面的消费有哪些？

9. 在体育比赛中，您认为有哪些道德规范值得遵守？

10. 您觉得体育行为包括哪些方面？

附录 3-4　青少年体育行为正式问卷

亲爱的同学：

您好！我是华中师范大学的硕士研究生，这是一份旨在了解目前我国青少年体育行为现状的调查问卷，研究结果仅为本人硕士毕业论文提供参考。本问卷不记姓名，答案无对错好坏之分，您的回答仅供学术研究之用，所以请您仔细阅读题目，选择最符合您情况的答案。填写说明：无特殊说明的，每题只选一项，个人信息部分请在选项"□"后打"√"，问题部分评价分数的含义为：1＝"完全不符合"2＝"基本不符合"，3＝"不确定"，4＝"基本符合"，5＝"完全符合"，请在相应的数字上打"√"。谢谢您的配合！

学生个人基本信息

（1）性别：男 □　女 □

（2）年龄：（　）岁

（3）年级：初一 □　初二 □　初三 □　高一 □　高二 □　高三 □

（4）生源地：大城市（省会以上城市）□　中小城市（地、县级城市）□　城镇□　农村□

（5）您是否独生子女：是 □　否 □

（6）您目前的身体状况：优秀 □　良好 □　一般 □　较差 □

（7）您是否参加过运动会：是 □　否 □

（8）您父亲受教育程度为：硕士及以上 □　本科 □　大专 □　高中 □　初中及以下 □

（9）您母亲受教育程度为：硕士及以上 □　本科 □　大专 □　高中 □
初中及以下 □

（10）您就读学校名称为（　　　　）学校所在的省份（　　　省　　　市）

题号	题目	完全 不符合	基本 不符合	不确定	基本 符合	完全 符合
1	我与他人探讨体育课上新学的运动知识和技能	1	2	3	4	5
2	我在体育课后通常主动查阅相关资料并进一步学习	1	2	3	4	5
3	我与同伴讨论在体育活动中遇到的问题	1	2	3	4	5
4	我有 1~2 项体育运动项目可以长期坚持	1	2	3	4	5
5	在比赛前，即使受轻伤了，我仍然坚持完成比赛	1	2	3	4	5
6	即使比赛落后了，我仍然追赶或超越对手	1	2	3	4	5
7	在体育比赛中，我服从裁判的安排	1	2	3	4	5
8	在体育运动中，当队友出现失误时，我不责怪他	1	2	3	4	5
9	在体育比赛后，我将相关器材恢复原位（归还器材）	1	2	3	4	5
10	在体育比赛中摔倒后，我仍然顽强拼搏	1	2	3	4	5
11	我每周参加体育锻炼的次数在 3 次及以上	1	2	3	4	5
12	我每次参加体育锻炼都会出汗，稍感疲劳	1	2	3	4	5
13	我有相对固定的体育项目进行锻炼	1	2	3	4	5
14	在课外时间，我经常参加一些体育活动	1	2	3	4	5
15	我从不进行体育活动	1	2	3	4	5
16	我每周观看体育节目（体育动漫、体育比赛、体育新闻）在 3 次以上	1	2	3	4	5
17	我每次观看体育节目（体育动漫、体育比赛、体育新闻）的时间在 30 分钟以上	1	2	3	4	5
18	我选择感兴趣的体育节目观看	1	2	3	4	5

续表

题号	题目	完全不符合	基本不符合	不确定	基本符合	完全符合
19	我经常购买非必须体育用品（赛事门票、体育明星海报、护腕）	1	2	3	4	5

问卷到此结束，再次感谢您的配合，祝您生活愉快！

附录 4-1　青少年体育态度正式问卷

亲爱的同学：

您好！我是华中师范大学的硕士研究生，这是一份旨在了解目前我国青少年体育态度现状的调查问卷，研究结果仅为本人硕士毕业论文提供参考。本问卷不记姓名，答案无对错好坏之分，您的回答仅供学术研究之用，所以请您仔细阅读题目，选择最符合您情况的答案。填写说明：无特殊说明的，每题只选一项，个人信息部分请在选项"□"后打"✓"，问题部分评价分数的含义为：1＝"完全不符合" 2＝"基本不符合"，3＝"不确定"，4＝"基本符合"，5＝"完全符合"，请在相应的数字上打"✓"。谢谢您的配合！

学生个人基本信息

（1）性别：男 □　女 □

（2）年级：初一 □　初二 □　初三 □　高一 □　高二 □　高三 □

（3）您是否独生子女：是 □　否 □

（4）您目前的身体状况：优秀 □　良好 □　一般 □　较差 □

（5）您就读学校名称为（　　　　）学校所在的省份（　　　省　　　市）

题号	题　目	非常不同意	基本不同意	不确定	基本同意	完全同意
1	体育运动可以舒缓焦虑、烦躁的情绪	1	2	3	4	5
2	我认为体育运动越来越被人接受	1	2	3	4	5

题号	题　目	非常 不同意	基本 不同意	不确定	基本 同意	完全 同意
3	我赞成人人参与体育运动	1	2	3	4	5
4	我认为体育运动是很好的娱乐活动	1	2	3	4	5
5	体育运动使我感到心情舒畅	1	2	3	4	5
6	体育运动中我感到十分放松	1	2	3	4	5
7	我因体育运动而自豪	1	2	3	4	5
8	我总能找到体育运动的乐趣	1	2	3	4	5
9	每次体育运动我都有新的体验和感受	1	2	3	4	5
10	我满足于体育运动所带来的快乐	1	2	3	4	5
11	在体育运动中我可以找回我自己	1	2	3	4	5
12	我喜欢一切与运动有关的事物	1	2	3	4	5
13	一到时间，我就不由自主地想去体育运动	1	2	3	4	5
14	我以后将每天坚持体育运动	1	2	3	4	5
15	看到有人进行体育运动，我也想参加	1	2	3	4	5
16	我认为进行体育运动符合我的身份	1	2	3	4	5
17	进行体育运动是我应该做的事情	1	2	3	4	5
18	我愿意把钱花在体育运动方面	1	2	3	4	5
19	我总是全身心的投入到体育运动中	1	2	3	4	5
20	我会说服周围的人一起进行体育运动	1	2	3	4	5
21	无论遇到多少困难，我都会坚持体育运动	1	2	3	4	5
22	无论多忙，我总能挤出时间去体育运动	1	2	3	4	5

问卷到此结束，再次感谢您的配合，祝您生活愉快！

附录 5-1　青少年家庭体育支持访谈提纲

提纲 1　家长访谈提纲

导语:

亲爱的家长:

您好！我是华中师范大学体育学院 2017 级体育教育训练专业的一名硕士研究生，正在做一项关于青少年家庭体育支持的研究。下面有几个问题非常希望能得到您的帮助与支持，请尽量详细地依据您的真实情况回答。请放心访谈内容仅作用于学术研究，我们会对此严格进行保密，再次感谢您的配合！

1. 在您的工作之余，您一般是如何度过一些休闲时光的呢？

2. 您家中有哪些体育器材、健身器械？这些体育器材是为孩子锻炼准备的吗？孩子经常使用的有哪些？

3. 您认为您或者其他家庭成员对于孩子体育锻炼方面的支持主要包括哪些内容？请举例说明。

4. 请谈谈您家中对于孩子的体育支持的情况。

提纲 2　学生访谈提纲

导语:

亲爱的同学:

你好！我是华中师范大学体育学院 2017 级体育教育训练专业的一名硕士研究生，正在做一项关于青少年家庭体育支持的研究。以下有几个问题希望你可以依据自身的实际情况真实地回答，我们会尽量地收集并记录。请放心，你的回答仅作为学术研究，访谈内容我们也会严格保密，不反馈给老师和家长，请放心作答。

1. 在你的课余时间里，会不会参与体育锻炼？如果参与，是什么类型的体育锻炼？

2. 你的家中有哪些体育器材（如篮球、足球等）、健身器械（如跑步机、哑铃等）？经常使用的有哪些？

3. 你的家长有体育锻炼的习惯吗？通常表现在哪些方面？

4. 家长在体育锻炼方面通常给予你哪些方面的支持与帮助？请举例说明。

5. 你会因为家长的体育活动习惯的影响而喜欢体育运动，进而主动参与体育锻炼吗？为什么？

附录5-2　青少年家庭体育支持问卷设置专家意见表

尊敬的专家：

您好！久仰您在体育界的威望和名声，非常感谢您能够在百忙之中抽出时间对本问卷进行评阅，衷心感谢您的帮助！我是华中师范大学2017级的硕士研究生，正在做关于青少年家庭体育支持研究。前期通过整理文献资料对家庭体育支持的维度结构进行了初步的构建，希望您在看后能给我提出宝贵的意见与建议，非常感谢您能抽出宝贵时间对本问卷进行评阅，您的建议是我前进的方向和动力，再次向您表达最诚挚的感谢！

青少年家庭体育支持维度构建及内涵：

维度	分　类	内　容
物质支持	日常吃、喝、住、行的提供	（1）我的家中有很多体育器材，如篮球、足球等； （2）我的家中有很多关于体育的书籍； （3）家长常会给我买运动服、运动鞋等； （4）为了更好地进行体育运动，家长会给我补充营养
	课外体育活动的学习	（5）家长常把我送至体育培训班学习某项体育运动； （6）家长支持我参加各种体育比赛，并提供报名和食宿费； （7）家长会为我办理体育健身卡（如游泳卡等）
教养支持	分享体育锻炼的经验以及常识	（8）家长常会给我分享体育锻炼的经验； （9）家长常会给我讲授体育运动常识； （10）家长常在观看体育比赛时给我讲解体育的历史文化背景； （11）家长常会在我体育运动遇到问题时给予意见帮助； （12）家长教导我如何避免运动损伤
	体育运动规则的教导	（13）家长常教育我在体育运动中要学会团结同学、互帮互助； （14）家长常教育我在体育运动中要尊重对手； （15）家长常教育我在体育运动中要具有竞争意识； （16）家长常教育我在体育活动中要遵守体育规则

续表

维度	分　类	内　　容
陪伴支持	家长的日常陪伴	（17）家长带我外出旅游、远足等； （18）家长陪伴我一同参与体育运动； （19）家长常在一旁观看我进行体育锻炼
	家长体育行为	（20）家长有体育锻炼的习惯； （21）家长有观看体育比赛的爱好； （22）每次家长进行体育锻炼时我都会积极参与； （23）家长非常喜爱某项或多项体育运动
情感支持	家长给予肯定与鼓励	（24）家长常在我体育运动遇到挫折时给予鼓励； （25）家长常在我体育运动取得一定成就时给我肯定； （26）家长尊重我的体育运动项目的选择； （27）家长支持我进行体育锻炼
	家长与子女和睦相处	（28）家长了解我的体育运动的兴趣爱好； （29）家长了解我的体育运动水平以及身体机能状况； （30）体育运动加深了我与家庭成员之间的情感交流，促进家庭和睦

您对本问卷内容效度的意见为：

十分满意（　） 满意（　） 一般（　） 不满意（　） 很不满意（　）

您的建议和意见：_____

_____

附录 5-3　青少年家庭体育支持正式问卷

亲爱的同学：

　　您好！我是华中师范大学的硕士研究生，这是一份旨在了解目前我国青少年家庭体育支持现状的调查问卷，研究结果仅为本人硕士毕业论文提供参考。本问卷不记姓名，答案无对错好坏之分，您的回答仅供学术研究之用，所以请您仔细阅读题目，选择最符合您情况的答案。填写说明：无特殊说明的，每题只选一项，个人信息部分请在选项口后打"√"，问题部分评价分数的含义为：5 = "完全同意"，4 = "基本同意"，3 = "不确定"，2 = "基本不同意"，1 = "完全不同意"，请在相应的数字上打"√"。谢谢您的配合！

学生个人基本信息

（1）性别：男 □   女 □

（2）年龄：（   ）岁

（3）年级：初一 □ 初二 □ 初三 □ 高一 □ 高二 □ 高三 □

（4）生源地：大城市 □ 农村 □

（5）是否独生子女：是 □ 否 □

（6）您和谁住在一起（可多选）：

爸爸 □ 妈妈 □ 爷爷奶奶或外公外婆 □ 兄弟姐妹 □ 叔叔婶婶等亲属 □

继父母 □ 其他 □

（7）您父亲的受教育程度为：

硕士及以上 □ 本科 □ 大专 □ 高中 □ 初中及以下 □

（8）您母亲的受教育程度为：

硕士及以上 □ 本科 □ 大专 □ 高中 □ 初中及以下 □

（9）您父亲的职业为：

干部 □ 工人 □ 公司职员 □ 教师 □ 自由职业 □ 其他 □

（10）您母亲的职业为：

干部 □ 工人 □ 公司职员 □ 教师 □ 自由职业 □ 其他 □

（11）就读学校名称为（   ）学校所在省份是（   省   市）

题号	题目	完全不符合	基本不符合	不确定	基本符合	完全符合
1	家长给我买常见的体育器材（如篮球、足球等）	1	2	3	4	5
2	家长给我买很多运动服、运动鞋等	1	2	3	4	5
3	家长给我补充营养以便参与体育锻炼	1	2	3	4	5
4	家长给我买专业的体育装备（如护膝、头盔等）	1	2	3	4	5

续表

题号	题目	完全 不符合	基本 不符合	不确定	基本 符合	完全 符合
5	家长支持我参加各种体育比赛，并提供报名和食宿费等	1	2	3	4	5
6	家长把我送至体育培训班学习体育运动	1	2	3	4	5
7	家长会给我分享体育锻炼的经验	1	2	3	4	5
8	家长会给我讲授体育运动常识	1	2	3	4	5
9	家长在观看体育比赛时给我讲解体育的历史文化背景	1	2	3	4	5
10	我与家长交流一些关于体育运动方面的意见与看法	1	2	3	4	5
11	家长在我进行体育锻炼时为我提供技术上的指导	1	2	3	4	5
12	家长教导我在体育运动中要学会团结同学、互帮互助	1	2	3	4	5
13	家长教导我在体育活动中要尊重对手与裁判	1	2	3	4	5
14	家长教导我在体育活动中要遵守体育规则	1	2	3	4	5
15	我的家长有体育锻炼的习惯	1	2	3	4	5
16	我的家长会观看各种体育比赛	1	2	3	4	5
17	家长支持我参与体育锻炼	1	2	3	4	5
18	我体育运动遇到挫折时，家长会鼓励、安慰我	1	2	3	4	5
19	家长不给我买运动服、运动鞋等	1	2	3	4	5
20	我体育运动取得一定成绩时，家长会告诉我很棒	1	2	3	4	5
21	体育运动加深了我与家长的情感交流，促进家庭和睦	1	2	3	4	5
22	家长陪伴我一同参与体育运动	1	2	3	4	5

问卷到此结束，再次感谢您的配合，祝您生活愉快！

附录 6-1　青少年学校体育环境访谈提纲

提纲 1　教师访谈提纲

导语：

亲爱的老师：

您好！我是华中师范大学体育学院 2017 级体育教育训练专业的一名硕士研究生，正在做一项关于青少年学校体育环境的研究。下面有几个问题非常希望能得到您的帮助与支持，请尽量详细地依据您的真实情况回答。请放心访谈内容仅作用于学术研究，我们会对此严格进行保密，再次感谢您的配合！

1. 您认为影响体育课课内和课外体育活动的影响因素有哪些？

2. 学校会组织体育教师的基本培训吗？您认为基本功培训对学生参与体育锻炼积极性有没有影响？

3. 学校配备哪些运动器材，数量有多少？在体育课堂课内和课外体育活动时分别经常使用有哪些运动器材？

4. 学校配备的运动器材在数量和种类上能够满足学生吗？

5. 如果学校配备的运动器材在数量和种类上有困难，请问原因包括哪些因素（比如：资金、申报程序等）？

6. 学生会带自己的体育器材来学校参与体育活动吗？是什么类型的体育器材？主要应用于什么类型的体育活动（体育课题、课外体育活动、体育俱乐部、体育社团）？原因是什么？

7. 除去硬件设施，学校为保证学生们参与体育活动创造了哪些条件（如软环境：文化、政策）？

8. 学校的体育课、课外体育活动室如何安排的？这种安排是根据上级部门规定还是从学生的兴趣或需要出发的？

9. 您学校是否有多种多样的运动队或俱乐部供学生选择？

10. 学校会组织学生去校外参与体育活动吗？如游泳、春游、户外拓展等。

11. 体育教师是严格按照教学大纲来教学还是会个性化制订适合本班实际情况的教学计划？

12. 班主任会经常在班级中组织体育活动吗？您认为班主任对班级体育活动

重视吗？

13. 您学校的体育课有被挤占的现象吗？

14. 学生的评优评先方面，体育成绩是否和文化课成绩同等重要？如果不是，请问原因和实施的阻力是什么？

15. 自从体育列入升学考试科目以来，学校是否重视体育课内外的体育活动？具体表现在哪里（体育教师工作绩效、薪资或职称评定，学生评先评优等）？

16. 学习招聘体育教师时，着重关注教师的哪些素养？会不会存在体育教师缺编，聘用兼职代课教师的情况？

17. 学校体育设施是否在周末和节假日能对社会公众免费或低成本开放？

提纲 2 学生访谈提纲

导语：

亲爱的同学：

您好！我是华中师范大学体育学院 2017 级体育教育训练专业的一名硕士研究生，正在做一项关于青少年学校体育环境的研究。下面有几个问题非常希望能得到您的帮助与支持，请尽量详细地依据您的真实情况回答。请放心访谈内容仅作用于学术研究，我们会对此严格进行保密，再次感谢您的配合！

1. 在校期间，你平均每天用于体育锻炼的时间有多少（包括课间操、体育课与课外体育活动等）？

2. 在你的闲暇时间里（如上学前、放学后、周末及节假日），你一般是如何度过的？会不会参与体育锻炼？如果参与，是什么类型的体育锻炼？

3. 体育课堂中，你是否能积极配合老师，完成一堂体育课的学习任务？你认为影响你参与体育课堂积极性的原因有哪些？能否进行重要性排序？

4. 你是否经常参加学校的课外体育活动（参加学校体育俱乐部、运动队、社团），原因是什么？

5. 你是否会和同学相约一起进行体育锻炼？地点、频率、活动内容？

6. 你会不会因为体育已经列入升学考试科目，而变得更愿意上好体育课、参与课外体育活动或者报名参加体育兴趣班？

7. 学校中有哪些体育玩具、器材？数量有多少？在体育课堂和课外体育活动中经常使用的有哪些？能够满足你的需求吗？

8. 你的朋友、老师参加体育锻炼的情况如何？表现在哪些方面？

9. 你的体育课有被挤占的现象吗？

10. 你的体育老师是否有计划地组织你们参与体育锻炼或者竞赛训练？

11. 你的班主任会经常在班级中组织体育活动吗？你认为班主任对班级体育活动重视吗？

12. 你们学校是否有运动队或俱乐部？有哪些？你参加了吗？

附录6-2　青少年学校体育环境正式问卷

亲爱的同学：

您好！我是华中师范大学的硕士研究生，这是一份旨在了解目前我国青少年学校体育环境现状的调查问卷，研究结果仅为本人硕士毕业论文提供参考。本问卷不记姓名，答案无对错好坏之分，您的回答仅供学术研究之用，所以请您仔细阅读题目，选择最符合您情况的答案。填写说明：无特殊说明的，每题只选一项，个人信息部分请在选项□后打"√"，问题部分评价分数的含义为：5="完全同意"，4="基本同意"，3="不确定"，2="基本不同意"，1="完全不同意"，请在相应的数字上打"√"。谢谢您的配合！

学生个人基本信息

（1）性别：男 □　　女 □

（2）年龄：（　　　　）岁

（3）年级：初一 □　初二 □　初三 □　高一 □　高二 □　高三 □

（4）生源地：大城市（省会以上城市）□　中小城市（地、县级城市）□

城镇 □　农村 □

（5）是否独生子女：是 □　　否 □

（6）您目前的身体状况：优秀 □　良好 □　一般 □　较差 □

（7）您平均一周锻炼几次：几乎没有 □　1次 □　2~3次 □　4次以上 □

（8）您每次锻炼时间为：30分钟 □　30分钟~1小时 □　1~2小时 □　2小时以上 □

（9）您每次锻炼强度为：低强度 □　中低强度 □　中高强度 □　高强度 □

（10）您父母一周锻炼几次：几乎没有 □　1次 □　2~3次 □　4次以上 □

（11）您父母的受教育程度为：硕士及以上 □　本科 □　大专 □　高中 □

初中及以下 □

（12）就读学校名称为（　　　　）学校所在省份是（　　　省　　　市）

题号	题　　目	非常不同意	基本不同意	不确定	基本同意	完全同意
1	学校有足够的场地（馆）供同学们体育锻炼	1	2	3	4	5
2	雨雪沙尘天气，我可以选择室内场地参加体育活动	1	2	3	4	5
3	学校有充足的体育器材	1	2	3	4	5
4	在学校，我能选择不同类型的体育器材	1	2	3	4	5
5	学校体育场地设施会进行检修、维护、翻新	1	2	3	4	5
6	学校体育器材会更新	1	2	3	4	5
7	我的体育老师态度友善，从不打骂学生	1	2	3	4	5
8	我的体育老师工作责任心强，从未迟到早退	1	2	3	4	5
9	体育老师会平等对待每个学生	1	2	3	4	5
10	体育老师会尊重我们的想法	1	2	3	4	5
11	体育老师上课认真，常耐心细致地讲解技术要领	1	2	3	4	5
12	我喜欢我的体育老师好	1	2	3	4	5
13	我和体育老师关系融洽	1	2	3	4	5
14	我愿意配合体育老师的课程安排	1	2	3	4	5
15	体育课上我学会了坚持不懈、团结协作、尊重同伴、对手和裁判	1	2	3	4	5
16	体育课上会有10分钟左右的体能（速度、力量、柔韧等）训练	1	2	3	4	5
17	上体能训练课时，体育老师能够运用各种器材增加趣味	1	2	3	4	5
18	体育老师给我们安排的课堂内容能够有序、高效率的完成	1	2	3	4	5
19	班主任会组织班级体育活动	1	2	3	4	5
20	班主任重视运动会或者其他体育比赛成绩	1	2	3	4	5
21	班主任会要求我们放学后进行体育练习	1	2	3	4	5
22	运动成绩突出可以帮助我在期末评优评先	1	2	3	4	5

题号	题　　目	非常 不同意	基本 不同意	不确定	基本 同意	完全 同意
23	学校经常组织我们参加或观看校级体育活动	1	2	3	4	5
24	学校常通过黑板报、宣传栏、展板、广播、网站等方式宣传体育知识，展现师生运动风采	1	2	3	4	5
25	学校会开展体育与健康的专题讨论会	1	2	3	4	5
26	老师会与同事或同学一起参加体育活动	1	2	3	4	5
27	我的很多同学会参加课外体育活动	1	2	3	4	5
28	我和同学会一起参加课内和课外体育活动	1	2	3	4	5
29	我和同学会一起讨论体育比赛、体育明星等话题	1	2	3	4	5
30	我们班体育成绩好的同学会更受欢迎	1	2	3	4	5

问卷到此结束，再次感谢您的配合，祝您生活愉快！

附录 7-1　社区体育环境访谈提纲

提纲 1　社区管理者访谈提纲

导语：

亲爱的社区管理者：

您好！我们是华中师范大学 2018 级的硕士研究生，我们正在进行对我国社区体育环境研究做调查，为了取得客观、科学的研究成果，我们根据研究需要对您进行访谈，请允许我对此次访谈进行录音，访谈内容我们会进行严格的保密，我们会对访谈结果进行整体的分析，不做个案研究，您的回答对我们研究十分重要，非常感谢您的支持与合作！

1. 社区能为居民的体育健身提供经济保障吗？

2. 社区开展体育活动有企业、广告商等赞助吗？

3. 社区有专门的体育组织（体育指导中心等）吗？

4. 社区有健全的体育管理体制吗？

5. 社区内设有青少年体育社团吗？

6. 社区有体育培训班，辅导班（舞蹈类/球类/跆拳道/游泳/轮滑等）吗？

7. 社区有社区体育指导员吗？

8. 社区有专门分管体育工作的人员吗？

9. 社区有体育场地设施管理或养护人员吗？

附录 7-2　社区体育环境问卷设置专家意见表

尊敬的专家：

　　您好！久仰您在体育界的威望和名声，非常感谢您能够在百忙之中抽出时间对本问卷进行评阅，衷心感谢您的帮助！我是华中师范大学 2017 级的硕士研究生，正在做关于社区体育环境研究。前期通过整理文献资料对社区体育环境的维度结构进行了初步的构建，希望您在看后能给我提出宝贵的意见与建议，非常感谢您能抽出宝贵时间对本问卷进行评阅，您的建议是我前进的方向和动力，再次向您表达最诚挚的感谢！

　　关于社区体育环境维度构建及内涵：

维　　度		内　　涵
硬环境	社区体育场地设施	社区居民进行体育活动的场所和设施等
	社区体育建成环境	社区体育场地的地貌、空间距离、安全保障和场地卫生等
软环境	社区体育组织	社区居委会管辖的体育组织以及居民自发的体育组织等
	社区体育活动氛围	社区体育活动开展情况包括社区体育活动的组织参与、活动有无赞助等
	社区体育文化交流	社区的体育物质文化和体育精神文化的交流等

您对本问卷内容效度的意见为：

十分满意（　　）　　满意（　　）　　一般（　　）　　不满意（　　）　　很不满意（　　）

您的建议和意见：_____

_____

附录7-3　社区体育环境正式问卷（居民）

亲爱的社区居民：

　　您好！我是华中师范大学的硕士研究生，这是一份旨在了解目前社区体育环境现状的调查问卷，研究结果仅为本人硕士毕业论文提供参考。本问卷不记姓名，答案无对错好坏之分，您的回答仅供学术研究之用，所以请您仔细阅读题目，选择最符合您情况的答案。填写说明：无特殊说明的，每题只选一项，个人信息部分请在选项□后打"√"，问题部分评价分数的含义为：5 = "完全同意"，4 = "基本同意"，3 = "不确定"，2 = "基本不同意"，1 = "完全不同意"，请在相应的数字上打"√"。谢谢您的配合！

　　基本信息

　　（1）性别：男 □　　女 □

　　（2）年龄：（　　　）岁

　　（3）您所在小区的类型：旧社区 □　新社区 □　城郊社区 □

　　（4）您所在的小区名称：（　　　　　　　　　　　　　　　　　　）

　　（5）您的受教育程度为：硕士及以上 □　本科 □　大专 □　高中 □　初中及以下 □

　　（6）您平均一周锻炼几次：几乎没有 □　1 次 □　2~3 次 □　4 次以上 □

　　（7）您目前的身体状况：优秀 □　良好 □　一般 □　较差 □

　　（8）您每次锻炼时间为：30 分钟 □　30 分钟~1 小时 □　1~2 小时 □　2 小时以上 □

　　（9）您每次锻炼强度为：低强度 □　中低强度 □　中高强度 □　高强度 □

题号	题　　目	非常不同意	基本不同意	不确定	基本同意	完全同意
1	社区的体育场地能满足居民日常锻炼的需求	1	2	3	4	5
2	社区体育场馆设有便民洗手间	1	2	3	4	5
3	社区的体育场馆内有健身宣传画刊	1	2	3	4	5

续表

题号	题　　目	非常 不同意	基本 不同意	不确定	基本 同意	完全 同意
4	社区有专门的体育组织（文体服务中心/体育指导中心等）	1	2	3	4	5
5	社区内设有青少年体育社团或体育协会（篮球/羽毛球/乒乓球/游泳等）	1	2	3	4	5
6	社区有体育培训班，辅导班（舞蹈类/球类/跆拳道/游泳/轮滑等）	1	2	3	4	5
7	社区有专门的社区体育指导员	1	2	3	4	5
8	社区有体育场地设施管理或维护人员	1	2	3	4	5
9	社区有定期开展体育活动或比赛	1	2	3	4	5
10	社区举办体育活动或比赛时有很多人的参加	1	2	3	4	5
11	社区经常组织各种类型（广场舞/太极拳/篮球等）的体育活动或比赛	1	2	3	4	5
12	社区有跟周边社区联合举办体育活动或比赛	1	2	3	4	5
13	社区开展体育活动时有企业、广告商等赞助	1	2	3	4	5
14	社区有开展体育健康知识讲座或发放健康知识手册	1	2	3	4	5
15	社区有通过互联网（微信群/QQ群/直播间）发送、播报体育相关知识/赛事视频等	1	2	3	4	5
16	社区有同伴和我互相借阅过体育类的书籍（个人拥有/社区图书馆）	1	2	3	4	5
17	社区有同伴教过我体育的知识和技能	1	2	3	4	5
18	社区的体育活动场地很平坦舒适	1	2	3	4	5
19	社区体育活动场所距居民楼的距离适中	1	2	3	4	5
20	社区的体育场地远离污染区（空气污染/水污染/噪声污染等）	1	2	3	4	5
21	社区体育场地保持的很干净	1	2	3	4	5

问卷到此结束，再次感谢您的配合，祝您生活愉快！

附录7-4 社区体育环境正式问卷（青少年）

亲爱的社区居民：

您好！我是华中师范大学的硕士研究生，这是一份旨在了解目前社区体育环境现状的调查问卷，研究结果仅为本人硕士毕业论文提供参考。本问卷不记姓名，答案无对错好坏之分，您的回答仅供学术研究之用，所以请您仔细阅读题目，选择最符合您情况的答案。填写说明：无特殊说明的，每题只选一项，个人信息部分请在选项□后打"✓"，问题部分评价分数的含义为：5 = "完全同意"，4 = "基本同意"，3 = "不确定"，2 = "基本不同意"，1 = "完全不同意"，请在相应的数字上打"✓"。谢谢您的配合！

学生个人基本信息

（1）性别：男 □　　女 □

（2）年龄：（　　　　）岁

（3）年级：初一 □　初二 □　初三 □　高一 □　高二 □　高三 □

（4）生源地：大城市 □　农村 □

（5）是否独生子女：是 □　　否 □

（6）您和谁住在一起（可多选）：

爸爸 □　妈妈 □　爷爷奶奶或外公外婆 □　兄弟姐妹 □　叔叔婶婶等亲属 □　继父母 □　其他 □

（7）您父亲的受教育程度为：

硕士及以上 □　本科 □　大专 □　高中 □　初中及以下 □

（8）您母亲的受教育程度为：

硕士及以上 □　本科 □　大专 □　高中 □　初中及以下 □

（9）您父亲的职业为：

干部 □　工人 □　公司职员 □　教师 □　自由职业 □　其他 □

（10）您母亲的职业为：

干部 □　工人 □　公司职员 □　教师 □　自由职业 □　其他 □

（11）就读学校名称为（　　　　　）学校所在省份是（　　　　省　　　　市）

题号	题　　目	非常 不同意	基本 不同意	不确定	基本 同意	完全 同意
1	社区的体育场地能满足居民日常锻炼的需求	1	2	3	4	5
2	社区体育场馆设有便民洗手间	1	2	3	4	5
3	社区的体育场馆内有健身宣传画刊	1	2	3	4	5
4	社区有定期开展体育活动或比赛	1	2	3	4	5
5	社区举办体育活动或比赛时有很多人来参加	1	2	3	4	5
6	社区经常组织各种类型（广场舞/太极拳/篮球等）的体育活动或比赛	1	2	3	4	5
7	社区有跟周边社区联合举办体育活动或比赛	1	2	3	4	5
8	社区开展体育活动时有企业、广告商等赞助	1	2	3	4	5
9	社区有开展体育健康知识讲座或发放健康知识手册	1	2	3	4	5
10	社区有通过互联网（微信群/QQ群/直播间）发送、播报体育相关知识/赛事视频等	1	2	3	4	5
11	社区有同伴和我互相借阅过体育类的书籍（个人拥有/社区图书馆）	1	2	3	4	5
12	社区有同伴教过我体育的知识和技能	1	2	3	4	5
13	社区的体育活动场地很平坦舒适	1	2	3	4	5
14	社区体育活动场所距居民楼的距离适中	1	2	3	4	5
15	社区的体育场地远离污染区（空气污染/水污染/噪声污染等）	1	2	3	4	5
16	社区体育场地保持得很干净	1	2	3	4	5

问卷到此结束，再次感谢您的配合，祝您生活愉快！